拟上市公司
股权激励计划
实务问答

熊川　周德芳　张豪东　著

北京

图书在版编目(CIP)数据

拟上市公司股权激励计划实务问答 / 熊川,周德芳,张豪东著. -- 北京:法律出版社,2024
ISBN 978-7-5197-9129-2

Ⅰ.①拟… Ⅱ.①熊… ②周… ③张… Ⅲ.①上市公司-股权激励-中国-问题解答 Ⅳ.①F279.246-44

中国国家版本馆 CIP 数据核字(2024)第 095939 号

拟上市公司股权激励计划实务问答 NISHANGSHI GONGSI GUQUAN JILI JIHUA SHIWU WENDA	熊　川　周德芳　张豪东　著	策划编辑　林　蕊　周　洁 责任编辑　林　蕊　周　洁 装帧设计　李　瞻

出版发行	法律出版社	开本	710 毫米×1000 毫米　1/16
编辑统筹	司法实务出版分社	印张	23.5　字数　312 千
责任校对	王语童	版本	2024 年 7 月第 1 版
责任印制	吕亚莉	印次	2024 年 7 月第 1 次印刷
经　　销	新华书店	印刷	固安华明印业有限公司

地址:北京市丰台区莲花池西里 7 号(100073)
网址:www.lawpress.com.cn　　　　　销售电话:010-83938349
投稿邮箱:info@lawpress.com.cn　　　客服电话:010-83938350
举报盗版邮箱:jbwq@lawpress.com.cn　咨询电话:010-63939796
版权所有·侵权必究

书号:ISBN 978-7-5197-9129-2　　　　定价:96.00 元

凡购买本社图书,如有印装错误,我社负责退换。电话:010-83938349

前 言

我们为什么要讨论拟上市公司的股权激励

市面上各种各样关于股权激励的著作已经很多了,为什么我们还要再出这么一本小册子来论述拟上市公司股权激励呢?因为经过长期的实践,我们发现拟上市公司在操作股权激励时有非常鲜明的特点。

首先,和上市公司相比,拟上市公司股权激励有更多的灵活性。上市公司股权激励的工具、方式都非常成熟,授予、持有、退出的程序乃至收益,都比较清晰。加上有交易所和登记结算公司的支持,股份的授予转让都非常便利。即便发生纠纷,也至少不会造成公司无法上市这样巨大的机会成本。客观来说,上市公司股权激励做得好不好,锦上添花的色彩更重一些。但是对于拟上市公司而言,股权激励操作的方式、工具、价格、数量等方面都没有明确的法律规定,这一方面使公司和各方有更大的自主权去灵活地设计方案,但另外一方面也意味着,如果操作不当,很有可能造成比较重大的股权纠纷,进而影响公司上市的进程,这个机会成本是极高的。因此拟上市公司进行股权激励更多时候是只能成功不许失败的抉择。

其次,和不准备上市的公司相比,拟上市公司股权激励又要受到更多的约束。例如,没有上市计划的公司无论实股还是虚股,无论显名还是代持,采取这些方式都没有实质障碍,一些股东的身份、授予的价格、资金的来源等问题也都不用过分考虑,更不用提所谓股份支付、关联交易等问题。但一旦放在上市的背景下考虑这些问题,复杂程度可能上升几个数量级。所以我们通常会问客户,是否考虑上市?根据是否考虑这一前提条件,对于同一个问题的答案将会完全不同。需要指出的是,如果客户中途想法变了,成本也是巨大的。例如有些公司一开始认为自己不考虑上市,于是通过代持、信托等方式进行股权激励,几年之后当公司具备了上市条件、开始准备运作上市时,才发现当年的代持、信托持股可能会成为上市的实质性障碍,严重者甚至可能导致现有的主体不能使用,需要重新设立主体运营3年后才能上市。

最后,我们发现拟上市公司的股权激励其实是一个公司顶层设计的抓手,它涉及如下方方面面的问题。一是公司股权结构的设计,例如实际控制人控股比例、持股平台或者激励对象是否需要一致行动以及如何一致行动等。二是公司职能部门和相关人员的设置,例如相同或类似级别、岗位、资历的人员所获取的股权激励份额是否具有可比性,如果差距过大可能会被关注是否存在利益输送的嫌疑。三是薪酬体系的安排,例如如何设定激励目标很大程度上取决于是否设定了相应的KPI考核体系,以及股权激励与员工的工资薪酬如何匹配,等等。四是具体岗位工作职责的设定,例如有些人员既担任研发工作又承担管理工作,那么这部分人员的股权激励产生的股份支付费用就有一部分计入研发费用、一部分计入管理费用,这又会影响到公司研发费用的计算以及是否满足上市条件。五是与外部上下游客户供应商之间的关系,例如是否允许客户、供应商及其核心人员入股,在入股的时候是否可以设定相应的商务条件,是否需要计入股份支付,等等。所以一开始,许多公司认为拟上市公司股权激励是一个相对独立的事项,但是实际开始操作之后发现它涉及公司运营的方方面面,着实有纲举目张的效果。

综上,我们觉得有必要将日常工作中的一些经验教训总结出来,从资本市场律师的角度,来解读如何从顶层设计的角度审视、操作上市背景下的股权激励。

法律简称表

法律文件名	简称
《中华人民共和国公司法》（2023年修订）	《公司法》
《中华人民共和国公司法》（2018年修正），已经被2023年12月29日发布、2024年7月1日正式实施的《公司法》修订	《公司法》（2018年修正）
《中华人民共和国民法典》（中华人民共和国主席令第45号）	《民法典》
《中华人民共和国证券法》（2014年修正）	原《证券法》
《中华人民共和国证券法》（2019年修订）	新《证券法》或《证券法》
《中华人民共和国合伙企业法》（2006年修订）	《合伙企业法》
《中华人民共和国劳动合同法》（2012年修正）	《劳动合同法》
《中华人民共和国个人所得税法》（2018年修正）	《个人所得税法》
《中华人民共和国企业所得税法》（2018年修正）	《企业所得税法》
《首次公开发行股票注册管理办法》（中国证券监督管理委员会令第205号）	《注册管理办法》
《首次公开发行股票并上市管理办法》（中国证券监督管理委员会令第196号，已废止）	《首发办法》
《创业板首次公开发行股票注册管理办法（试行）》（中国证券监督管理委员会令第167号，已废止）	《创业板首发办法》
《科创板首次公开发行股票注册管理办法（试行）》（中国证券监督管理委员会令第174号，已废止）	《科创板注册办法》
《上海证券交易所股票上市规则》（2023年修订）	《上交所上市规则》
《深圳证券交易所股票上市规则》（2023年修订）	《深交所上市规则》
《深圳证券交易所创业板股票上市规则》（2023年修订）	《创业板上市规则》

续表

法律文件名	简称
《上海证券交易所科创板股票上市规则》（2023年修订）	《科创板上市规则》
《上交所上市规则》《深交所上市规则》《创业板上市规则》《科创板上市规则》	相关上市规则
《〈首次公开发行股票注册管理办法〉第十二条、第十三条、第三十一条、第四十四条、第四十五条和〈公开发行证券的公司信息披露内容与格式准则第57号——招股说明书〉第七条有关规定的适用意见——证券期货法律适用意见第17号》（中国证券监督管理委员会公告〔2023〕14号）	《证券期货法律适用意见第17号》
《首发业务若干问题解答》（2020年6月修订，已废止）	《首发审核问答》
《深圳证券交易所创业板股票首次公开发行上市审核问答》（深证上〔2020〕510号，已废止）	《创业板审核问答》
《上海证券交易所科创板股票发行上市审核问答》（上证发〔2019〕29号，已废止）	《科创板审核问答》
《上海证券交易所科创板股票发行上市审核问答（二）》（上证发〔2019〕36号，已废止）	《科创板审核问答（二）》
《股权转让所得个人所得税管理办法（试行）》（国家税务总局公告2014年第67号）	《股权转让个税办法》
财政部、国家税务总局《关于完善股权激励和技术入股有关所得税政策的通知》（财税〔2016〕101号）	《股权激励所得税通知》
《国有科技型企业股权和分红激励暂行办法》（财资〔2016〕4号）	《激励暂行办法》
《关于国有控股混合所有制企业开展员工持股试点的意见》（国资发改革〔2016〕133号）	《员工持股试点意见》
《中央企业混合所有制改革操作指引》（国资产权〔2019〕653号）	《混改操作指引》
《关于支持鼓励"双百企业"进一步加大改革创新力度有关事项的通知》（国资改办〔2019〕302号）	302号文

目录 CONTENTS

第一章 股权激励方式　　001

第 1 问：拟上市公司股权激励有哪些基本模式？// 001

第 2 问：直接持股的激励模式应该注意哪些问题？// 006

第 3 问：间接持股的激励模式应该注意哪些问题？// 008

第 4 问：虚拟股权激励模式应该注意哪些问题？// 010

第 5 问：虚拟股权和实体股权能否互相转化？// 013

第 6 问：拟上市公司实施员工持股计划的，能否设置期权？// 023

第 7 问：几种主要的股权激励方式，各有什么优劣势？// 025

第 8 问：持股平台组织形式能否变更？// 029

第 9 问：拟上市公司股权激励计划是否可以选择资管计划方式？// 034

第 10 问：拟上市公司股权激励计划是否可以选择信托计划方式？// 039

第二章 股权激励时间表　　042

第 11 问：制定股权激励计划时间表要考虑哪些因素？// 042

第 12 问：激励对象应该在什么时候支付股权激励对价？// 044

第 13 问：拟上市公司采取期权激励计划，如何设置行权期限？// 045

第 14 问：激励对象未对公司实缴出资完毕，能否进行股改？// 050

第 15 问：拟上市公司股权激励计划能否提前实施完毕？// 055

第三章　股权激励对象　　　　　　　　　　　　　059

第 16 问：拟上市公司的股权激励对象主要有哪些？// 059

第 17 问：外部顾问能否成为激励对象？// 062

第 18 问：外籍员工能否成为激励对象？// 066

第 19 问：独立董事能否成为激励对象？// 072

第 20 问：监事能否成为激励对象？// 074

第 21 问：供应商和客户的关键人员能否成为激励对象？// 078

第 22 问：实际控制人关联方的员工能否成为拟上市公司的激励对象？// 081

第 23 问：事业单位编制的人员能否成为激励对象？// 086

第 24 问：其他外部人员能否纳入员工持股范围？// 090

第 25 问：激励对象是否有数量限制？// 097

第四章　股权激励的业绩考核　　　　　　　　　　100

第 26 问：如何设置公司层面的业绩考核指标？// 100

第 27 问：如何设置业务单元层面的业绩考核指标？// 105

第 28 问：如何设置激励对象个人层面的业绩考核指标？// 107

第 29 问：如何设置差异化的业绩考核指标？// 109

第 30 问：拟上市公司如何构建完善的考核程序？// 111

第 31 问：上市前实施的股权激励计划中的相关考核及回购机制可以延续到上市之后吗？// 113

第五章　股权激励的来源与数量　　　　　　　　　121

第 32 问：用于激励的股权有哪些来源？// 121

第 33 问：以增资的方式进行股权激励需要注意哪些问题？// 122

第 34 问：以股权转让的方式进行股权激励需要注意哪些问题？// 124

第 35 问：能否同时采取增资和股权转让的方式进行股权激励？// 127

第 36 问：同时采取增资和股权转让进行激励的，授予价格能否不同？ // 131

第 37 问：股权激励时"预留股权"是否可行？ // 132

第 38 问：由投资人来"奖励股权"是否可行？ // 139

第 39 问：能否由原股东等比例转让股权给激励对象？ // 140

第 40 问：预留股权不能授予的，应该归谁？ // 141

第 41 问：如何确定激励股权的整体授予数量？ // 144

第 42 问：如何确定每个激励对象的授予数量？ // 147

第六章　激励股权的价格　　　　　　　　　　151

第 43 问：授予价格能否参考公司估值进行定价？ // 151

第 44 问：授予价格能否参考公司净资产进行定价？ // 153

第 45 问：授予价格能否按照注册资本金额进行定价？ // 154

第 46 问：能否向激励对象无偿授予激励股权？ // 156

第 47 问：激励对象认购激励股权的资金来源，应关注哪些问题？ // 157

第 48 问：激励对象能否对外融资？ // 159

第 49 问：激励对象能否向金融机构融资？ // 163

第 50 问：拟上市公司及其关联方能否为激励对象提供资金支持？ // 168

第 51 问：对激励对象的银行流水的核查有哪些关注要点？ // 171

第 52 问：实际控制人向员工低价转让股权，是否属于股权激励？ // 174

第七章　股权激励的实施管理　　　　　　　　177

第 53 问：拟上市公司应与激励对象提前约定哪些规则？ // 177

第 54 问：激励对象的继承人能否继承激励股权？ // 182

第 55 问：股权激励计划是否需要经过股东会审批？ // 184

第 56 问：如何构建股权激励的内部管理机制？ // 185

第 57 问：股权激励争议案件在司法上如何定性？ // 188

· 003 ·

第 58 问：股权激励计划是否可以与竞业禁止相衔接？// 195

第八章　股权激励的退出　　203

第 59 问：激励对象在哪些情形下应当退出股权激励计划？// 203

第 60 问：可以采取哪些方式令激励对象转回激励股权？// 204

第 61 问：可以采取哪些方式令激励对象退出合伙型持股平台？// 206

第 62 问：如何通过"当然退伙"令激励对象退出合伙平台？// 208

第 63 问：如何通过"除名退伙"令激励对象退出合伙平台？// 211

第 64 问：如何通过"转让合伙份额"令激励对象退出合伙平台？// 213

第 65 问：拟上市公司股权激励回购价格如何确定？// 215

第 66 问：低价回购激励股权的约定是否有效？// 219

第 67 问：激励对象从员工持股平台中退伙，是否需要履行清算程序？// 223

第九章　股权激励的税务　　227

第 68 问：激励对象直接持股如何计征个人所得税？// 227

第 69 问：公司型员工持股平台的激励对象如何计征个人所得税？// 229

第 70 问：合伙型员工持股平台的激励对象如何计征个人所得税？// 232

第 71 问：公司型与合伙型员工持股平台在税负成本上有何差异？// 236

第 72 问：激励对象如何才能享受递延纳税的优惠政策？// 238

第 73 问：股份支付对公司上市计划有哪些影响？// 241

第 74 问：股份支付一次性分摊和按期分摊，界限在哪？// 246

第 75 问：预留份额对于股份支付、收益处理有什么影响？// 259

第 76 问：股份支付费用是否可以计入研发成本？// 267

第 77 问：计入研发费用的股份支付是否可以适用研发费用税前加计扣除政策？// 274

第 78 问：激励对象离职后将激励股权转让其他合伙人，是否需要再次确认股份支付费用？// 276

第十章　股权激励计划与上市计划的衔接　　282

第 79 问：激励对象获授股权临近公司申报 IPO 的，如何确定锁定期？ // 282

第 80 问：实际控制人作为持股平台的 GP，如何影响锁定期？ // 286

第 81 问：特殊身份的激励对象通过员工持股平台间接持股，是否需要遵守锁定期的要求？ // 289

第 82 问：董监高通过员工持股平台间接持股，是否需要遵守董监高锁定期及减持要求？ // 291

第 83 问：公司上市后，激励对象如何减持？ // 296

第 84 问：员工持股平台如何进行穿透核查？ // 299

第 85 问：战略配售与股权激励之间如何选择？ // 302

第十一章　上市前制订上市后实施的期权激励计划的特殊性问题　　307

第 86 问：上市前制定上市后实施的期权激励计划与拟上市公司股权激励计划有什么区别？ // 307

第 87 问：哪些上市公司可以设置上市后实施的期权激励计划？ // 312

第 88 问：上市后实施的期权激励计划，什么时候完成期权的授予？ // 318

第 89 问：上市后实施的期权激励计划，行权价格如何确定？ // 322

第 90 问：上市后实施的期权激励计划，在 IPO 申报过程中有什么披露要求？ // 324

第 91 问：上市后实施的期权激励计划，IPO 审核过程中一般关注哪些问题？ // 329

第十二章　非上市国有企业股权激励的特殊问题　　332

第 92 问：非上市国有企业实施股权激励的主要路径有哪些？ // 332

第 93 问：哪些非上市国有企业可以实施股权激励计划？ // 333

第 94 问：国有科技型企业实施股权激励计划需要履行哪些审批程序？ // 335

第 95 问：混改试点企业实施员工持股计划需要履行哪些审批程序？ // 338

第 96 问：非上市国有企业实施股权激励，对激励对象有哪些要求？ // 340

第 97 问：非上市国有企业实施股权激励，对授予价格有什么要求？ // 342

第 98 问：非上市国有企业实施股权激励，对授予数量有什么要求？ // 344

第 99 问：非上市国有企业实施股权激励，对锁定期有什么要求？ // 345

第 100 问：国有参股企业以低价增资方式实施股权激励是否构成国有资产流失？ // 347

后　记　　　　　　　　　　　　　　　　　　　　　　　363

第一章

股权激励方式

第 1 问：拟上市公司股权激励有哪些基本模式？

答：实践中股权激励模式有很多种，最重要的区分标准，是看激励对象是否能获得股东身份。据此，我们可以将拟上市公司股权激励的方式分为现金型激励模式和权益型激励模式。

一、现金型激励模式

现金型激励模式，也是实践中常说的虚拟股权激励计划，指激励对象拥有获得按照虚拟的股权计算相关收益的权利，但并非获得实体股权，也不会获得股东身份。根据虚拟股权权利内容的差异，可以进一步区分为股权收益权、股权增值权、账面价值增值权等。

（一）股权收益权

公司以虚拟股权授予激励对象，不授予实际的股权，激励对象没有所有权和表决权，但可以享受标的股权带来的收益。收益内容包括分红权（分红时所获得的收益）、财产增值权（出售股权时所获得的收益）、剩余财产分配权（公司解散时对剩余财产有分配的权利）等。

以 HQJS（上交所主板）案例为例（如图 1–1 所示），其将员工持股平台持有的公司 5% 的股权所能获得的收益，作为虚拟股权的资金池；激励对象在被授予虚拟股权之后，这 5% 股权所产生收益中的一部分归该激励对象所有。根据激励协议的约定，员工仅享有其获授虚拟股权的分红权及股份增值权益，不得转让，也不得要求进行工商登记。

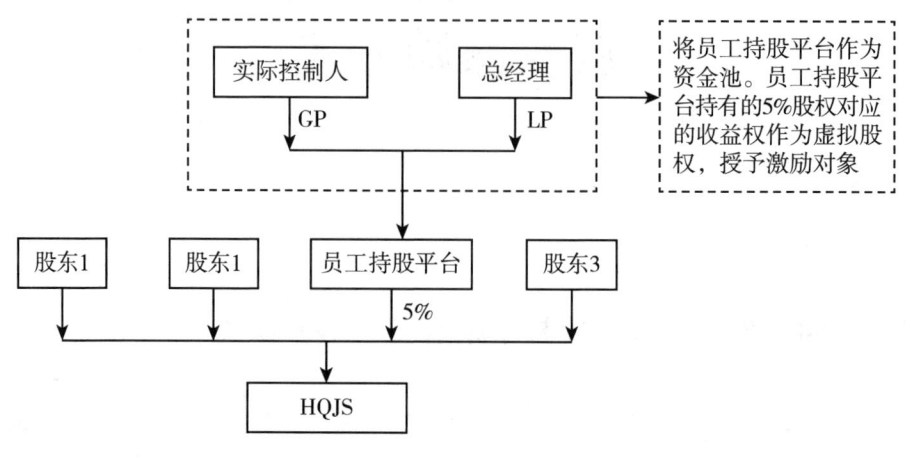

图 1-1 HQJS 持股结构

（二）股权增值权

股权增值权，即激励对象在一定的时期和条件下，获得规定数量的虚拟股权价值上升所带来收益的权利。股权激励对象不拥有这些股权的所有权，也不拥有股东表决权，仅享有股权"增值"部分收益的权利。

实施股权增值权激励计划时，公司通常会以一个相对较低的价格（行权价）授予激励对象这一权利，激励对象在规定的行权期内可以行使这项权利，激励对象行使权利时公司股权的公允价格称为兑付价。在行权时，若公司股权的兑付价高于行权价，公司将以现金方式向激励对象兑付差额部分的收益；若股权的兑付价低于行权价，激励对象可以放弃行权，不获得现金收益。对于尚未上市的公司而言，短期内盈利能力相对较弱、无法产生利润和较大的营业收入，但是持续引入投资者、估值上涨较快的公司可采取此种激励方式。

从案例层面看，实践中亦不乏上市公司披露其上市前曾采用股权增值权方式的案例（见表 1-1）。

表 1–1　上市公司披露其上市前曾采用股权

公司名称	披露时间	披露情况
HCKJ（北交所终止审核）	2022 年 9 月 7 日	2014 年 11 月 30 日至 2021 年 12 月 25 日，持股平台合伙人 LXC 通过持股平台份额间接授予 346 名激励对象发行人股票增值权共 5,915,314 份，等待期 1 年 ~4.50 年，授予的股票增值权行权价 0 元 ~26.50 元，授予日每股期权公允价值 3.73 元 ~22.71 元，确认的股份支付费用 =（授予日股票增值权每股公允价值 – 每股行权价）× 授予股票增值权数量，报告期内发行人因授予股票增值权确认的股份支付费用如下表所示。 {{table}}
ZGGH（深交所主板）	2023 年 3 月 16 日	股份增值权计划已于 2015 年 6 月 12 日在年度股东大会上获得批准。公司监事不作为股权激励对象。 股份增值权的首次授予实施计划已由公司董事会于 2015 年 11 月 5 日批准。根据计划，集团已经以行权价每股 3.50 港元向激励对象（含 HYHHD）授出 256,240,000 份股份增值权。股份增值权的首期授予已于 2021 年 12 月 16 日全部到期失效。 股份增值权的第二期实施计划已由公司董事会于 2017 年 12 月 14 日批准。根据计划，集团已经以行权价每股 2.09 港元向激励对象（含 HYHHD）授出 568,970,000 份股份增值权。股份增值权总数的 1/3 可于 2019 年 12 月 16 日或之后行使（已到期失效），1/3 可于 2020 年 12 月 15 日或之后行使，剩余股份增值权（股份增值权总数的 1/3）可于 2021 年 12 月 15 日或之后行使。因部分业绩指标未达到行权条件，剩余股份增值权未生效，冲回以前期间确认的相关成本费用人民币 54,436,365.58 元。 根据第二期股权激励计划的行权安排，在行权前上市公司发生资本公积金转增、派送股票红利、股票拆细、缩股、

HCKJ 单元格内嵌表：

年度	2021	2020	2019
股份支付费用 / 万元	54.35	19.88	18.66

续表

公司名称	披露时间	披露情况
		配股、增发、派息等事项时，应当对股份增值权的行权价格进行相应调整，但任何调整不得导致行权价格低于股票面值。股票增值权行权价格调整情况如下。 | 董事会审批日期	股票价格（港元/股）	
	调整前	调整后 | | --- | --- | --- | | 2020年1月8日 | 2.09 | 1.9223 | | 2020年5月20日 | 1.9223 | 1.8393 | | 2021年4月22日 | 1.8393 | 1.7427 | | 2022年5月20日 | 1.7427 | 1.6440 | 每份股份增值权将与一股H股抽象挂钩，赋予有关激励对象权利，可自有关H股股份的市场价值上涨中收取规定数量的现金收益。股份增值权的行使要求特定的服务期限，行使期自可行使日期起计算为期3年。此外，股份增值权亦须根据集团及激励对象的业绩状况包括达到若干表现指标予以行使。 股份增值权的第二期实施计划本期失效的各项权益工具总额为159,642,300份。第二期实施计划本期行权的各项权益工具总额为39,837,100份。
ZGDX（上交所主板）	2023年3月23日	2018年11月，公司批准向符合资格的员工授予23.94亿单位股票增值权。根据此计划，从授予日开始，股票增值权计划的有效期为5年，行权价为每单位港币3.81元，行权价格将根据该计划的既定规则进行调整。获授予者自2020年11月起可以开始逐步行使股票增值权。截至获得股票增值权日期起第三、四、五周年之日，员工可行使的股票增值权的数量分别不得超过该员工所获股票增值权总数量的33.3%、66.7%、100.0%。 2021年2月9日，公司董事会审议批准了关于《ZGDX股份

续表

公司名称	披露时间	披露情况
		有限公司核心骨干人员股票增值权 2021 年授予方案》（经国资委指示，更名为《ZGDX 股份有限公司第二期股票增值权激励计划》）的决议。根据该方案，集团将向 8239 名核心骨干人员（不包括本公司的执行董事、非执行董事、独立董事、监事及高级管理人员）授予总数约 24.12 亿单位的股票增值权，行权价为 2.686 港元。2021 年 3 月，公司授予 24.02 亿单位股票增值权给符合资格的员工。从授予日开始，所有股票增值权的行使合约年期为 5 年。获授予者自 2023 年 3 月起可以开始逐步行使股票增值权。截至获得股票增值权日期起第三、四、五周年之日，员工可行使的股票增值权的数量分别不得超过该员工所获股票增值权总数量的 33.3%、66.7%、100.0%。 截至 2022 年 12 月 31 日，公司发行在外的股票增值权数量为 4,715,240,000 单位（2021 年 12 月 31 日：4,716,560,000 单位）。2022 年度及 2021 年度，公司股票增值权未被行使

（三）账面价值增值权

对授予给激励对象的虚拟股权绑定净资产或其他经营指标。以下我们以净资产举例：当公司的净资产升值时，激励对象可以按约定比例获得净资产价值上升带来的收益。对于激励对象来说，其获得收益来自每股净资产的增值，不受股票价格、公司估值波动的影响。在具体的收益计算上，以公司每股的净资产的增量和虚拟股权的数量计算行权收益，并以现金兑付收益。激励对象行权收益 = 激励对象获得的虚拟股权 ×（期末每股净资产 – 期初每股净资产）。

此外，市面上流行的其他现金型激励模式，例如利润分享计划、长期奖金库计划等，与上述几种模式的底层逻辑大致相同，在此不展开讨论。

二、权益型激励模式

权益型股权激励是指激励对象能获得完整的股东或者合伙人权利，直接或者间接取得股东身份。但从公司上市的整体利益出发，通常会通过协议约定的方式对激励对象的表决权、处分权等进行一定的限制。实践中主要包括直接持股模式和间接持股模式。

（一）直接持股模式

公司直接向激励对象授予股权，被激励对象在拟上市公司层面直接持股。激励对象可以直接行使股东权利，除了收取股息、享有公司分红之外，同时享有参加股东会会议、股权处分权、表决权、知情权等一系列股东权利。

（二）间接持股模式

由激励对象作为出资人设立员工持股平台，员工持股平台直接持有拟上市公司的股权，激励对象通过员工持股平台间接持有拟上市公司股权。员工持股平台的形式可以是合伙企业或者公司，也可以是资管计划。这种情形下激励对象并不直接成为拟上市公司的股东。两种模式的利弊可参见本书"第7问：几种主要的股权激励方式，各有什么优劣势？"所述。

第2问：直接持股的激励模式应该注意哪些问题？

答：拟上市公司直接向激励对象授予股权，相比间接持股激励对象可以直接持有公司的股权，直接行使股东权利，同时激励对象转让公司股权也相对较为便利，因此从激励对象的角度来说，这种激励方式的激励效果较好。

从规则层面看，《公司法》《证券法》等相关法律均未限制直接持股的激励方式，即原则上不存在法律障碍。从案例层面看，实践中亦不乏拟上市公司采用直接持股方式的案例（见表1-2）。

表 1-2　上市公司采用直接持股方式的案例

公司名称	披露时间	披露内容
AKL（创业板）	2020 年 1 月 15 日	说明发行人历史上及目前的股东是否存在代持或其他利益安排，历史上及目前的股权权属是否存在纠纷或潜在纠纷；经核查，发行人除现有 15 名股东外，历史上的股东包括 ZHC、JQGS、ZZQ 和 JJ。ZZQ 原为发行人的核心团队成员，通过股权激励取得 AKL 有限股权，其持有的 AKL 有限股权不存在代持或其他利益安排，其去世后股权分别由其配偶和儿子承继
SDBD（上交所主板）	2020 年 2 月 3 日	DZZ 与 TY 为公司的高级管理人员及核心技术人员，由于其中国台湾地区居民和美国籍自然人身份，成为公司员工持股平台的合伙人在实际操作层面存在障碍。为达到员工股权激励效果，DZZ 与 TY 以直接持股方式取得公司股份
QLXC（创业板）	2015 年 3 月 11 日	2011 年 9 月，为了提高公司业务骨干团队的凝聚力和工作积极性，公司实际控制人 GJ 决定将股权转让给 MHB 等其余 11 名公司员工，转让价格为每份出资额 10 元
ASXX（创业板）	2014 年 1 月 16 日	2011 年 1 月 14 日，发行人前身 ASYX 实施股权激励，ASYX 及 ASFZ、GM、GY 等 ASYX 股东与 XJY 等 36 位自然人签订了《增资协议》，约定 36 位自然人向 ASYX 增资

综上，拟上市公司实施股权激励计划可以选择直接持股的方式。在这种方式下，激励对象将直接持有拟上市公司的股权，激励对象的获得感较强，未来减持时最为便利，税负也相对较低，因此从激励对象的角度而言激励效果较好。

但是，从拟上市公司的角度出发，我们认为还是要慎重采用这种方式。因为在《公司法》的框架下，令股东从公司退出较为困难（尽管《公司法》第 52 条作出了未按期实缴出资的股东丧失股权的规定，但如果激励对象已经如期完成实缴，令其退出也较为困难），所以一旦激励对象无法满足激励计划中关于任职期限、业绩考核等方面的要求，需要其退出激励计划、收回激励股权，在实务操作中可能会面临很大的困难。正因如此，公司和激励对象之间关于劳动合同、知识产权或者其他方面的争议很容易演变为关于拟上市公司股权方面的纠纷，对公司上市产生直接的不利影响。

因此，我们理解，直接授予股权的激励方式，可能只适用于对公司发展举足轻重的小范围人员，例如联合创始人、重要董事、核心高级管理人员等。

第3问：间接持股的激励模式应该注意哪些问题？

答：通过搭建员工持股平台来进行股权激励，即由激励对象作为出资人设立员工持股平台，并由员工持股平台在公司层面持股，激励对象通过员工持股平台间接持有公司股权，这也就是我们常说的间接持股的股权激励模式。

《公司法》《证券法》等相关法律均未限制搭建员工持股平台的激励方式。《证券期货法律适用意见第17号》规定，发行人实施员工持股计划，可以通过公司制企业、合伙制企业、资产管理计划等持股平台间接持股，并建立健全持股在平台内部的流转、退出机制，以及所持发行人股权的管理机制。因此，规则层面上拟上市公司采用搭建员工持股平台的激励方式是可行的。

从实践案例层面看，实践中亦不乏拟上市公司采用搭建员工持股平台方式的股权激励案例。

表1-3 上市公司采用搭建员工持股平台方式的股权激励案例

公司名称	披露时间	披露内容
JDD（创业板审核通过）	2023年7月28日	XYBH 直接持有公司259.68万股，占发行前总股本的8.66%，系公司的员工持股平台。 XYJB 直接持有公司52万股，占发行前总股本的1.73%，XYJB 是公司的员工持股平台，其执行事务合伙人是公司高级管理人员 XR

续表

公司名称	披露时间	披露内容
HXKJ（创业板审核通过）	2023年7月28日	本次公开发行前，为有效调动公司董事、监事、高级管理人员及核心技术人员的积极性，吸引与留住优秀人才，提升公司核心竞争力以及促进公司长期发展，公司实施股权激励，设立TZQX员工持股平台。TZQX拥有的主要资产为其持有的公司股权，从事的主要业务为股权投资
RYKJ（上交所主板审核通过）	2023年7月28日	发行人通过将XRHH作为员工持股平台实施了股权激励，XRHH分别于2018年11月和2019年1月以增资方式取得RYYX股权，截至招股说明书签署日，XRHH持有发行人200万股股份，持股比例为4.6973%
JBGF（创业板）	2023年7月31日	为健全激励约束机制，有效结合股东利益、公司利益和员工利益，发行人于2020年搭建了员工持股平台JXHH，公司骨干人员通过持有JXHH的出资份额间接持有发行人股份。截至招股说明书签署日，JXHH持有发行人5.46%的股份，发行人实际控制人ZJB担任执行事务合伙人
MGL（创业板）	2023年8月3日	为调动公司骨干员工的积极性，公司本次公开发行申请前，共实施了2次股权激励，分别建立了TJMY、MGL管理中心2个员工持股平台
HQJS（上交所主板）	2023年8月3日	公司员工持股计划共设有13个持股平台，其中SHAQ、SHHX为2家直接持有发行人股份的有限责任公司持股平台；SHQY、SHQD、SHQB、SHQX、SHQG为5家直接持有发行人股份的合伙企业持股平台；SHQD、SHQX、SHQF、SHQH、SHQW1、SHQW2这6家合伙企业为前述5家合伙企业持股平台的有限合伙人，间接持有发行人股份

事实上，搭建员工持股平台，是拟上市公司实施股权激励计划最常见的激励方式。郝博等《注册制下拟上市企业员工持股平台股份支付确认问题研

究》①中的一项数据表明，截至 2021 年 6 月 30 日，科创板及创业板注册制下注册生效的 498 家上市公司中，有超过 60% 的公司（325 家）在上市前的股权激励中涉及股份支付确认事项，其中有超过 90% 的公司（298 家）通过设立员工持股平台的方式进行股权激励。一般认为，相比直接向激励对象授予股权，公司搭建员工持股平台的激励方式是在激励效果和约束效果之间的折中之举，既能在很大程度上保证激励效果，也便于对激励对象进行管理、隔离风险，避免公司和激励对象之间的纠纷直接对拟上市公司股权的清晰性和稳定性造成不利影响。

因此，在搭建持股平台进行股权激励的过程中，应当尤其注重相关法律文件（包括但不限于激励计划、合伙协议及其补充协议、授予协议、相关公司内部管理制度、相关承诺和声明等）的合法合规性以及可操作性。

第 4 问：虚拟股权激励模式应该注意哪些问题？

答：虚拟股权激励指公司授予激励对象一种虚拟股权，激励对象可以据此享受一定数量的分红权、收益权等现金收益，但不办理工商登记，也没有法律意义上的所有权、表决权等股东权利，通常而言在激励方案中也会约定股权不能转让和出售、在激励对象离开企业时会自动失效。

虚拟股权常见的有股票收益权、股票增值权、账面价值增值权等模式。但无论哪种方式，其本质上都是一种奖金的计算方式，只不过使得员工能够更直观地体会到，自己的表现、收入与公司的业绩之间是如何挂钩的。由于无须办理工商登记，因此操作较为便捷。

《公司法》《证券法》等相关法律规定均未限制虚拟股权的激励方式，因此，公司选择虚拟股权方式进行股权激励有一定可行性。但是，如果公司在

---

① 参见郝博、韩芳芳、李文贵：《注册制下拟上市企业员工持股平台股份支付确认问题研究》，载《财务与会计》2022 年第 1 期。

近期准备上市，可能需要更加慎重地考虑是否采取这种模式。因为《注册管理办法》要求"发行人的股份权属清晰，不存在导致控制权可能变更的重大权属纠纷"。虚拟股权在外观形式上往往又和股权代持非常类似，尤其是在激励对象获取虚拟股权需要支付对价的情况下；这时可能不利于说明公司股权清晰、符合上述发行条件，从而对公司上市计划造成影响。

从案例层面看，实践中存在上市公司在上市前实施虚拟股权激励计划的情况，但从目前检索的情况来看，相关公司无一例外地在上市前终止了虚拟股权激励计划（见表1-4）。

表1-4 在上市前终止虚拟股权激励计划的案例

公司名称	披露时间	披露内容
LYG（科创板）	2022年4月13日	为使员工与公司结成长期利益共同体，公司根据员工的职级与贡献等因素，自2005年始至2017年末止实施员工虚拟激励计划。2018年7月25日，LYG有限股东会审议通过《关于虚拟受限股兑现方案的议案》和《关于终止虚拟受限股激励计划并废止相关配套文件的议案》
BPSS（创业板）	2021年9月24日	2019年2月，为让员工分享公司发展和成长的收益，BPSS有限董事会审议通过《北京BPSS生物科技有限公司虚拟股激励计划》。2019年BPSS虚拟股权激励计划已届满终止，并不存在违反法律、行政法规强制性规定的情形，不存在纠纷及潜在纠纷
RXW（科创板终止审核）	2020年6月29日	RXYX创始股东于2008年开始实施虚拟股权激励，并于2018年5月终止实施
JYYX（上交所主板）	2017年8月21日	请说明：VIE架构拆除时相关股权激励计划终止情况、补偿方案的实施情况、决策程序；JYJC层面是否有妥善的入股安排；回购款项支付是否符合外汇相关规定；目前股权激励计划终止是否存在争议或潜在纠纷，是否仍存在涉及JYJC股权结构调整的协议安排。

续表

公司名称	披露时间	披露内容
		发行人在 VIE 架构下，由开曼公司向发行人员工授予虚拟股票收益权属于其拟在境外上市前提下的安排，主要目的在于激励公司骨干员工。在境外上市计划终止、发行人决定在境内上市之后，依据员工的资历、贡献等因素，重新设置境内的员工持股计划，对于未能进入境内员工持股计划的员工持有的开曼公司虚拟股票收益权以高溢价进行了回购终止。回购价款均通过境内银行汇入员工个人账户。开曼公司虚拟股票收益权已全部终止，不存在争议或潜在纠纷
YLYY（深交所主板）	2011年7月8日	YLYY 集团及 YLYY 曾先后在员工内部实施了带有股权激励性质的虚拟持股制度，截至 2010 年 8 月共计有 95 人持有虚拟股权。为落实此股权激励安排，YLYY 集团同意向包括此 95 人在内的股权激励对象转让其所持有的 YLYY 部分股权，转让完成后虚拟持股制度终止

上述案例纷纷在上市前终止虚拟股权的情形，某种程度上也印证了我们前面的担忧，但是这并不意味着虚拟股权没有价值。相反，针对一些处于初创期的公司，或者短期内没有上市计划的公司，我们十分鼓励创始人多尝试这种方式。因为对于激励对象而言，虚拟股权可以让他们在短期内享受到比较好的现金收益回报，这也可以为激励对象未来进一步参与公司的实体股权激励计划打下经济基础；对于创始人而言，虚拟股权可以尽可能减少对控制权的稀释；对于处于初创期的公司而言，由于虚拟股权无须办理工商登记，可以减轻管理的成本和负担。可见，虚拟股权对于处于初创期的公司或者短期内没有上市计划的公司是一种非常友好的激励模式。

但是，对于近期有上市计划的公司而言，为了保证公司上市工作的顺利推进，我们则不建议采取这种方式，已经存在的虚拟股权激励计划也应当尽可能地采取终止、将虚拟股权转化为实体股权等方式予以妥善处理。

第 5 问：虚拟股权和实体股权能否互相转化？

答：我们理解，虚拟股权可以转化为实体股权，但实体股权转化为虚拟股权存在一定的难度。具体论证如下。

一、虚拟股权转化为实体股权

（一）虚拟股权转化为实体股权的方式

虚拟股权本质是一种现金激励方式，而实体股权本质上是让激励对象获得股东身份。由于虚拟股权也可以计算出具体价值，因此其转化成实体股权具有一定的可行性。

1."代持还原"方式

很多情况下，虚拟股权本身具有一定的股权代持的外观特征（但并不等同于股权代持），因此虚拟股权可以与实体股权形成一定的对应关系，如虚拟股权权利内容、定价依据等均基于实体股权形成。将虚拟股权转化为实体股权也就类似于"代持还原"，例如按照 1∶1 的比例进行转让或者增资。具体案例列示如表 1–5 所示。

表 1–5 "代持还原"方式案例

公司名称	披露时间	披露情况
LYYL（科创板）	2021 年 12 月 31 日	（1）虚拟股计划阶段（2013 年 12 月至 2020 年 12 月）。根据《虚拟股份管理办法》的规定，发行人共设置 6000 万份虚拟股份，每一份虚拟股份权利相同。**6000 万份虚拟股份合计对应的发行人利润分配比例等值于发行人员工持股平台合计享有的发行人利润分配比例**。员工持股平台初始合计持有发行人注册资本的 10%，经过后续多轮融资稀释，截至虚拟股计划转换为员工持股计划前，发行人员工持股平台合计持有发行人总股本的 8.56%（合计 62,055,909 股股份）。

续表

公司名称	披露时间	披露情况
		（2）员工持股计划阶段（2020年12月至今）。根据《员工持股计划管理办法》的规定，员工持股计划的参与对象需签署《虚拟股份转化暨员工持股计划份额认购书》等文件以将其所持有的虚拟股份额转换为员工持股计划份额。**虚拟股计划转换为员工持股计划阶段，802名虚拟股持有人将其所持的全部6000万份虚拟股份按照1∶1的比例转换为员工持股计划份额**。本次转换完成后，发行人不存在尚未转换的虚拟股
HQJS（上交所主板）	2021年11月4日	自公司设立后针对员工实施虚拟股激励以来，公司股权激励主要分为如下阶段。 （1）虚拟股阶段（2005年8月至2017年6月）。 公司2005年设立初期，创始股东陆续对员工实施虚拟股权激励。该阶段虚拟股权授予时，由创始股东与员工签署股权激励协议，其中在2005年至2013年期间主要通过无偿方式授予员工一定比例或数量的激励份额，该等激励份额将按照协议约定的期限分年归属于员工；员工离职时，除根据授予协议约定员工可保留一定比例激励份额外，其余激励份额由创始股东回购，回购单价为1元／股；2014年7月起，授予对象主要面向总监及以上级别员工，且调整为主要以有偿方式授予，**授予价格参考上年度公司每股经营性净资产值**，个别特殊人才辅以无偿方式授予，员工离职时，原则上按照最近一年度公司每股经营性净资产值为基准计算回购价格，个别情况下由创始股东与员工协商确定回购价格。 （2）实股+虚拟股阶段（2017年6月至2020年7月）。 鉴于自2005年以来，公司实施虚拟股激励已逾10年，有大量且稳定的核心骨干员工通过持续参与虚拟股激励为公司经营发展做出了重大贡献，为规范、梳理前期虚拟股激

续表

公司名称	披露时间	披露情况
		励实施情况，并对该等核心骨干人员进行更为长期、有效的激励，公司创始股东于2017年对历史上已授予且截至该时点仍持有虚拟股权的员工进行工商显名登记（以下简称第一次显名登记），具体显名登记方式是：有关员工通过平价出资认购公司各员工持股平台的股权或合伙企业财产份额的方式成为该等员工持股平台的股东/合伙人，再由各员工持股平台向公司进行平价增资。第一次显名登记之后，随着激励对象的增加和虚拟股授出数量、规模的变动，回购价格亦会相应变动。自2009年起至2014年止，协议约定的虚拟股回购单价由1元/股调整为0.1元/股，激励对象原持有的虚拟股注销，转为通过员工持股平台间接持有公司股权，并享有有关出资人权益。此外，在本次增资时，在部分员工持股平台的执行事务合伙人等名下预留了一定数量的财产份额，作为未来实施新的股权激励计划的股份来源。 在上述显名登记后，考虑到持股平台人数设置限制、逐次进行工商登记手续烦琐、便于内部管理等因素，创始股东继续通过授予虚拟股方式对员工实施新的激励。虚拟股的授予方式及主要安排与前阶段基本保持一致。 （3）实股阶段（2020年8月至今）。 2020年8月，为规范自第一次显名登记以来的虚拟股激励实施情况，筹备公司股份制改制，经公司董事会决议，对于截至该时点持有虚拟股权的员工全部进行显名登记（以下简称第二次显名登记），具体方式为：**员工参与认购新设持股平台的财产份额并签署合伙协议，新设员工持股平台同时受让原有持股平台的执行事务合伙人名下的有关预留财产份额，该时期显名登记员工最终通过两层员工持股平台间接持有公司股权，采取上述两层间接持股的原因系受限于原有持股平台的股东/合伙人人数，为此通过新设一批**

续表

公司名称	披露时间	披露情况
		持股平台并作为原有员工持股平台的有限合伙人，员工作为新设持股平台的合伙人来间接持股。第二次显名登记后，激励对象原持有的虚拟股全部注销，创始股东自公司设立以来主导实施的虚拟股激励计划终止，全部的获激励员工均作为持股平台股东或合伙人间接持有公司股份，并享有有关持股平台的出资人权益
YYT（深交所主板）	2017年9月9日	采取长期利益与短期诉求相结合，通过3个步骤周期来实施。 （1）虚拟股权：通过业绩考核，逐年向核心骨干员工发放虚拟股权，该类员工享有盈利分红权。 （2）成立员工持股平台—有限合伙企业：在YX公司实现的盈利目标达到集团董事会认可的标准后（具体标准由集团董事会下达），将其30%的股权按1∶1出资额转让给有限合伙企业（持股平台）。 （3）实际股权或注册股权：按4∶3∶3原则分3年发放，**待激励对象达成当年业绩指标后，激励对象可向持股平台将其所持虚拟股票按1∶1的价格转换为易销公司的实际股权**
KLDQ（上交所主板）	2017年3月22日	为理顺公司股权结构，保护公司、股东和持有虚拟股权的人员的合法权益，避免股权纠纷或潜在纠纷，经与其他股东协商一致，公司实际控制人决定停止实施虚拟股权计划，于2011年5月开始着手落实全部虚拟股权。 （1）**2011年5月，实际控制人通过股权转让方式落实部分虚拟股权。** 公司实际控制人于2011年5月3日以股权转让的方式落实了41人（其中有部分人员已经登记为公司股东）所持有的全部虚拟股权，共8,335,538股虚拟股权。 公司实际控制人本次通过股权转让方式落实部分虚拟股权后，公司的注册资本不变，公司股东人数增加至49人。此外，尚有65名员工所持302万股虚拟股权未落实。

续表

公司名称	披露时间	披露情况
		（2）2011年12月，通过非公开发行股份增资方式落实剩余全部虚拟股权。 KLZDH整体变更设立股份有限公司后，经与公司其他股东协商一致，实际控制人决定通过非公开发行股份增资的方式落实其余65名员工所持有的302万股虚拟股权。本次增资后，公司的注册资本增加302万元，由5608万元增加至5910万元，公司的股东人数增加65人，由49名股东增加至114名。本次认购增资的人员均为持有虚拟股权尚未落实的公司员工，认购的股份数均为其所持虚拟股权数。本次以增资形式落实虚拟股权后发行人的股权结构情况见"发行人历次股权变动"之2011年12月增加注册资本至5910万元及变更经营范围所述。本次以非公开发行股份增资形式落实虚拟股权完成后，发行人实际控制人自2004年以来因实施员工虚拟持股计划而形成的全部虚拟股权已分别通过股权转让或增资的方式全部落实为公司登记注册的股份

2.终止虚拟股权方式

在这种方式下，公司终止了虚拟股权激励计划，并以一定的方式对员工持有的虚拟股权进行回购或补偿。同时，公司也可以选择制定实体股权的激励计划，员工可以一定的价格认购实体股权。具体案例列示如表1-6所示。

表1-6 终止虚拟股权方式

公司名称	披露时间	披露情况
TDH （创业板）	2021年 12月9日	2017年10月，TDH有限筹划申请IPO上市，考虑到上述虚拟股权激励的合规性，TDH有限股东ZJG、SJS、XDH、XCH决定通过回购的方式终止上述虚拟股权计划。经各方协商，2017年12月，ZJG、SJS、XDH、XCH等4人与TJ等13名激励对象签署了《回购协议》，约定ZJG、SJS、XDH、XCH以31.13元/股的价格回购汤军等

续表

公司名称	披露时间	披露情况
		13名激励对象合计持有的132.50万虚拟股权，回购总价款为4125.135万元，**同时激励对象需要按照比例使用回购资金出资认购TDH有限新增的6.625%股权**。上述回购价格以各方对公司2017年预测净利润2000万元乘以8倍市盈率的估值为作价依据。 截至招股说明书签署日，ZJG、SJS、XDH、XCH等人已经向13名激励对象支付了全部回购价款4125.135万元
RXW （创业板终止审核）	2020年 6月29日	2008年7月至2017年1月，RXW曾陆续授予41名激励对象虚拟股认购权。截至2018年5月，41名激励对象均未实际出资认购、未行权。2018年5月，考虑到虚拟股权激励的合规性，**RXW实际控制人LWZ决定终止上述虚拟股权激励**。虽然员工未实际出资认购、未行权，LWZ自愿个人给予上述激励对象一定金额的补偿。其中，**40名激励对象接受了补偿或参加公司搭建的员工持股平台，并确认之前的虚拟股认购权全部作废**。另有1名激励对象已于2012年12月从RXW离职，未领取补偿
JYYX （上交所主板）	2017年 8月21日	在VIE架构设置完成后，开曼公司准备完成境外上市，为激励核心员工，维持公司经营团队的稳定性，**向主要管理、技术、销售人员共计614名员工发行股票收益权激励计划。该等股票收益权为发行人无偿赠与员工的虚拟权益，员工没有为此支付资金**，因此不需要办理个人外汇登记手续。 自开曼公司发行上述虚拟股票收益权激励计划后，后续共有106名员工离职，其虚拟股票收益权失效。在VIE架构解除过程中，开曼公司与剩余508名员工签订股票收益权回购协议，其中向401名员工支付了回购价款，回购该等员工持有的全部股票收益权；向34名员工支付了回购价款，回购该等员工持有的部分股票收益权，

续表

公司名称	披露时间	披露情况
		开曼公司均通过中国银行将回购款支付到上述员工在中国银行开设的美元账户；**剩余共有 107 名员工（含上述 34 名部分回购股票收益权的员工）无偿终止其持有的股票收益权激励计划，同时在境内参与发行人的员工激励计划。** 项目组及发行人律师见证了上述股票收益权激励计划的回购和终止过程，审核了回购协议的签署情况，现场核查了终止收益权价款支付情况，对涉及员工全部进行了访谈，取得了其对于虚拟股票收益权激励计划终止不存在争议、对发行人权属不存在争议的说明，访谈了发行人全部境内间接持股员工，取得了其对于持股规范、不存在委托持股、不存在权属争议的说明。经核查，发行人在 VIE 架构下，由开曼公司向发行人员工授予虚拟股票收益权属于其拟在境外上市前提下的安排，主要目的在于激励公司骨干员工。**在境外上市计划终止、发行人决定在境内上市之后，依据员工的资历、贡献等因素，重新设置境内的员工持股计划，对于未能进入境内员工持股计划的员工持有的开曼公司虚拟股票收益权以高溢价进行了回购终止。**回购价款均通过境内银行汇入员工个人账户。开曼公司虚拟股票收益权已全部终止，不存在争议或潜在纠纷

（二）虚拟股权转化为实体股权需关注的问题

1. 虚拟股权转化为实体股权的授予条件

公司在设置虚拟股权转实体股权的时候，首先需考虑哪些人、在哪些条件下可以进行转化。总的来说，通常需要考虑以下几方面的因素。

第一，考虑激励对象的服务年限。按照激励对象在公司的服务年限，根据不同年限对应不同比例将虚拟股权转化为实体股权。

第二，考虑业绩考核目标。设定公司层面和员工层面的业绩考核目标，在达到考核目标之后可以将虚拟股权转化为实体股权。

第三，综合考量，例如服务年限与业绩考核目标相结合。在上述YYT案例中，公司规定，在子公司盈利目标达到集团董事会认可的标准后，可以成立员工持股平台进行实股激励，而实体股权将按照4∶3∶3原则分3年发放，激励对象在达到个人业绩考核指标后，可以将虚拟股权转化为实体股权。

在通盘考虑各种因素之后，如果公司认为此前的虚拟股权计划存在一定的瑕疵，或者有新的激励规划，那么也不妨提前终止虚拟股权激励计划，重新开展实体股权激励计划。比如在TDH案例中，公司在筹备上市时，考虑到虚拟股权激励的合规性，与虚拟股权激励对象签订回购协议，同时激励对象需按照比例使用回购资金出资认购公司新增的股权。但是在终止原有虚拟股权激励计划的时候，一定要注意合法、合规、合情、合理，否则可能造成与激励对象之间的纠纷，对上市工作造成负面影响。

2.虚拟股权转化为实体股权时的激励股权来源

虚拟股权转化为实体股权时，股权来源主要有两个方面：第一，公司向激励对象/员工持股平台增发的新股。第二，公司或原有股东向激励对象转让老股。当然，这两种方式亦可以结合起来使用。例如在KLDQ案例中，公司通过两种方式落实虚拟股权，第一种方式为实际控制人将其持有的公司的股权转让给部分虚拟股权激励对象，第二种方式为公司通过非公开发行股份增资的方式落实剩余的虚拟股权。

3.虚拟股权转化为实体股权的资金来源

虚拟股权转化为实体股权的资金来源主要有两种：第一种为员工使用其自有资金认购公司的实体股权。第二种是公司先支付给员工一定金额的回购资金或者补偿款，员工再使用此回购资金/补偿款认购实体股权。具体分析可参见本书"第47问：激励对象认购激励股权的资金来源，应关注哪些问题？"所述。

4.虚拟股权转化为实体股权的定价

虚拟股权转化为实体股权的价格，主要考虑公司的净资产值、公司盈利能力、近期市场公允价、注册资本金额、公司的激励力度，以及此前激励对象获得虚拟股权激励时是否已经支付对价等因素。

在TDH案例中，定价时主要考虑的是公司的盈利能力。激励对象以回购资金认购新股，而回购价格是以公司2017年预测净利润2000万元乘以8倍市盈率的估值为作价依据的。此外，在HQJS的案例中，公司采取的是类似我们此前介绍的"代持还原"的模式，员工通过平价出资认购公司各员工持股平台的股权或合伙企业财产份额的方式成为该等员工持股平台的股东/合伙人，再由各员工持股平台向公司进行平价增资。

各种不同的定价方式，以及背后需要考虑的因素，亦可参见本书第六章"股权激励的价格"。

5.虚拟股权转化为实体股权的重点考虑因素

拟上市公司决定将虚拟股权转化为实体股权的，在设置转股方案时，应提前进行全面的筹划，具体来说应关注以下几方面的问题。

第一，做好时间筹划。通常情况下，为满足股权清晰的要求，拟上市公司在上市前可能需规范此前已经存在的虚拟股权激励计划。在此过程中，又要通盘考虑激励对象的服务期、股改基准日、申报基准日、引入投资人的时点，甚至一些公司或相关方需要资金的时间点，以及与上述因素相关的税务和财务因素，等等。所以，往往时间看起来非常宽裕，但是一旦将上述因素考虑进去，公司会发现可以进行转化操作的时间窗口极为有限或者时间非常紧张。

第二，控制股东人数。《公司法》第92条规定，设立股份有限公司，应当有1人以上200人以下为发起人[①]，其中须有半数以上的发起人在中国境内有住所。《证券法》更是规定，上市前股东超过200人的属于公开发行。所

---

① 《公司法》（2018年）第78条规定，设立股份有限公司，应当有2人以上200人以下为发起人。

以在上市前进行虚拟股权转为实体股权的操作时，一定要充分考虑《公司法》《证券法》关于股东人数的规定，不得超过200人，在此基础上选择直接持股或间接持股的激励方式。

第三，对激励对象设置合理的约束、考核、回购等条款。虚拟股权与实体股权激励方式的核心区别之一是虚拟股权无须进行工商登记，因此对激励对象管理的主动权主要集中在公司手里，对于激励对象考核、退出时的潜在纠纷往往考虑较少。但是，一旦转为实体股权、将激励对象在工商登记层面体现为公司直接或间接的股东，那么情况就很不一样了。除了要详细地考虑激励对象需要在何种情况下、以何种方式退出股权激励计划，更需要预防此种情形的潜在纠纷。对于该等问题，可以参见本书第八章"股权激励的退出"。

二、实体股权转化为虚拟股权

从规则层面看，《公司法》《证券法》等相关法律并未限制将实体股权转化为虚拟股权。因此我们理解，实体股权转化为虚拟股权在法律上并不被禁止，但是在实践中这种情形非常少见。

实体股权转化为虚拟股权，则意味着公司层面或者员工持股平台层面需要进行相应的减资或者股权转让，存在一定操作上的难度。此外，在上市前进行这样的操作，本质上有违《注册管理办法》的规定，会给公司的上市计划带来不利的影响。因此，我们不建议公司在有上市计划的背景下进行这种操作。

但是，如果公司暂时没有上市的打算或者改变了上市计划，在综合进行各种优劣对比之后，也是可以进行这样的操作的。实体股权转换为虚拟股权后可以使公司的股权结构更加简洁明了，治理结构更简单，某些情况下决策效率更高。无论怎样，公司都应当在专业机构的指导下进行类似操作，使得程序合法合规，避免损害股东利益，也避免形成各种纠纷。

第6问：拟上市公司实施员工持股计划的，能否设置期权？

答：期权是大家耳熟能详的一个概念，参照《上市公司股权激励管理办法》第 28 条的规定，期权是指公司授予激励对象在未来一定期限内以预先确定的条件购买本公司一定数量股份的权利。在许多创始人心目中，股权激励甚至就等于期权。但是我们经过长期的实践和总结，发现一个问题：虽然并没有法律上的限制和障碍，但对于一个已经开始筹备 A 股上市的公司而言，在上市前的公司员工持股计划中实施期权激励计划很可能难以操作。

为什么这么说呢？本质上是由于现行的上市审核要求与期权激励计划的特点之间存在一些矛盾。

一、上市前实施的期权激励计划

以最为常见的 3 年行权的期权计划为例，我们来看看放在拟上市公司的背景下，在上市前实施期权激励计划可能会出现哪些问题。为免生歧义，此处主要讨论的是搭建员工持股平台，并在员工持股平台层面实施期权激励计划的情形。

（一）难以预测的股份支付成本

根据《企业会计准则第 11 号——股份支付》第 6 条的规定，公司将在等待期内的每个资产负债表日，根据最新取得的可行权人数变动、业绩指标完成情况等后续信息，调整预计可行权的股票期权数量，并按照股票期权授予日的公允价值，将当期取得的服务计入相关成本或费用和资本公积。因此，虽然所授予的股票期权在行权日的行权价格已经确定，但行权数量可能存在变动，从而导致股份支付成本具有不确定性。这种不确定性是一家准备在 A 股上市的公司非常不愿意看到的，因为这很有可能导致报告期内公司净利润出现大幅波动，从而令其难以满足上市条件。

（二）与股改之间的冲突

期权的行权期较长，往往会跨越公司股改即整体变更为股份公司。根据现行规则的要求，拟上市公司在股改前往往需要缴足注册资本，且注册资本可能会发生变化。虽然实践中也存在拟上市公司在股改之前注册资本未缴足的先例，但仍较为少见，属于非常规操作，不值得推荐。

在此过程中，如果以增资的方式进行股权激励，处于有效期内的期权可能需要加速行权或终止行权，以便完成注册资本的实缴出资，这就失去了设立期权激励计划的意义。这些工作都会同时增加股改和股权激励这两项工作的难度和不确定性。

（三）与申报要求之间的冲突

按照现行要求，公司在申报上市之前注册资本要全部缴足，也不能存在尚未行权的股权激励计划。这也就意味着，在申报前，所有尚未行权的股权激励计划，要么加速行权全部实缴到位，要么提前终止。但是选择前者，可能会使得公司股份支付成本大大增加，甚至影响申报，同时也不符合激励计划最初的目的；选择后者，则可能使得激励对象获得感大大降低，更使得公司存在违约的风险，为公司上市增加不确定性。

通过上述分析不难发现，期权激励的方式针对创业早期的公司比较适用。换句话说，离申报期很近或者已经在报告期内的企业，就要慎重考虑期权激励方案的必要性和可操作性，以及其是否"得不偿失"。

二、上市前制定、上市后实施的期权激励

A股拟上市公司上市过程中存在一种特殊的期权激励计划，可以说是为其量身打造的，那就是在上市前制定、上市后实施的期权激励计划。

这种股权激励计划在科创板实践中首先提出，根据《科创板审核问答》第12条规定，拟申请在科创板上市的公司可以在上市前制定、上市后实施

期权激励计划，激励计划的必备内容与基本要求，激励工具的定义与权利限制，行权安排，回购或终止行权，实施程序等内容，应参考《上市公司股权激励管理办法》的相关规定予以执行。中国证券监督管理委员会（以下简称中国证监会）出台的《首发审核问答》及深圳证券交易所（以下简称深交所）出台的《创业板审核问答》中亦有类似的规定，其对拟上市企业申报前制定、上市后实施的期权激励计划的要求基本一致。2023年2月，中国证监会发布全面实行股票发行注册制相关制度规则，《证券期货法律适用意见第17号》也沿用了《科创板审核问答》《首发审核问答》《创业板审核问答》的相关规定。此外，《北京证券交易所股票上市规则（试行）》第8.4.6条也规定，上市公司在全国股转系统挂牌期间依法实施的股权激励计划，上市后可以继续实施。

从案例层面看，实践中越来越多的公司开始采取这种上市前制定、上市后实施的股权激励计划，例如WJCX（科创板）、HGCY（科创板）、JSSW（科创板）、XYGF（科创板）、TZH（科创板）以及ZWGS（科创板）等。

但是，我们认为上市前制定、上市后实施期权激励计划，无论是从其所依据的规则，还是从其实施的时间和实施方式来看，其本质上还是一种上市公司股权激励计划，与本问题重点讨论的拟上市公司股权激励计划存在一定的差别。关于这种激励计划的详细介绍请见本书第十一章的内容。

第7问：几种主要的股权激励方式，各有什么优劣势？

答：从激励股权性质层面划分，股权激励方式可以分为实股激励方式和虚拟股权激励方式。实股激励方式又可以分为直接激励方式和间接激励方式，直接激励方式即为直接向激励对象授予激励股权，间接激励方式即为搭建员工持股平台。搭建员工持股平台又可以进一步区分为有限合伙型持股平台、公司型持股平台和资管计划型的持股平台（见表1–7）。

表 1-7　按激励股权性质划分的持股平台

激励股权性质划分	持股模式划分	员工持股平台形式划分
虚拟股权激励方式	—	—
实股激励方式	直接激励方式	—
	间接激励方式	有限合伙型持股平台
		公司型持股平台
		资管计划型的持股平台

一、实股激励方式与虚拟股权激励方式的优劣势比较

实股激励方式与虚拟股权激励方式的优劣势比较见表 1-8。

表 1-8　实股激励方式与虚拟股权激励方式的比较

优劣势	实股激励方式	虚拟股权激励方式
优势	（1）激励对象可以直接或间接取得公司股权，获得感较强，激励效果较好。 （2）可将公司上市作为实股的退出渠道，减轻公司或相关股东的资金压力	（1）签订契约即可设立虚拟股权激励计划，其制定、实施均较为灵活。 （2）激励对象没有取得公司股权，不会改变公司股权结构
劣势	（1）实股激励计划的制定和实施不仅需要签订契约，还会涉及工商登记等程序，相比虚拟股权激励方式更为复杂。 （2）激励对象可以通过股权激励计划取得公司股权，可能会减少或稀释原股东的持股比例	（1）虚拟股权不是真实的股权，激励对象获得感不强，激励效果相对不足。 （2）无法将公司上市作为虚拟股权的退出渠道，公司或相关股东可能因此承受较大的资金压力。 （3）公司实施虚拟股权激励计划，不利于其股权清晰的论证

二、直接激励和间接激励的优劣势比较

直接激励和间接激励的优劣势比较见表 1-9。

表 1-9 直接激励和间接激励的优劣势比较

优劣势	直接激励方式	间接激励方式
优势	（1）采用直接激励方式无须设立员工持股平台，在实施上相对简单。 （2）直接激励方式可以使激励对象直接取得公司股权，与公司的利益关系更为紧密，激励效果较好。 （3）激励对象直接持有的股权在未来变现时税负更有利	（1）激励对象通过员工持股平台集中持有公司股权，有利于减少股东数量，便于减少公司的运作成本、提高管理效率。 （2）激励对象及其数量的增加或减少，均在员工持股平台层面上调整，不会影响公司的股权结构，有利于公司保持股权结构稳定。 （3）公司可以通过员工持股平台相关规定对激励对象进行管理和约束
劣势	（1）公司对激励对象的控制力相对有限，且管理上也不灵活，难以令激励对象退出激励计划。 （2）直接激励方式使得公司股东数量增多，容易超过 200 人，也不利于公司减少运作成本、提高管理效率。 （3）激励对象及其持股数量的增加或减少，均会造成公司股权结构的变动，不利于公司保持股权结构稳定	（1）采用间接激励方式，需要设立员工持股平台，在实施上相对复杂。 （2）与直接激励方式相比，间接激励方式的激励效果略显不足

三、公司型员工持股平台、有限合伙型员工持股平台、资管计划型员工持股平台的优劣势比较

公司型员工持股平台、有限合伙型员工持股平台、资管计划型员工持股平台的优劣势比较见表 1-10。

表 1-10　公司型员工持股平台、有限合伙型员工持股平台、
资管计划型员工持股平台优劣势比较

优劣势	公司型员工持股平台	有限合伙型员工持股平台	资管计划型员工持股平台
优势	（1）原则上，所有股东均以认缴出资为限承担有限责任。 （2）是一种成熟的法人主体，各地工商、税务等政府部门在办理相关登记业务时也比较熟悉，办理效率相对较高	（1）有限合伙企业由普通合伙人负责执行合伙事务，其组织结构相对简单，有利于公司对员工持股平台的管理。 （2）《合伙企业法》规定了当然退伙、强制退伙相关情形，激励对象的退出有更多渠道	（1）资管计划的员工持股平台人数可以突破50人。 （2）资管计划的管理人可以负责日常的员工股锁定、解锁、减持等操作，更具专业性
劣势	（1）公司型员工持股平台的组织架构相对复杂，不利于公司对员工持股平台的管理。 （2）除了《公司法》第52条规定了未实缴出资股东失权制度外，整体上没有其他强制股东退出的相关规定，激励对象的退出更为复杂。 （3）公司型员工持股平台中的激励对象在未来变现时可能会面临"双重征税"	（1）普通合伙人理论上要对合伙企业债务承担无限责任。 （2）有限合伙企业合伙人人数至多50人	（1）资管计划作为员工持股平台的可行性存疑，且后续上市过程中可能会被监管部门关注。 （2）由于缺乏公开的核查渠道，出资人、份额等信息核查存在一定难度

各种激励方式的税务成本，具体详见本书第九章"股权激励的税务"项下所述。

第 8 问：持股平台组织形式能否变更？

答：实践中，出于各种原因，有些公司在搭建持股平台后希望变更持股平台的组织形式，例如希望从公司变为合伙企业，或者从普通合伙变为有限合伙等。这种方式能否行得通呢？

一、规则层面

（一）普通合伙与有限合伙之间的互相转化

根据《合伙企业法》的相关规定，普通合伙企业转为有限合伙企业包括以下两种情形：(1) 合伙人被依法认定为无民事行为能力人或者限制民事行为能力人，经其他合伙人一致同意的；(2) 合伙人的继承人为无民事行为能力人或者限制民事行为能力人，经全体合伙人一致同意的。同时，有限合伙企业仅剩普通合伙人的，有限合伙企业转为普通合伙企业。

因此，我们理解，单从企业组织形式上来看，有限合伙企业和普通合伙企业的互相转化在规则上具有可操作空间。具体规定列示如表 1–11。

表 1–11　有限合伙企业和普通合伙企业的互相转化

变更方式	法律法规	相关规定
普通合伙转为有限合伙	《合伙企业法》	第 48 条第 2 款　合伙人被依法认定为无民事行为能力人或者限制民事行为能力人的，**经其他合伙人一致同意，可以依法转为有限合伙人，普通合伙企业依法转为有限合伙企业**。其他合伙人未能一致同意的，该无民事行为能力或者限制民事行为能力的合伙人退伙。 第 50 条第 2 款　合伙人的继承人为无民事行为能力人或者限制民事行为能力人的，**经全体合伙人一致同意，可以依法成为有限合伙人，普通合伙企业依法转为有限合伙企业**。全体合伙人未能一致同意的，合伙企业应当将被继承合伙人的财产份额退还该继承人
有限合伙转为普通合伙	《合伙企业法》	第 75 条　有限合伙企业仅剩有限合伙人的，应当解散；有限合伙企业仅剩普通合伙人的，转为普通合伙企业

但是也应该注意到，从上述法条的文义来看，只有在法律规定的特定情形下才允许进行组织形式的变更。那么基于当事人的意思自治能否进行这种变化呢？现行法律法规没有作出明确的规定。

（二）有限责任公司和合伙企业互相转化

在国家层面，有限责任公司和合伙企业的互相转化并没有相关规定。在地方层面，各地市场监管部门采取了不同的态度。

第一，限制性允许。例如北京市市场监督管理局根据原国家工商行政管理总局《关于支持中关村科技园区建设国家自主创新示范区的意见》（工商办字〔2009〕200号）、《中关村国家自主创新示范区企业组织形式转换登记试行办法》（京工商发〔2010〕131号），限制性地认可在中关村国家自主创新示范区内登记注册的有限公司和合伙企业相互转换。此外，在新疆维吾尔自治区部分经济开发区等地也允许有限责任公司变更为合伙企业。

第二，禁止转化。例如广州市市场监督管理局、上海市市场监督管理局认为有限责任公司与合伙企业是两种不同类型的企业，二者之间不能相互转换。

第三，部分禁止。深圳市市场监督管理局一方面认为有限合伙与有限公司设立变更的法律依据不同，有限公司不可以变更为有限合伙企业，另一方面认为合伙企业可以变更为有限公司。

我们将相关内容列示如表1-12。

表1-12　各地市场监管部门对有限合伙和普通合伙互相转化的态度

地区	态度	内容
北京市	限制性允许	（1）北京市市场监督管理局区分了公司的**登记注册地**，即在中关村国家自主创新示范区内登记注册的有限公司和合伙企业组织形式可以互相变更，但注册在此区域外的企业组织形式不能变更。[①] （2）《中关村国家自主创新示范区企业组织形式转换登记试行办法》（京工商发〔2010〕131号） **第二条**　在示范区内登记注册的公司制企业法人、非公司制企业法人、**合伙企业**、个人独资企业以及上述企业的分支机构**转换**为其他组织形式办理登记注册的，适用本办法。

续表

地区	态度	内容
		第四条 本办法第二条规定的**公司制企业法人转换为其他组织形式**包括以下转换方式： （一）**公司制企业法人转换为合伙企业**； （二）公司制企业法人转换为个人独资企业； （三）公司制企业法人转换为分公司。 第六条 本办法第二条规定的**合伙企业转换为其他组织形式**包括以下转换方式： （一）**合伙企业转换为公司制企业法人**； （二）合伙企业转换为个人独资企业； （三）合伙企业转换为合伙企业分支机构。 第十四条 **公司制企业法人**、合伙企业、个人独资企业**转换组织形式的，应当结清原企业各项税款**，履行清算程序，并公告企业组织形式转换。 （3）原国家工商行政管理总局《关于支持中关村科技园区建设国家自主创新示范区的意见》（工商办字〔2009〕200号） 17.**支持企业转换组织形式**。示范区内的企业根据发展需要申请变更企业类型的，示范区工商分局根据申请依法定形式办理变更登记
新疆维吾尔自治区	限制性允许	新疆维吾尔自治区《工商行政管理局关于有限责任公司变更为合伙企业的指导意见》（新工商企登〔2010〕172号） 一、变更登记遵循的原则和条件。变更登记应当遵循依法登记的原则和保护债权人利益的原则。**有限责任公司（不含自然人一人公司或国有独资公司）变更为合伙企业应当具备以下条件**： （一）公司债权人对公司变更为合伙企业未提出异议； （二）公司设立2年以上，公司全体股东已按照章程规定或股东会议决定足额缴纳全部出资； （三）国有股东成为合伙企业合伙人已获得国有资产监管部门的批准；外商投资公司变更为外商投资合伙企业已获得商务部门的批准； （四）合伙人在2人以上、50人以下，必须有一个以上普通合伙人；

续表

地区	态度	内容
		（五）符合合伙企业设立登记的其他条件。 …… 五、本意见**适用于自治区人民政府《新疆维吾尔自治区促进股权投资类企业发展暂行办法》**②**规定范围内的企业**③……
广州市市场监督管理局	否定	有限责任公司与合伙企业是两种不同类型的企业，**二者之间不能相互转换，只能重新办理设立登记手续**，原有限公司或者合伙企业是否需要注销，由企业自行决定④
上海市市场监督管理局	否定	**有限责任公司与合伙企业不能相互转换，需要注销以后重新申请**⑤
深圳市市场监督管理局	部分禁止	（1）有限合伙与有限公司设立变更的法律依据不同，因无法律依据，有限公司不可以变更为有限合伙企业⑥ （2）合伙企业可以变更为有限公司⑦

注：①参见北京市市场监督管理局登记注册处：《有限责任公司可以直接变更为合伙企业吗》，载北京市市场监督管理局网 2021 年 3 月 4 日，http://www.beijing.gov.cn/hudong/yonghu/static/gsj/zixun/detail.html?searchCode=sgsj16146482719251755334；北京市市场监督管理局登记注册处：《合伙企业能变更为有限公司吗》，载北京市市场监督管理局网 2021 年 8 月 16 日，http://www.beijing.gov.cn/hudong/yonghu/static/gsj/zixun/detail.html?searchCode=sgsj16290315589851292531。

②该法规已被新疆维吾尔自治区人民政府办公厅《关于切实做好清理规范现行税收等优惠政策相关事项的通知》（新政办发〔2018〕27 号）（2018 年 2 月 27 日发布并实施）撤销。

③《新疆维吾尔自治区促进股权投资类企业发展暂行办法》（新政办发〔2010〕187 号）第 2 条："本办法所称股权投资类企业包括股权投资企业和股权投资管理企业。股权投资企业是指股东或者合伙人以其出资及合法筹集的资金、从事于对其他企业进行直接股权投资或者持有股份而设立的企业。股权投资管理企业是指以接受股权投资企业或者其他企业、个人委托，管理运营股权投资项目为主业的机构。"

第 4 条："本办法适用于在自治区注册的境内外股东或者合伙人投资设立的股权投资类企业。其中，按照本办法第三章申请备案管理的股权投资类企业，注册地应当为喀什经济开发区、霍尔果斯经济开发区、乌鲁木齐经济技术开发区、乌鲁木齐高新技术开发区或者石河子经济技术开发区。"

④根据广州市市场监督管理局官网中的"智能导办系统"人工客服咨询。

⑤参见上海市市场监督管理局:《咨询问题:公司类型变更(有限公司变更为合伙企业,或者合伙企业变更为有限公司)》,载上海市市场监督管理局网2019年9月4日,http://fw.scjgj.sh.gov.cn/shaic/consult!viewDetail.action?cid=4028e4c86cf1a0f3016cfa4257af0030。

⑥参见深圳市市场监督管理局(深圳市知识产权局)业务知识库2021年5月17日,https://amr.sz.gov.cn/ekp/new/add/listshow/list_show.jsp,选择"政务服务类",搜索"是否可以办理有限责任公司变更为有限合伙企业?"。

⑦《合伙企业能否变更为有限公司?》,载 http://amr.sz.gov.cn/gkmlpt/content/5/5433/post_5433314.html#893。

二、案例层面

实操中,存在一些企业基于优化员工持股平台的管理、税务筹划等因素,将普通合伙、有限责任公司形式的持股平台转变为有限合伙的案例。但是,将有限合伙变更为有限公司或者普通合伙的案例较少,我们理解这主要是因为有限公司和普通合伙作为持股平台,较之有限合伙并没有明显的优势,见表1-13。

表1-13 转化案例

公司名称	披露时间	披露情况	变更方式
FSL（创业板）	2022年3月9日	**FSLFZ（原FSL化工厂）作为持股平台存在**,资产为长期投资及货币资金,无实际经营业务及营业收入。 2013年4月20日,FSL化工厂全体合伙人作出决议,**同意FSL化工厂由普通合伙企业变更为有限合伙企业**,由QXY继续作为普通合伙人,JGB、ZJP等29位普通合伙人变更为有限合伙人,由普通合伙人QXY继续作为执行事务合伙人。 2013年5月13日,FSL化工厂完成工商变更登记,取得了江苏省苏州工商行政管理局核发的变更后的《合伙企业营业执照》	普通合伙企业变更为有限合伙企业

·033·

续表

公司名称	披露时间	披露情况	变更方式
NGGF（上交所主板）	2021年3月19日	WSTZ为持股平台，未从事具体生产经营类业务。临海市WSTZ有限公司的组织形式由有限责任公司变更为有限合伙企业，原有限公司的实收资本及股权结构相应变更为有限合伙企业的实缴出资额及比资比例，但具体金额及比例未发生变化	有限公司变更为有限合伙企业

第9问：拟上市公司股权激励计划是否可以选择资管计划方式？

答：要回答题述问题，不可回避地要先行论证资管计划成为拟上市公司股东的可行性。资管计划作为传统的"三类股东"之一，其是否可以成为拟上市公司股东，实践中的理解也随着时间发生着演变。以下我们将从规则演变、实践案例角度展开分析。

一、对三类股东规则层面上的演变

（一）2018年之前，对三类股东态度较为谨慎，资管计划方式实施股权激励存在可能的障碍

由于资产管理计划属于"三类股东"，"三类股东"的特殊性在于其本身并不是法律主体，只能以管理人的名义签署合同、从事民事行为；从本质上来讲，"三类股东"属于典型的代持，部分"三类股东"穿透后出资人众多，与发行上市股权清晰的要求存在冲突，因此拟上市公司是否可以选择资管计划方式实施股权激励，其核心在于审核部门对于"三类股东"的审核尺度。

在 2018 年之前，监管对于拟 IPO 企业是否可以存在三类股东的态度并不明朗，具体来说，对新三板挂牌企业，资产管理计划可不进行股份还原，但应当做好信息披露工作；对拟于主板、创业板等 IPO 的企业而言，原则上并不允许三类股东投资。

（二）2018 年之后，规则层面进一步完善对三类股东的监管要求，采取资管计划方式实施股权激励存在一定可能性

2018 年 1 月，中国证监会在答记者问时提及，近期明确了对新三板挂牌企业的三类股东的监管政策，随后在 2019 年相关板块的审核问答中，均提及对于新三板挂牌企业申请 IPO 的"三类股东"监管政策：第一，要求公司控股股东、实际控制人、第一大股东不得为"三类股东"；第二，中介机构应当核查确认三类股东是否已纳入监管；第三，对控股股东、实际控制人，董事、监事、高级管理人员及其近亲属，本次发行的中介机构及其签字人员是否直接或间接在"三类股东"中持有权益进行核查并发表明确意见；第四，中介机构应核查确认"三类股东"已作出合理安排，可确保符合现行锁定期和减持规则要求。

2020 年 3 月，新《证券法》施行之后，中国证监会、深交所、上海证券交易所（以下简称上交所）更新的《首发审核问答》《创业板审核问答》《科创板审核问答》进一步明确发行人实施员工持股计划可以采用公司制企业、合伙制企业、资产管理计划等形式，正式为拟上市公司通过资管计划实施员工股权激励提供了规则依据。2023 年 2 月全面实行股票发行注册制，中国证监会出台的《证券期货法律适用意见第 17 号》沿用了上述规定。

二、从案例层面看可行性

从案例层面来看，实操中存在拟上市公司以资产管理计划实施股权激励的过会先例，采用资管计划方式的股权激励具有一定可行性，具体情况如表 1-14 所示。

表1-14 以资管计划实施股权激励的案例

公司名称	披露时间	披露内容
ZKJS（科创板）	2020年5月24日	（1）2019年4月实施的第一期员工持股计划，由申万宏源证券担任员工持股资产管理计划的管理人。 ①激励对象：骨干员工（主要系承接原激励计划）。 ②本次员工持股计划的专项资管计划已履行登记备案程序，于2019年6月4日取得中国证券投资基金业协会的《资产管理计划备案证明》，产品编码SGQ368。 （2）2019年9月实施的第二期员工持股计划，由中信证券担任员工持股资产管理计划的管理人。 ①激励对象：骨干员工。 ②本次员工持股计划的专项资管计划已履行登记备案程序，于2019年9月16日取得中国证券投资基金业协会的《资产管理计划备案证明》，产品编码SJC413。
LYYL（科创板）	2022年7月29日	发行人代员工持股计划委托中金公司成立中金公司LYYL员工持股单一资产管理计划（以下简称资管计划）。资管计划通过入伙发行人员工持股平台间接持有发行人股份，激励对象通过持有员工持股计划份额而间接享有相应权益。截至2021年12月31日，发行人员工持股计划的持有人共有830名，主要为发行人现任员工以及对发行人作出重要贡献的人员。前述人员合计持有员工持股计划6000万份，合计出资额14,738.09万元。发行人不存在未明确归属的员工持股计划份额，发行人员工持股计划的持有人均已完成员工持股计划对应份额的认购。 2021年4月，发行人代员工持股计划委托中金公司成立资管计划对员工持股计划份额认购资金进行管理，该等资管计划已完成基金业协会备案，并取得了资产管理计划备案证明（产品编码：SQR690）

续表

公司名称	披露时间	披露内容
YCKJ（科创板）	2023年4月19日	公司于2019年7月22日召开第二届董事会第六次会议、于2019年8月6日召开2019年第二次临时股东大会，审议通过了与本次员工持股计划发行股票相关的议案，**同意公司以非公开定向发行股票的方式，向员工持股计划SWZG持股计划非公开发行股票**，确定每股价格为5.96元。 公司于2020年12月16日召开第二届董事会第十五次会议、于2020年12月31日召开2020年第四次临时股东大会，对2019年员工持股计划进行修订并相应修改相关管理办法，修订已签署的《SWLX资产—共赢13号员工持股单一资产管理计划资产管理合同》并就此签署相关补充协议。 2019年8月16日，SWZG持股计划通过中国证券投资基金业协会备案并取得了《资产管理计划备案证明》，资产管理计划备案号为SGZ564，管理人为SWLX（上海）资产管理有限公司

根据上述案例，我们理解，拟上市公司采用资管计划方式实施股权激励需关注以下要点。

第一，可行性。总体来说，采用券商资管计划实施股权激励的案例较为罕见，主要有以下两个案例：ZKJS（2020年11月上市）项目和LYYL（2022年8月上市）项目。此外，我们亦关注到部分新三板转板上市企业采用券商资管计划实施股权激励（YCKJ）并成功上市的案例，但新三板转板上市企业存在一定的特殊性，此处不再展开。

第二，激励对象信息披露。在ZKJS案例中，公司将激励对象分为董监高和其他激励对象，对于董监高这一级别的激励对象，公司详细披露了其名称、职务、激励份额、激励比例的信息；对于其他激励对象，公司没有披露各个激励对象的详细情况，仅披露了其他人员合计获授的激励份额、比例信息。但是同样也有相反的案例，例如LYYL。我们理解，ZKJS、LYYL案例的差异，主要源于《监管规则适用指引—关于申请首发上市企业股东信息披露》的出台，ZKJS上市时，彼时中国证监会对于发行人股东的信息披露要求没有如今这般严格，因此当时相关信息披露文件对于一般员工进行省略性披露存在一定的可行性。《监管规则适用指引—关于申请首发上市企业股东信息披露》出台之后，尤其是股东穿透核查成为常态，省略性披露可能难以实现。LYYL案例中，其在招股书中详细披露了各个激励对象名称、职务、出资金额、持股占比情况，没有对激励对象具体区分。

第三，资产管理计划的备案。我们关注到，在检索到的采用资产管理计划实施股权激励的案例中，发行人均对资产管理计划进行了备案，这也与规则层面要求中介机构核查确认资管计划已纳入国家金融监管部门有效监管，并已按照规定履行审批、备案或报告程序的要求相对应。事实上，关于资管计划的备案要求，目前已经直接影响到采用资管计划实施股权激励的可行性结论，这是因为目前在基金业协会层面，以股权激励为目的的券商资管计划进行备案客观上已经难以办理。

综上，我们初步理解，实操中虽然存在拟上市公司采用资管计划实施股权激励的案例，但截至目前可能难以复制。

三、小结

总体而言，对于能否采用资管计划实施股权激励计划，从规则层面来说，拟上市公司采用资管计划实施股权激励已经具有规则依据，规则层面已无障碍；从案例层面来看，实操中虽然存在拟上市公司以资产管理计划实施股权激励的过会先例，但该等案例较为罕见，且出于资管计划基金业协会备案的要求，未来能否以资管计划实施股权激励仍存在较大的不确定性。

第 *10* 问：拟上市公司股权激励计划是否可以选择信托计划方式？

答：与"第 9 问：拟上市公司股权激励计划是否可以选择资管计划方式？"相似，要回答题述问题，不可回避地要先行论证信托计划成为拟上市公司股东的可行性。信托计划作为传统的"三类股东"之一，其是否可以成为拟上市公司股东，实践中的理解也随着时间发生着演变。下面我们将从规则演变、实践案例角度展开分析。

一、对三类股东规则层面上的演变

如"第 9 问：拟上市公司股权激励计划是否可以选择资管计划方式？"所述，信托计划方式属于"三类股东"，对于拟上市公司股权激励计划是否可以选择信托计划方式，本质上取决于监管对于三类股东的态度。

在 2018 年之前，对于三类股东态度较为谨慎，以信托计划方式实施股权激励可能存在障碍；2018 年之后，对三类股东态度逐渐放开，以信托计划方式实施股权激励存在一定可能性。由于相关规定并未明确提及能否以信托计划方式实施股权激励，我们理解，尚需从案例层面进行进一步研判。

二、从案例层面看可行性

（一）实操中存在以信托计划实施员工跟投的案例

从案例层面来看，实操中存在拟上市公司以信托计划实施员工跟投计划过会的先例，主要是 YSWL（2022 年 12 月上市）项目，HKWS 信托计划系由 HKWS 跟投计划与 ZJT 信托共同设立的信托计划，HKWS 跟投计划通过 QHTZ 投资了包括发行人在内的 HKWS 旗下若干创新业务子公司，该等信托计划亦办理了信托登记。同时，我们发现在 HKJQ 的案例中，也存在 HKWS 信托计划，系同一信托计划投资不同的拟上市公司，该案例目前已问询（2023 年 3 月 30 日）。具体案例情况列示如表 1–15。

表 1-15　以信托计划实施员工跟投的案例

公司名称	披露时间	披露内容
YSWL（科创板）	2022年12月22日	（1）基本情况。HKWS信托计划系由HKWS跟投计划与ZJT信托共同设立的信托计划，于2016年6月设立，将于信托成立日满180个月之日终止。ZJT信托已根据《信托登记管理办法》的规定就该信托计划在中国信托登记有限责任公司办理了信托登记，登记编号为0201804080016，该等信托计划已纳入国家金融监管部门有效监管，且已按照规定履行审批、备案或报告程序。 （2）法律架构。HKWS跟投计划已通过QHTZ投资了包括发行人在内的HKWS旗下若干创新业务子公司。 （3）设立目的。HKWS跟投计划是HKWS结合国有控股企业的制度要求与自身创新业务发展的内在需要，在确保HKWS对创新业务子公司的控制力、国有资本控股地位、国有资产保值增值的核心前提下，为激发核心员工对创新业务的支持热情，拓展员工投资渠道而设立的投资机制。 （4）设立审批。2015年8月DKJT上报至国务院国有资产监督管理委员会（以下简称国务院国资委）后，于2015年9月30日向ZDHK出具《ZGDK关于杭州HKWS数字技术股份有限公司试点核心员工跟投创新业务机制的批复》批准HKWS跟投计划方案。 2015年9月8日，HKWS分别召开第三届董事会第五次会议、第三届监事会第五次会议，审议通过了《核心员工跟投创新业务管理办法（草案）》。2015年10月22日，HKWS2015年第二次临时股东大会审议通过了上述制度。 2016年3月7日，HKWS董事会薪酬与考核委员会下设的跟投执委会审议通过《跟投管理办法实施细则》，HKWS职工代表大会就《跟投管理办法实施细则》进行了讨论并同意相关内容
HKJQ（创业板在审）	2023年3月7日	同上

（二）信托计划实施股权激励仍存在一定的不确定性

虽然实操中存在拟上市公司以信托计划实施员工跟投计划的过会先例，但目前可以参考的案例仅为孤例，且其具有一定的特殊性。

第一，该案例取得了政府部门的确认。根据公开披露的情况，信托计划的设立系经国务院国资委确认的国有企业中长期激励方式创新和探索之举，其取得了国务院国资委关于批准该等员工跟投计划方案的批复。

第二，该等案例设置信托计划并不被认定为员工持股计划，而是认定为员工跟投计划。在 YSWL 的第二轮反馈问询答复中，YSWL 从参与主体和投资范围（参与对象包括了 HKWS 及全资子公司、创新业务子公司的员工）、跟投相关制度等方面强调了 HKWS 跟投计划不属于《员工持股试点意见》和《关于上市公司实施员工持股计划试点的指导意见》提及的员工持股计划。

我们初步理解，采取信托计划实施股权激励计划，在短期内仍存在一定的不确定性。

三、小结

总体而言，对于能否采用信托计划实施股权激励计划，从规则层面来说，虽然对于拟 IPO 企业存在三类股东呈现放开趋势，但原则上仍未完全放开；从案例层面来看，实操中虽然存在拟上市公司以信托计划实施员工跟投计划的过会先例，但该等案例取得了有关政府部门的审批，具有一定的特殊性。综上，采取信托计划实施股权激励计划仍存在较大的不确定性。

第二章

股权激励时间表

第 *11* 问：制定股权激励计划时间表要考虑哪些因素？

答：通常来说，股权激励计划是完善公司考核体系、薪酬体系的长效机制，实施的周期会比较长；而如果公司有上市计划，很有可能会出现股权激励计划与上市报告期重叠、互相影响的情况。因此做决策时应当全面、充分考虑激励对象取得激励股权的时间、产生股份支付费用的时间、公司股改时间、公司 IPO 申报时间等重要因素。

一、激励对象取得激励股权的时间

若激励对象取得激励股权的时间与公司 IPO 申报时间较近，可能会被认定为"突击入股"，导致相关激励对象持有的激励股权锁定期延长。一般而言，若激励对象不属于控股股东和实际控制人关系密切的家庭成员、一致行动人，其持有的激励股权一般需要在上市之后锁定 12 个月；若激励对象取得激励股权被认定为"突击入股"，则其持有的激励股权可能需要自完成工商变更之日起锁定 36 个月，或自上市之日起锁定 36 个月。

关于锁定期的具体分析，参见本书第十章"股权激励计划与上市计划的衔接"所述。

二、产生股份支付费用的时间

产生股份支付费用的时间将直接影响激励股份的授予或行权时间的确

定。根据《企业会计准则第 11 号——股份支付》（财会［2006］3 号）的规定，若激励对象取得激励股权的授予价格或行权价格低于公司股权公允价值，可能产生一定的股份支付费用，并直接影响公司的当期利润。因此，公司筹划相关股权激励计划时，应当结合公司收入和利润情况、公司估值、近期引入外部投资人的情况等因素，预估股份支付产生的时间，避免公司利润因股份支付费用而大幅度减少，从而确保影响公司的上市计划不受影响。

三、公司股改时间

公司股改时间将直接影响激励股份的授予或行权时间的确定。公司改制为股份有限公司时，主要采用净资产折股的方式，因此在公司股改之前，公司的注册资本需要实缴出资到位。我们注意到，过去曾存在公司注册资本没有实缴到位仍进行股改的先例，但在《公司法》正式实施之后，该等先例可能将成为绝唱。《公司法》第 98 条规定，发起人应在股份公司成立之前完成实缴出资。基于此，若激励对象行权需要向公司进行实缴出资，要求其实缴出资时间早于公司股改基准日，换言之，激励股权的授予时间或行权时间应当早于股改基准日。当然，如果公司选择在股改之后进行股权激励，则不受到这个因素的限制。根据我们的实践经验来看，由于股改后拟上市主体的估值通常已经比较高了，且不少公司会选择在股改后尽快申报材料，所以在股改后进行股权激励的情形相对较少。

四、公司 IPO 申报时间

前文提到的几个因素，最终都会归结为这一个因素，即公司准备何时申报 IPO。所以严格来讲，拟上市公司的股权激励是按照上市的时间表，或者说是申报 IPO 的时间表来倒排的。当然，IPO 时间表可能也会因各种因素而推迟，但是总体而言，IPO 的申报时间是确定上市前股权激励计划的基础。

第12问：激励对象应该在什么时候支付股权激励对价？

答： 通常而言，激励股权的授予主要有两种情形，一是增资方式，二是转让老股的方式。这两种方式都需要激励对象支付相应的授予对价。

以增发新股方式授予激励股权的，若拟上市公司为股份有限公司，则相关授予款（增资款）最迟支付期限应不晚于IPO申报审计基准日；若拟上市公司为有限责任公司，则相关授予款（增资款）支付期限则不晚于公司股改基准日。

以转让老股方式授予激励股权的，相关授予款（股权转让款）最迟支付期限应不晚于IPO申报之时。不同情形下，授予款支付期限如表2-1所示。

表2-1 激励对象支付股权激励对价的期限

授予方式	公司类型	支付期限
增资新股	有限责任公司	不晚于公司股改之时
	股份有限公司	不晚于IPO申报审计基准日
转让老股	有限责任公司、股份有限公司	不晚于IPO申报之时

有限责任公司以增资方式向激励对象授予激励股权时，之所以要求激励对象在公司股改基准日之前支付完毕授予款（增资款），主要为了保障公司股改事项的顺利实施。我们注意到，实践中曾存在有限责任公司注册资本未缴足就进行股改的先例，因此增资款没有实缴出资到位，似乎不必然构成公司股改的障碍。但时至今日，尤其是《公司法》（2023年修订）出台的今天，根据《公司法》（2023年修订）第98条规定，发起人应在股份公司成立之前完成实缴出资，因此该等先例可能不再具有参考性。具体分析详见本书"第14问：激励对象未对公司实缴出资完毕，能否进行股改？"之所述。

通常而言，为了保证拟上市公司的存续时间能够连续计算，有限责任公司主要采用净资产折股的方式改制为股份有限公司。若激励对象不能及时支付完毕授予款（增资款），该等款项没有计入公司实收资本，导致部分股份已经实缴出资、部分股份没有全部实缴出资的情况，致使每元注册资本对应的净资产金额不能真实反映股东权益情况，将直接影响到公司股改的实施。

股份有限公司以增资新股方式向激励对象授予激励股权时，之所以要求激励对象在公司 IPO 申报之前支付完毕授予款（增资款），主要是因为《注册管理办法》第 12 条规定发行人应当符合资产完整的要求，而根据我们检索的情况，实践中暂未发现申报时注册资本尚未缴足的案例。因此，若激励对象不能及时支付完毕授予款（增资款），可能不易证明公司资产具备完整性，进而影响到发行条件。

公司以转让老股方式向激励对象授予激励股权时，之所以要求激励对象在公司 IPO 申报之前支付完毕授予款（股权转让款），主要是因为《注册管理办法》第 12 条规定发行人应当股份权属清晰。若激励对象不能及时支付完毕授予款（股权转让款），则不易判断激励对象与转让方之间是否存在纠纷或潜在纠纷，可能难以得出公司股份权属清晰这一结论。

第 13 问：拟上市公司采取期权激励计划，如何设置行权期限？

答：正如我们在本书"第 6 问：拟上市公司实施员工持股计划的，能否设置期权？"中提到，如果离上市时间较近，则建议慎重选择期权激励计划，因为期权的行权期限与公司 IPO 计划时间表息息相关。实践中，拟上市公司的期权激励计划通常可以分为上市前实施的期权激励计划和上市前制定、上市后实施的期权激励两大类。我们分别讨论一下这两种期权激励计划应当如何设置行权期限。

一、上市前实施的期权激励计划

实务中，上市前实施的期权激励计划原则上均应在报告期内实施完毕或予以终止，以满足拟上市公司股权清晰性的要求。因此，期权激励计划通常更适合企业早期发展阶段，对于拟上市企业而言，在报告期内采取期权激励方案的公司较为罕见。因此，部分拟上市企业实施的期权激励计划会在上市前加速行权或提前终止，见表2-2。

表2-2 上市前实施的期权激励计划的案例

公司名称	上市日期	相关期权计划	期权实施主要情况
NXKJ（科创板）	2023年4月7日	公司于2016年至2020年陆续授予了员工期权。CM信息、YM信息、RM信息为员工持股平台	公司于2016年至2020年陆续授予了员工期权。2020年10月16日公司召开董事会审议通过，对原期权计划项下员工已被授予但尚未满足行权条件的期权加速行权并转为限制性股权。此外，董事会审议通过了《SHNXBDTKJ有限公司2020年度股权激励计划（修正案）》，明确了限制性股权的锁定期、限售期等内容。上述议案经股东会决议通过
NXW（科创板）	2022年4月22日	2016年8月，公司制定了期权激励计划，即公司向员工授予期权，每份期权对应公司1股股份，约定员工自期权授予之日起在公司或并表子公司服务不少于4年，本次用于激励的期权份额对应的股份来源为SY通过员工持股平台所持有的NXW股份。发行人分6次向被激励对象授予了474,000份期权	2019年12月17日，公司召开2019年第四次临时股东大会，审议通过2016年期权激励计划项下部分被激励对象名下尚处于等待期的期权进行加速行权，涉及期权份额为11.325万份。2020年10月15日，公司召开2020年第六次临时股东大会，审议通过2016年期权激励计划项下被激励对象名下尚处于等待期的剩余期权转为限制性股票，转换日为对应的持股平台之合伙份额转让协议签署之日，涉及期权份额为16.60万份，替换后限制性股票的等待期与替换前股票期权的等待期保持一致

续表

公司名称	上市日期	相关期权计划	期权实施主要情况
XDLK（科创板）	2023年6月30日	2016年7月，经公司董事会决议批准，同意JXD科技团队按照股权转让协议约定进行回购奖励，JXD科技团队获奖励的具体人员为HYP、XPQ、JXD，对应奖励份额分别为XDYX注册资本额800万元、800万元、400万元。为了增强员工对本公司的归属感，实现骨干人员个人利益与公司长远利益的一致性，公司股东BJXD将其持有的公司300万元注册资本额转让给LM，将其持有的公司280万元注册资本额转让给NBXS。NBXS为公司的持股平台，由公司骨干人员通过自筹资金成立	2016年股权激励的授予日为2016年7月，公司将此次股权激励认定为一项股票期权激励并于2016年7月进行股份支付会计处理，确认费用3060万元同时确认资本公积。2019年员工入股价格与同期外部投资者入股价格相同，公司无须就此次股权激励进行股份支付处理。上述两次股权激励未对公司的控制权产生影响。截至招股说明书签署日，公司不存在未行权的期权计划

二、上市前制订、上市后实施的期权激励

随着股票发行注册制改革的推进，2019年3月上交所发布《科创板审核问答》，率先允许IPO企业在上市前制订、上市后实施期权激励，随后《首

发审核问答》《创业板审核问答》相继出台，主板、创业板也允许了该等设置方案。时至今日，股票发行注册制全面实施，《注册管理办法》于 2023 年 2 月 17 日正式施行，统一了各板块 IPO 相关规定，其中《证券期货法律适用意见第 17 号》也延续了先前有关上市前制定、上市后实施的期权激励的相关规定。因此，目前 A 股主板、创业板、科创板对这类激励方案的规定和要求基本一致。

上市前制订、上市后实施的期权激励实质上是上市后新实施的股权激励，因此需要满足《上市公司股权激励管理办法》的相关要求。根据《注册管理办法》《上市公司股权激励管理办法》的要求，上市前制定、上市后实施的期权激励需要满足如下条件。

（一）行权间隔期

根据《上市公司股权激励管理办法》第 30 条规定，股票期权授权日与获授股票期权首次可行权日之间的间隔不得少于 12 个月。

（二）行权比例限制

根据《上市公司股权激励管理办法》第 31 条规定，在股票期权有效期内，上市公司应当规定激励对象分期行权，每期时限不得少于 12 个月，后一行权期的起算日不得早于前一行权期的届满日。每期可行权的股票期权比例不得超过激励对象获授股票期权总额的 50%。

（三）锁定期限制

根据《注册管理办法》等相关规定，激励对象在发行人上市后行权认购的股票，应承诺自行权日起 36 个月内不减持，同时承诺上述期限届满后比照董事、监事及高级管理人员的相关减持规定执行。

（四）激励计划的有效期

从案例来看，各家上市公司规定的有效期有所差异，包括但不限于 4~5 年或者 10 年有效期设置方案。

（五）关于激励计划的行权期

大部分企业都采取分期行权的方式，其中 HDCY（科创板）、JSSW（科创板）、RHSW（科创板审核终止）、TZH（科创板）都分三期行权，XYGF（科创板）分两期行权，JHGS（科创板）则基于不同安排，分三期、四期、五期行权。从行权安排来看，上述各家公司激励计划都规定激励对象满足特定行权条件后，可就该行权期内一定比例期权行权。

目前采取上市前制订、上市后实施的期权激励计划的案例已经为数不少，我们简要列举几家的方案，供大家参考，见表2-3。

表 2-3　上市前制订、上市后实施的激励计划案例

公司名称	披露时间	股权激励方案主要内容
WJCX（科创板）	2022 年 4 月 7 日	2020 年 10 月，发行人审议通过了对 213 名激励对象在申报前制订、上市后实施的股票期权激励计划。根据《期权激励计划》，公司完成首发上市后，公司通过向激励对象定向发行的发行人股票的方式进行激励，行权价格不低于 10 元/股，任一激励对象行权认购的公司股票，承诺自行权之日起 3 年内不得减持
YYLN（创业板审核通过）	2023 年 7 月 12 日	2022 年 6 月，发行人审议通过了对 89 名激励对象在申报前制订、上市后实施的股票期权激励计划。该激励计划项下共授予的股票期权所对应的股票数量合计 59.14 万份，该期权激励计划的行权价格为 85 元/股，该行权价格参考发行人最近一次外部投资者增资价格 83.33 元/股后确定，行权价格高于最近一年经审计的每股净资产
WLCD（创业板审核终止）	2023 年 6 月 21 日	2021 年 9 月，发行人审议通过了对 47 名激励对象在申报前制订、上市后实施的股票期权激励计划。该激励计划项下共授予的股票期权所对应的股票数量合计 698.18 万份，占本次激励前发行人股本 2 亿股的 3.49%（因股东增资而调整股票期权数量：2021 年 12 月，发行人股东增资并将总股本扩大至 3.6 亿股。根据《期权管理办法》对股票期权数量

续表

公司名称	披露时间	股权激励方案主要内容
		的调整方法和程序的规定，股票期权激励计划的股票期权数量相应调整为 1256.72 万股，占增资后总股本的 3.49%），股票期权激励计划的股票期权行权价格 1.6 元/股相应调整为 1.0555 元/股

综上所述，拟上市公司实施期权激励计划的，可能需要重点考虑企业所处的发展阶段。如果企业离上市还有 3~5 年或更久的时间，比较适合采取期权激励的方式；如已经处于报告期，则不建议采取期权激励的方式，但是可以考虑采用上市前制订、上市后实施的期权激励计划。

第14问：激励对象未对公司实缴出资完毕，能否进行股改？

答：激励对象未对公司完成实缴出资可以分为两种情况。第一种情况，直接持股模式下，激励对象本身未对公司实缴出资完毕。第二种情况，间接持股模式下，激励对象未对员工持股平台实缴出资完毕，进而导致员工持股平台没有充足的资金对公司进行实缴出资。

发行人从有限责任公司改制为股份有限公司，是其迈向资本市场的第一步。一般而言，发行人股改大多会采用净资产折股的方式，这是出于保障有限责任公司与股份有限公司经营持续性的考虑，因此我们一般会建议发行人的激励对象将出资额实缴到位，若实缴出资不到位，可能会影响净资产折股的换算。极端而言，若激励对象在股改基准日之前实缴出资确有困难，公司是否可以考虑对相关激励对象宽限一二，允许其在公司股改之前先不进行实缴出资？以下我们从规则、案例两个角度对该问题进一步探究。

一、从实践中的案例看公司注册资本未缴足即进行股改的可行性

从案例层面看，我们注意到，实践中存在发行人未完全实缴出资即进行

股改的案例。具体案例见表2-4。

表2-4 发行人未完全实缴出资即进行股改的案例

序号	公司名称	披露时间	问询要点	案例情况
1	RYKJ（创业板审核通过）	2020年12月7日	未被问询股改注册资本未缴足的情况	2012年10月31日，RYYX设立，注册资本为3000万元，实缴1380万元。2014年11月27日，RYYX召开股东会，全体股东一致同意将RYYX整体变更设立为股份有限公司，同意公司的注册资本为3000.00万元，同意以2014年10月31日为基准日经审计的**净资产13,374,960.83元按1.0288：1的比例折股1300.00万股，每股1.00元**，折股溢价374,960.83元计入股份公司资本公积，**未缴足的注册资本17,000,000.00元由公司全体股东按其认缴比例在2030年12月31日前缴足。**2015年4月15日，RYKJ召开2015年第一次临时股东大会，**全体股东进行同比例减资，减资后公司股本总额为1600万元。**2015年6月19日，ZQWX会计师事务所（特殊普通合伙）ZJ分所出具"QXZY字〔2105〕第1002号"《验资报告》，确认截至2015年6月17日，公司已收到ZP、FXF、TXL缴纳的第2期出资，**本次出资后累计实缴注册资本为人民币1600万元，注册资本已全部缴纳**

续表

序号	公司名称	披露时间	问询要点	案例情况
2	NHKJ（创业板）	2021年7月7日	发行人前身为SHNHDLKJ有限公司，截至2015年9月发行人整体改制为股份有限公司前，**全体股东认缴出资额为8000万元，实缴出资额为5333.33万元，存在未缴足出资的情况**。发行人改制时，聘请评估机构出具了相关评估报告，确认截至2015年7月31日，发行人净资产账面价值8866.47万元，评估值16,156.69万元，改制时以账面净资产折股8000万股，其余计入资本公积。	（一）改制时对股东未缴足出资事项的处理方式 NHYX在整体变更为股份公司的过程中，**实际系以未分配利润转增实收资本的方式缴足了相应股东股改前未缴足的出资** （二）合法合规性 **1.NHYX已就其整体变更为NHKJ的事项，履行了法律法规所规定的必须程序，并已经有权工商登记部门核准变更登记。** 发行人已履行了审计、评估、验资、召开创立大会等程序，NHYX已就其整体变更为NHKJ履行了法律法规所规定的必须程序，并已经有权工商登记部门核准变更登记。 **2.NHYX股改前未缴足注册资本不违反当时法律法规及公司章程的规定，不存在逃避实缴出资的情形。** 3. 相关法律法规并未禁止注册资本未缴足的有限责任公司整体变更设立为股份有限公司。 4. 根据股改当时适用的《公司法》《公司登记管理条例》《公司注册资本登记管理规定》等相关法律规定，在NHYX整体变更设立为NHKJ之时，并不存在禁止注册资本未缴足的有限责任公司整体变更设立为股份有限公司的规定。

续表

序号	公司名称	披露时间	问询要点	案例情况
			请发行人进一步说明，改制时对股东未缴足出资事项的处理方式及合法合规性，是否因出资瑕疵受到行政处罚，是否构成重大违法行为及本次发行的法律障碍，是否存在纠纷或潜在纠纷	NHYX股改前的未分配利润为正数，**整体变更设立发行人的过程中不存在以资本公积弥补亏损的情形。** 5. NHYX的**净资产额超过整体变更设立的发行人的实收股本总额**，发行人设立时各发起人认缴的出资均已缴足。 6. 股改前后，各股东认缴及实缴的出资比例均相同。 7. 发行人未因前述事项受到行政处罚或存在纠纷。 根据发行人的工商主管机关上海市市场监督管理局及其前身上海市工商行政管理局出具的历次合规证明，自2013年1月1日至2021年5月31日，未发现发行人因违反市场监督管理法律法规的违法行为而受到市场监督管理机关行政处罚的记录

根据这些案例，我们初步得出以下结论：

1.在《公司法》出台之前，发行人相关股东未完成实缴出资即进行股改的，本身不存在法律障碍，也不会构成IPO的法律障碍。因为实践案例层面存在未完全实缴出资的有限责任公司改制为股份有限公司的IPO先例，且相关公司也获得成功上市，参考案例包括RYKJ、NHKJ。同时，我们注意到，发行人存在部分未完成实缴出资就进行股改的，可能在IPO审核时受到关注，主要关注问题包括：改制时对股东未缴足出资事项的处理方式及其合法合规性，相关股东是否因出资瑕疵受到行政处罚，相关股东是否构成重大违法行为及本次发行的法律障碍，公司股权是否存在纠纷或潜在纠纷等。

2.发行人股改过程中，对于相关股东未完成实缴出资的情形的规范策略主要为两种：

其一，股改时设定股份公司总股本时，考虑预留未实缴出资部分的股份。例如 RYKJ 案例中，有限公司总注册资本 3000 万元，实缴出资 1380 万元，股改过程中股份有限公司总股本依然设定为 3000 万股，但经审计的净资产折股为低于实缴出资金额的 1300 万股，并认定剩余 1700 万股股份未实缴出资。

其二，股改过程中，以未分配利润转增实收资本方式帮助股东完成对有限公司的实缴出资，参考案例为 NHKJ。该案例中，有限公司虽然存在部分股东未实缴出资的情形，但其在股改过程中同步实施未分配利润转增实收资本，促使相关股东在有限责任公司阶段就完成相关实缴出资，从而不影响股份有限公司阶段的总股本情况。就该方案，我们理解适用范围较为狭窄，一方面，该方案可能比较适用于全体股东存在同比例未实缴出资的情形，不适用于部分股东未完成实缴出资、部分股东已完成实缴出资的情形；另一方面，采用未分配利润转增实收资本方式，本质上仍属于分红，相关股东在这个过程中可能需要承担相应的税负成本。

二、从实践中的案例看公司注册资本未缴足即进行股改的可行性

从规则层面看，对于题述问题，《公司法》（2018 年）与《公司法》（2023 年）之规定前后发生了较大变化。

一方面，根据《公司法》（2018 年）的相关规定，发起人以发起设立方式设立股份有限公司的，并不必须在公司设立时就完成实缴出资；发起人以募集方式设立股份有限公司的，更不需要马上实缴出资到位。结合题述问题，激励对象在股改基准日之前没有完成实缴出资，公司按照净资产折股方式进行股改，即相当于激励对象作为发起人设立股份有限公司时并没有完全实缴出资到位，如前文对规定的理解，该情形并非被《公司法》（2018 年）严格禁止。而过去发生的先例，例如 RYKJ、NHKJ 案例也可以印证这个观点。

另一方面，《公司法》（2023年）第98条第1款规定，发起人应当在公司成立前按照其认购的股份全额缴纳股款，这也意味着，发起人未完成实缴出资，将无法推动公司股改。结合题述问题，作为发起人的激励对象或员工持股平台，其实缴出资完毕将是公司股改的先决条件。如果说《公司法》（2018年）给注册资本未缴足的公司进行股改留了"门缝"，那么《公司法》（2023年）则是彻底掩上大门。过去发生的公司注册资本未缴足就进行股改的先例，如今可能已经对实践不再具有参考价值。

三、小结

结合上述案例及规定，我们理解，在《公司法》（2023年）正式实施之前，激励对象未完成直接或间接向公司进行实缴出资的，本身不必然构成公司股改的法律障碍。但《公司法》（2023年）正式实施之后，则要求作为公司发起人的激励对象或员工持股平台，应当在公司股改之前完成实缴出资。

当然，公司注册资本全部缴足后方可进行股改也不全是坏事。从公司立场而言，股改是公司催促激励对象尽快缴款的重要契机，根据我们的经验，实践中激励对象对于实缴出资往往采取"能拖就拖""不见兔子不撒鹰"的态度，公司上市前景越清晰付费意愿越高，实际上这与股权激励的目的是背道而驰的。因此，公司要求作为发起人的激励对象或员工持股平台在股改之前完成实缴出资，本身也可以考验激励对象决心，确认激励对象是否是公司发展的"同路人"。

第 15 问：拟上市公司股权激励计划能否提前实施完毕？

答：拟上市公司实施股权激励计划时，如果出于某些原因需要提前实施完毕，是否可行呢？现行法律法规对此问题没有明确的规定。实践中，主要存在两种提前实施完成股权激励计划的形式。第一种为加快股权激励计划实施进度，如加速行权、缩短服务期等；第二种为提前终止股权激励计划，已经激励的股权继续有效，未激励的部分不再实施。相关案例列示见表 2-5。

表 2-5 股权激励计划提前实施完毕案例

公司名称	披露时间	披露情况
ZKFC（科创板）	2022 年 3 月 16 日	根据 ZS 于 2016 年签署的入伙协议和 RQ 于 2017 年签署的入伙协议，ZS、RQ 分别被授予 66.60 万元份额和 33.30 万元份额的一次授予分 5 期解锁的股权激励计划。截至 2020 年 9 月，ZS 和 RQ 股权激励份额尚未完全到解锁期，2020 年度，XNG 的执行事务合伙人对 ZS 和 RQ 授予的上述部分股权激励计划实施了**加速行权**，发行人相应进行了股份支付处理
HRXX（创业板审核终止）	2021 年 11 月 3 日	HRHR 成立于 2019 年 7 月，系发行人为实施股权激励计划设立的持股平台。2019 年 12 月，发行人已开始准备申请在深交所创业板 IPO 的相关事项，向中国证监会广东监管局报送了辅导备案申请并收到中国证监会广东监管局出具的《广东证监局辅导备案登记确认书》（〔2019〕082 号）。一方面，**根据《首发办法》第 13 条，发行人需保证股权结构清晰；**另一方面，为激励对发行人业务发展作出卓越贡献的骨干员工，发行人管理层与发行人控股股东 HRRJ 在 2019 年 12 月决定终止股权激励计划，**直接将股权激励计划涉及的股票一次性授予激励对象**
AJYL（科创板）	2021 年 4 月 28 日	发行人于 2016 年度实施了股权激励计划，将 BJYHJT 作为员工持股平台实施股权激励，包括可立即行权部分以及期权部分，可立即行权部分于 2016 年度确认了股份支付，期权部分于 2016 年、2017 年、2018 年均确认了股份支付，且于 2018 年完成了加速行权。**公司于 2018 年度提前完成股权激励计划，将剩余期间未确认的股份支付费用一次性确认为 2018 年度费用**

续表

公司名称	披露时间	披露情况
KZYL（科创板）	2021年1月13日	2015年，KZYX以股票期权的形式进行股权激励，授予对象共计10人，服务期限为5年，计划于2020年行权，行权价格为2.509元/股。 2017年，**KZYX决定就2015年授予的员工股份期权（原计划于2020年行权）提前至2017年予以行权，并进行新一轮股权激励计划**，股权授予价格为10元/股，就尚未授予的剩余股权期权份额（470万元的员工股权激励份额中减去已授予的份额）以0元的价格授予给LJQ及GP。就上述2015年加速行权及2017年新实施的员工股权激励主要通过员工持股平台TCTZ持有
LPPZ（上交所主板）	2020年1月21日	2014年通过股权激励计划，2016年对该计划进行修改，允许员工于2017年8月提前行权，并于员工持股平台成立日将尚未确权的股权激励一次性加速行权
XMRP（创业板）	2020年10月13日	2017年5月31日，发行人召开2017年第六次临时股东大会，审议通过了《关于终止公司第一期股权激励的议案》，公司本次股权激励实施方案终止，**已经完成的两次行权有效**
LJDZ（创业板）	2021年12月1日	2018年12月30日，LJDZ与激励对象签署了《员工激励股权授予协议书》。 2019年12月27日，LJDZ召开2019年第一次临时股东大会并作出决议，**同意解除激励方案中的锁定期条件，激励对象持有的激励股份全部解锁，公司本次股权激励计划至此全部实施完毕**
ZRDQ（创业板）	2021年7月2日	本次股权激励计划约定，若在激励计划有效期内公司启动IPO或被并购计划，**董事会、股东大会有权根据实际情况提前调整、终止本股权激励计划**。公司于2020年5月20日召开的第二届董事会第六次会议、于2020年6月10日召开的2019年度股东大会审议通过了《关于公司终止股权激励计划的议案》，将设立的股权激励计划予以终止

我们理解，拟上市公司提前终止股权激励计划，应当注意以下几方面的问题。

第一，公司可能需提前确认股份支付费用。在上述 AJYL（科创板）案例中，公司的股权激励分为可立即行权部分以及期权部分，可立即行权部分于 2016 年度确认了股份支付，期权部分于 2018 年度提前完成股权激励计划，公司将剩余期间未确认的股份支付费用一次性确认为 2018 年度费用。这也提示其他企业，是否有能力承担加速行权影响股份支付成本。

第二，提前终止需履行相关程序。股权激励计划提前终止是否需董事会或股东（大）会批准，对此现行法律法规并没有明确规定。我们理解，提前终止股权激励计划的具体程序，需遵守股权激励计划方案及配套文件中的相关约定。例如 ZRDQ（创业板）案例中，公司的股权激励计划文件中约定，董事会、股东大会有权根据实际情况提前调整、终止股权激励计划，于是 2020 年公司通过召开董事会和股东大会终止了股权激励计划方案。这也充分说明一个完善的股权激励计划方案以及相应的配套文件的重要性。

第三，公司是否可对部分激励对象加速行权？例如，在 ZKFC（科创板）案例中，XNG 为发行人的员工持股平台，持股平台上存在 9 位激励对象。2020 年度 XNG 的执行事务合伙人对其中两位激励对象，即 ZS 和 RQ 的部分股权激励计划实施了加速行权，并相应进行了股份支付处理。也就是说，只要股权激励计划文件中对这种情形进行了充分、明确的约定，就可以据此进行类似操作。

综上，我们理解，拟上市公司可通过加速股权激励计划或者不再实施股权激励计划两种方式提前终止股权激励计划，但是应当注意提前确认股份支付费用、履行相应的终止程序等问题，而这一切都有赖于在股权激励的相关法律文件中提前作出详细、明确的约定。

第三章

股权激励对象

第16问：拟上市公司的股权激励对象主要有哪些？

答： 与上市公司相比，关于拟上市公司股权激励对象的规定很少，因此拟上市公司在确定激励对象人选时灵活度也更高。二者之间也有一些细微的区别值得我们注意。

一、拟上市公司股权激励计划的常见的激励对象

从规则层面看，《公司法》《证券法》及相关上市规则未对拟上市公司股权激励计划的激励对象范围作出明确规定。

实践中，拟上市公司股权激励计划的激励对象范围主要包括公司董事、监事、高级管理人员、核心技术人员、核心业务人员或其他在职员工，见表3–1。

表3–1 拟上市公司股权激励计划常见对象的案例

公司名称	披露时间	披露内容
XGY （科创板）	2023年 6月13日	目前，发行人高级管理人员ZWB为ZCYH有限合伙人及XAHJ股东，通过ZCYH及XAHJ间接持有发行人股份；发行人高级管理人员LG及WH为ZCSH有限合伙人及XAHJ股东，通过ZCYH及XAHJ间接持有发行人股份。共有69名激励对象参与发行人的员工持股计划。 截至招股说明书签署日，所有激励对象已经足额缴纳激励份额的出资

续表

公司名称	披露时间	披露内容
HZW（科创板）	2023年5月10日	期权激励计划的激励对象共计62人，为发行人及其子公司的董事、高级管理人员、中层管理人员、核心技术（业务）骨干，不包括独立董事、监事。期权激励计划的激励对象不存在《上市公司股权激励管理办法》第8条第2款规定的不得成为激励对象的情形，期权激励计划的激励对象符合《科创板上市规则》第10.4条的规定
JWGF（创业板）	2023年4月19日	公司员工持股平台员工主要系公司核心高级管理人员、中层以上的员工、核心技术人员或者其他对公司贡献较大的员工，通过实施股权激励，对激励对象形成长效激励与约束，充分调动了公司高级管理人员和骨干员工的积极性，有效地将股东利益、公司利益与经营管理团队的利益结合在一起，使各方共同关注公司的长远发展，保证公司发展目标得以实现
ZDKJ（创业板）	2023年6月28日	ZKTZ和ZHTZ的合伙人为发行人部分董事、监事、高级管理人员和核心骨干员工。ZKTZ和ZHTZ系发行人员工持股平台。股权激励对象的确定标准为：在公司或其控股子公司任职，对公司的业务发展具有一定作用的董事、监事、高级管理人员、部门负责人及骨干人员等；未涉及任何刑事犯罪；无侵害公司利益的情形。股权激励计划的设立旨在提高关键员工的积极性，使该等员工的利益与ZDKJ的整体利益更趋一致，从而保障公司的持续稳健发展

需要特别说明的是，前述案例中所示的激励对象范围，并不意味着仅有公司董事、高级管理人员、核心技术人员或在职员工可以成为激励对象，公司也可以根据实际情况对一些特殊的对象进行激励，例如外部顾问或其他合理的外部人员等。对这些特殊人员的股权激励问题将在下文详述。

二、上市公司股权激励计划的激励对象

作为参考，我们也可以盘点一下上市公司股权激励计划的激励对象范围。与拟上市公司相比，上市公司股权激励计划的激励对象在规则层面上有较为明确的规定。其中，主板与科创板、创业板在规定上有一定差异，具体规定见表3-2。

表3-2 上市公司股权激励对象比较

板块规定	主板	科创板、创业板
可成为激励对象的人员	激励对象可以包括上市公司的董事、高级管理人员、核心技术人员或者核心业务人员，以及公司认为应当激励的对公司经营业绩和未来发展有直接影响的其他员工，但不应当包括独立董事和监事。外籍员工任职上市公司董事、高级管理人员、核心技术人员或者核心业务人员的，可以成为激励对象	激励对象可以包括上市公司的董事、高级管理人员、核心技术人员或者核心业务人员，以及公司认为应当激励的对公司经营业绩和未来发展有直接影响的其他员工，独立董事和监事除外
大股东、实际控制人及其近亲属作为激励对象的特殊规定	单独或合计持有上市公司5%以上股份的股东或实际控制人及其配偶、父母、子女，不得成为激励对象	单独或合计持有上市公司5%以上股份的股东、上市公司实际控制人及其配偶、父母、子女以及上市公司外籍员工，在上市公司担任董事、高级管理人员、核心技术人员或者核心业务人员的，可以成为激励对象。科创公司应当充分说明前述人员成为激励对象的必要性、合理性

续表

板块规定	主板	科创板、创业板
不得成为激励对象的人员	下列人员也不得成为激励对象： （1）最近12个月内被证券交易所认定为不适当人选； （2）最近12个月内被中国证监会及其派出机构认定为不适当人选； （3）最近12个月内因重大违法违规行为被中国证监会及其派出机构行政处罚或者采取市场禁入措施； （4）具有《公司法》规定的不得担任公司董事、高级管理人员情形的； （5）法律法规规定不得参与上市公司股权激励的； （6）中国证监会认定的其他情形	同主板

根据上述规定，除明确规定允许或禁止成为激励对象的人员外，上市公司对大股东、实际控制人及其近亲属、监事等人员作为激励对象亦有特殊规定或限制。换句话说，一些特殊的主体如果希望参与股权激励，则最好在上市前筹划、操作，上市后再进行操作可能会存在一定的法律障碍。

第17问：外部顾问能否成为激励对象？

答：我们理解，公司的外部顾问可以成为拟上市公司股权激励计划的激励对象，但应当具备合理性，并适当控制外部顾问的持股比例。

一、外部顾问成为激励对象的可行性

从规则层面看，《公司法》《证券法》及相关上市规则均未禁止或限制外部顾问成为拟上市公司股权激励计划的激励对象。我们理解，外部顾问成为拟上市公司股权激励计划的激励对象不存在法律障碍。

从实践案例层面看，我们发现不少拟上市公司实施股权激励计划时，存在将外部顾问纳入激励对象范围的情形，见表3-3。

表3-3 外部顾问成为激励对象的案例

公司名称	披露时间	披露内容	外部顾问获授股权情况
XFZY（上交所主板审核通过、已注册）	2023年7月6日	2021年12月，公司通过JXYJ和JXBY向在公司中董事、监事和高级管理人员（不含实际控制人及其一致行动人、独立董事）历史上在公司长期任职的退休（含返聘）员工（18名）和外部顾问（3名）共计21人实施股票激励计划。激励对象通过认购JXYJ和JXBY合伙企业份额，间接持有公司0.74%股份，限制性股权的授予价格系28.25元/注册资本	SJ、CWM、WSQ为JXYJ外部顾问，分别持有发行人1.06%、0.05%、0.03%股权
JFZX（创业板暂缓审核）	2023年6月8日	截至招股说明书出具之日，发行人上述两个员工持股平台的激励对象中，除7名已离职、退休人员和1名外部顾问外，其他人员均为发行人现有员工。SJF作为外部IT专家在公司信息系统开发过程中提供咨询建议，因对发行人未来发展比较看好，于2018年参与员工持股平台并持有XYZS共34.7440万元出资额	SJF为外部技术顾问，在发行人持股平台XYZS的出资比例为5.6818%
GLST（科创板）	2022年3月17日	LTZH系发行人外部顾问的持股平台，该平台的股权激励对象为发行人的外部顾问ZY、XQL；执行事务合伙人YR为发行人员工，仅负责合伙企业日常事务管理	ZY、XQL在LTZH的出资比例分别为60.46%、39.54%。XXS为外部顾问，截至2014年年底，XXS持有发行人0.15%的股权

续表

公司名称	披露时间	披露内容	外部顾问获授股权情况
XDW（科创板）	2022年1月17日	2019年下半年起，公司为了拓展境外业务，加强与客户、供应商的合作关系，陆续在境外建立当地技术支持和销售团队，其中包括3位外部顾问，其主要负责处理当地客户售前售后技术支持、产品市场推广工作等。公司综合考虑了上述顾问对境外市场开拓发挥的重要作用，同时出于增加3位外部顾问与公司的凝聚力、与公司共同长期稳定发展之目的，公司在将3位外部顾问的资历与内部员工进行比较后，决定参考内部员工激励标准向3位外部顾问授予期权。公司对上述3位顾问进行期权激励，符合公司股票期权激励计划的相关规定	外部顾问（3人）获授40.50万份股票期权，占发行人总股本的0.11%

基于上述案例，我们理解外部顾问作为激励对象具有可行性，但结合相关案例情况及我们既往的项目经验，需要重点关注以下方面。

二、外部顾问成为激励对象的关注重点

（一）激励对象中外部顾问数量不宜过多

拟上市公司吸纳外部顾问成为激励对象，应当注意控制外部顾问的数量，通常而言，相对于公司内部人员，持有公司股权的外部顾问数量相对较少。

（二）外部顾问单体持股比例不宜过高

外部顾问单体持股比例也不适宜过高，根据我们检索到的上文中的案例情况及我们通常的项目经验，外部顾问最高持股比例在2%左右，通常情况

下外部顾问持股比例不超过 1%。

（三）对外部顾问的激励是否具有合理性

除了前面提到的两个数量问题以外，更应特别关注外部顾问激励的合理性。从不少案例反映的情况来看，对于拟上市公司激励对象中存在外部顾问的情形，通常需要就激励外部顾问的背景、分工、贡献等方面进行说明，见表 3-4。

表 3-4　外部顾问激励合理性案例

公司名称	披露时间	发行人对于外部顾问作为激励对象的合理性分析
SBC（科创板终止审核）	2023 年 4 月 28 日	2015 年 4 月 1 日，RXJ、GSX 与 SBC 有限共同签署《顾问协议》，约定 RXJ 为公司提供战略筹划等方面的顾问服务，SBC 有限同意根据当时有效的《苏州 SBC 信息科技有限公司限制性股权激励计划》授予其 300,000 股限制性股权。2017 年 8 月 31 日，RXJ、GSX 与 SBC 有限共同签署《顾问协议之补充协议》，约定自协议签署之日起，RXJ 不再向 SBC 有限提供顾问服务，**SBC 有限认可 RXJ 在战略筹划、业务路径和商业模式等方面为 SBC 有限作出的贡献**，SBC 有限同意保留 RXJ 基于《顾问协议》取得的限制性股权，并继续受《苏州 SBC 信息科技有限公司限制性股权激励计划》的限制
XFZY（上交所主板审核通过）	2023 年 7 月 6 日	JXBY 和 JXYJ 的合伙人范围包括实际控制人控制的企业、实际控制人近亲属、公司董事、监事、高级管理人员、核心岗位员工，**为公司发展做出贡献的退休员工（含退休返聘）和外部顾问等**，公司依据员工职位及员工为公司发展作出的贡献选择合伙人
JPTZ（科创板）	2022 年 12 月 5 日	发行人通过股权激励，充分调动了公司管理层、核心骨干员工的工作积极性，增强了公司凝聚力，有利于公司研发团队、管理团队的稳定。**发行人通过股权激励，提高了外部顾问服务的积极性，有利于外部顾问为公司投融资、研发战略制定、研发项目开展、产品市场拓展提供专业意见。**

续表

公司名称	披露时间	发行人对于外部顾问作为激励对象的合理性分析
		TY于2017年4月至2020年10月担任公司监事，2020年10月之后不再在公司任职。**TY于2017年1月至今担任公司的融资顾问（外部顾问）**。2017年2月JPYX股东会作出决议，同意JRCF、JRCX、SHPM、GZG分别将持有的JPYX的部分出资额转让给DHZC，JRHZ将持有的JPYX的部分出资额转让给RJSJ，DHZC和RJSJ为TY向上述转让方介绍的投资机构

结合上述案例，我们理解，在论证外部顾问作为激励对象的合理性时，一方面，要关注其对公司业务技术、人员管理、市场拓展等方面是否起到了重要的作用，是否作出与激励份额相匹配的贡献；另一方面，也应关注该等人员成为外部顾问的时间，包括其是否在较长的时间内作为公司的外部顾问、是否存在突击入股等情形。

第18问：外籍员工能否成为激励对象？

答：我们理解，原则上外籍员工可以成为拟上市公司股权激励计划的激励对象。

一、外籍员工成为激励对象在法律上具有可行性

首先，在规则层面，《公司法》《证券法》及相关上市规则均未禁止或限制境外员工成为拟上市公司股权激励计划的激励对象。同时，在上市公司领域，《上市公司股权激励管理办法》《科创板上市规则》等规则明确了担任上市公司董事、高级管理人员、核心技术人员或者核心业务人员的外籍员工，可以成为股权激励对象，而且在实践中对这些职务的理解相对较为宽泛。例如，根据BCWL、JYKJ以及TCLKJ等上市公司的股权激励计划，非上述职

务的外籍员工如基层、中层管理人员或专业人员亦可成为激励对象。

其次，在 IPO 案例层面，从申报披露文件来看，不少拟上市公司也将外籍员工纳入激励对象的范围，见表 3-5。

表 3-5　将外籍员工纳入激励对象的案例

公司名称	披露时间	披露内容
TLW（科创板）	2023 年 5 月 25 日	本次股权激励计划拟通过设立职工持股平台的方式向 TLW 进行增资，通过增资持有 TLW 共 1147 万元注册资本，占 TLW2018 年末注册资本 15,291.51 万元的 7.50%。**在此次股权激励计划授出股权数量 1147 万元范围内，单独新设一家海外职工持股平台，对公司外籍员工（含在职员工以及计划引进的人员）进行总额度 130 万元 TLW 注册资本的激励**
LTKJ（创业板）	2022 年 8 月 29 日	2018 年 2 月，经 LTYX 执行董事决定，**由 ZJ 转让其代持的 YNT 合伙企业份额，向两名拟引进的外籍员工 LI、WU 进行股权激励**。2018 年 2 月 5 日，ZJ 分别与 LI 及 WU 签署《有限合伙份额转让协议》，ZJ 将其代持的 230.0697 万元 YNT 出资份额转让给 LI，转让价格为 230.0697 万元。ZJ 将其代持的 115.03485 万元 YNT 出资份额转让给 WU，转让价格为 115.03485 万元。同日，YNT 全体合伙人一致同意，并签署《外商投资合伙企业合伙协议》，同意 LI 及 WU 入伙。 2018 年 12 月，经 LTYX 董事会决定，同意 TCGT 以新增合伙人，并通过 WB 转让其代持的 TCGT 合伙企业份额的方式，向 4 名骨干员工进行股权激励；**同意 ZJ 转让其持有的 YNT 合伙企业份额，向 2 名境外骨干员工进行股权激励**
MAKJ（科创板）	2022 年 11 月 14 日	2019 年 11 月，由于 MAKJ 拟在境内申报上市，为保障员工的权益，MAKJ 将原本在境外主体 BLJR 层面持股的员工激励信托下放至 MAKJ 层面。参与员工激励信托计划的 21 名中国国籍员工共同设立了 NBWYF，**参与员工激励信托计划的 12 名非中国国籍员工共同设立了 PH，NBWYF 及 PH 通过认购 MAKJ 新增注册资本的方式成为 MAKJ 股东**

续表

公司名称	披露时间	披露内容
TDY（科创板）	2022年9月22日	SHTZ、FHTZ为TDY有限的境内员工持股平台，Richred、Corich为TDY有限的境外员工持股平台，NBQZ为TDY有限的外部投资者。本轮增资的入股背景为引入员工持股平台及其他外部投资者，综合考虑到TDY有限的资金需求、上市后的估值情况等因素，经TDY有限与投资者、员工协商一致，最终确定员工持股平台及其他外部投资者均以5.3美元/每单位注册资本（含等值人民币）认缴公司本次新增注册资本

二、外籍员工参与股权激励需要注意的实操问题

由于外籍员工身份的特殊性，外籍员工参与境内公司的股权激励需要特别注意一些实操方面的问题。

（一）开立证券账户问题

外籍员工拟直接持有拟上市企业股权，该等股权未来最终要上市交易，届时需要开立证券账户。在过去，外籍员工可能无法开立A股账户，这成为外籍员工参与股权激励的障碍。直到2018年《证券登记结算管理办法》修正及中国证券登记结算有限责任公司《关于符合条件的外籍人员开立A股证券账户有关事项的通知》出台，明确规定在境内工作的外籍人员以及在境外工作的境内上市公司外籍员工可以开立A股证券账户。

（二）参与设立外商投资有限合伙企业的实操问题

尽管外籍员工原则上可以开立A股证券账户，但实操中，拟上市企业实施股权激励主要以间接持股形式实现，并通常以有限合伙企业为持股平台，这就面临着外籍员工是否可以参与出资设立有限合伙企业的问题。

2010年《外商投资合伙企业登记管理规定》（现已被2020年1月1日施行的《外商投资法》取代）出台之前，外籍员工参与设立有限合伙企业没有

法律依据，实操中也难以办理。

2010年上述规定生效后，解决了外籍员工参与设立有限合伙企业的规则障碍，但在实操层面，由于外资监管、商务、工商等部门之间的协调问题，相当一部分地方还是难以办理外商投资有限合伙企业的登记。因此在那段时间，不少公司的外籍员工都没有在持股平台中参与股权激励，而是直接持有公司股份，如SDBD（上交所主板）的外籍员工系通过直接持股方式实施股权激励。

近些年，上述情况得到转变，按照目前的相关规定及外资监管理念，外国投资人原则上不在负面清单上即可出资设立有限合伙企业，但由于工商、外汇等登记问题，在实操层面，办理外籍员工直接参与出资设立有限合伙企业，也不一定十分顺利，仍需要与相关部门积极协调沟通。

需要特别说明的是，相比于外商投资有限合伙企业，外籍员工出资设立外商投资公司参与拟上市企业股权激励，在工商等实操层面相对更为顺畅。

三、外籍员工持股平台搭建在境内还是境外？

（一）在境外搭建外籍员工持股平台

实践中有不少公司在境外（如开曼群岛、英属维尔京群岛等地）搭建持股平台，并由外籍员工持股，这也是我们目前看到情况最多的一种做法。

表3-6 在境外搭建员工持股平台的案例

公司名称	披露时间	披露内容	平台注册地
ZRGF（创业板）	2022年1月25日	ZRJT（中国香港地区）为发行人实际控制人及部分已退休员工的境外持股平台，HQJS为发行人员工持股平台，RCTZ为外部财务投资者，三者之间无关联关系	中国香港地区

续表

公司名称	披露时间	披露内容	平台注册地
GLDZ（科创板）	2021年12月8日	**KL**为对发行人具有历史贡献的相关人员（包括发行人的**在职员工、离职员工、员工亲属、少量顾问及投资人**）间接持有发行人股份的境外持股平台，KLCayman L.P.持有其100%股权	开曼群岛
ZWGS（科创板）	2019年7月16日	ZWYZ成立于2004年4月19日，已发行100,000股普通股，每股0.001美元。**ZWYZ目前为公司外籍员工持股平台之一**，目前主要业务为对ZWGS的股权投资，ZWYZ为ZW开曼100%控股子公司	开曼群岛
YXKJ（创业板）	2018年10月16日	**MFKF**系于2005年11月3日在英属维尔京群岛成立，成立时授权股本为50,000美元，共计50,000股，每股面值为1美元，**系发行人外籍员工及外籍自然人投资人的持股平台**	英属维尔京群岛

（二）在境内搭建外籍员工持股平台

经检索，实践中也有少数公司选择直接在境内搭建外籍员工持股平台，见表3-7。

表3-7 在境内搭建外籍员工持股平台案例

公司名称	披露时间	披露内容
YNKJ（科创板）	2022年5月19日	2015年持股平台分拆平移的原因为：一是出于员工持股平台的税收筹划考虑，将有限公司性质的SHHN拆分为有限合伙企业性质的JXHN和JXHY；二是出于登记手续办理的便利性考虑，将SHHN拆分为JXHN和JXHY，分别对境内和外籍员工进行激励，便于进行员工持股平台的管理。JXHY是针对公司外籍员工进行股权激励的员工持股平台

续表

公司名称	披露时间	披露内容
MDK（科创板）	2020年9月8日	2018年2月，公司股东作出决定拟就骨干员工进行股权激励，并成立了JNBZ、LSZL和LSGX这3个员工持股平台。2018年4月27日，所有股权激励员工与实际控制人、上述员工持股平台和公司分别签署《杭州MDK光电科技有限公司股权授予协议》。**由于股权激励人员中存在外籍员工，为了和境内股权激励人员进行区分，公司于2018年12月成立了海宁MDK员工持股平台，相应外籍员工于2018年4月被授予的股权激励份额调整至海宁MDK持股平台进行工商登记**

（三）境外与境内搭建外籍员工持股平台的优劣对比

基于日常实务经验，我们理解，在境外或者境内搭建外籍员工持股平台各有优劣，见表3-8。

表3-8　境内对搭建员工持股平台对比

持股平台	主要优势	主要劣势
境外持股平台	（1）对于外籍员工而言，在境外设立持股平台更加便利； （2）境外资金归集相对更加便利	（1）相对于境内平台，对于境外持股平台的核查和信息披露相对较为烦琐。 （2）不少在境内生活的外籍员工（尤其是外籍华人）往往也希望能够直接获得人民币收益而非境外资金。 （3）不利于境内自然人参与持股平台持股，不便于对外籍员工和境外持股平台的管理

持股平台	主要优势	主要劣势
境内持股平台	（1）不少工作生活在境内的外籍员工希望能够直接获取人民币投资收益，参与境内持股平台更有利于实现该目的。 （2）股东信息披露及穿透核查相对更加简便。 （3）境内自然人可以在持股平台持有股权或者合伙份额，有利于对持股平台和作为激励对象的外籍员工进行管理。	在办理外籍员工投资入境的相关的手续方面较为烦琐，有些地方对设立外商投资合伙企业的程序不熟悉，在具体办理实操层面可能会存在一定限制或障碍。

第19问：独立董事能否成为激励对象？

答：对于上市公司而言，独立董事被明确排除在激励对象范围之外；但对于拟上市公司而言，独立董事能否作为激励对象并没有明确的规定。出于谨慎考虑，许多拟上市公司都参照适用上市公司的规则，不允许独立董事作为激励对象。但是我们认为该问题有不少值得讨论的地方。

一、规则层面

一方面，根据《上市公司股权激励管理办法》《非上市公众公司监管指引第6号——股权激励和员工持股计划的监管要求（试行）》等规定，上市公司及新三板挂牌公司均不得将独立董事纳入激励对象范围。另外，非上市国有科技型企业也将独立董事排除在激励对象范围之外，根据《激励暂行办法》第7条的规定，激励对象为与本企业签订劳动合同的重要技术人员和经营管理人员；企业不得面向全体员工实施股权或者分红激励；企业监事、独立董事不得参与企业股权或者分红激励。

另一方面,《公司法》《证券法》及相关上市规则其实并未明确禁止独立董事在公司持股。根据 2022 年 1 月 5 日公布并实施的《上市公司独立董事规则》第 7 条第 2 项规定,直接或间接持有上市公司已发行股份 1% 以上或者是上市公司前 10 名股东中的自然人股东及其直系亲属不得担任独立董事。换句话说,独立董事在上市公司持有少量股份原则上是可以的。所以,仅仅从"独立性"这个角度来解释缘何独立董事不得成为激励对象,理由似乎并不是那么充分。

二、案例层面

在已上市的案例层面,经初步检索,我们暂未发现独立董事参与拟上市公司股权激励计划的情况。但曾有已经终止审查的案例中存在独立董事间接持股的情况:广州 HTJY 科技股份有限公司独立董事 JT 通过广东 ZKZS 沃土一号创业投资基金合伙企业(有限合伙)间接持有 HTJY 的 105,688 股股份。该项目原拟赴 A 股上市,后由于精选层设立,公司于 2020 年 8 月 4 日向中国证监会广东监管局申请将目标上市板块变更为精选层挂牌。随后公司于 2020 年 10 月 30 日通过辅导验收,于 11 月 13 日获得全国股转公司受理。后来出于市场环境因素,HTJY 于 2021 年 3 月 3 日终止了精选层挂牌申请。在此过程中经历了券商的内核、监管部门的辅导验收,那么其实也可以侧面说明这个独立董事持股的问题可能不是重大实质性障碍。另外上交所董事会秘书任职资格培训中也提出过,让独立董事适当持股有助于独立董事履行董事职责。可见,独立董事适当持股并非没有理论上的探讨和实践中的探索。[1]

不过也应当看到,允许独立董事适当持股,与将其作为激励对象进行股权激励,可能并不能完全等同。前者可能是被动造成的(例如独立董事自己先投资了某只基金,而基金正好对这个拟上市公司进行了投资),而后者则是双方合意的结果。

---

[1] 参见信披一点通,载雪球网 2021 年 4 月 20 日,https://xueqiu.com/5150954981/177590176。

三、小结

不同于上市公司和三板挂牌公司,现行法律法规对于非上市公司并未禁止独立董事成为股权激励对象。同时,在新《证券法》强化独立董事责任的背景下,为激励独立董事积极履行职责、发挥在公司治理中的作用,对其进行激励在理论上也具有一定的合理性。但是,毕竟目前市场上尚未出现先例,从谨慎角度出发,可能多数拟上市公司不会愿意第一个"吃螃蟹"。这个问题也从很大程度上反映出来,是否在上市背景下讨论股权激励的问题,答案乃至思路都会有巨大的区别。

第20问:监事能否成为激励对象?

答:我们理解,监事可以成为拟上市公司股权激励计划的激励对象。

对于上市公司而言,根据《上市公司股权激励管理办法》第8条规定,激励对象可以包括上市公司的董事、高级管理人员、核心技术人员或者核心业务人员,以及公司认为应当激励的对公司经营业绩和未来发展有直接影响的其他员工,但不应当包括独立董事和监事。

可见,监事不能成为上市公司股权激励对象。但在非上市公司领域,《公司法》《证券法》及相关上市规则并未禁止监事成为拟上市公司股权激励计划的激励对象。监事往往也是公司骨干人员,从实践案例来看,许多拟上市公司也将监事纳入了激励对象范围,见表3-9。

表3-9 将监事纳入激励对象范围的案例

公司名称	披露时间	披露内容
ZJHW（创业板）	2022年3月4日	2017年4月,为激发员工的工作积极性,与员工共享企业发展红利,经公司股东会审议通过,由公司管理人员SZL、XYT、YYY以及员工持股平台JXHH企业管理合伙（有限合伙）以低于同期外部股东入股公司的价格向公司增资并于2017年4月办妥上述增资事宜的工商变更登记手续。**其中,YYY为监事会主席,SZL为监事**

续表

公司名称	披露时间	披露内容
YXAQ（科创板）	2022年2月8日	2017年8月，发行人设立第一批5个员工持股平台（YXXA、YXRA、YXAC、YXMA、YXAY）系为了给后续授予创造便利条件，并为人才引进留下空间。2020年9月，发行人设立第二批10个员工持股平台系由于此次激励涉及员工人数较多，设立多个员工持股平台以满足激励需求。第一批员工持股平台的激励对象为公司核心员工及一名控股股东监事。另外，职工监事WXX通过YXXZ间接持有YXAQ共0.0094%的股份
CCJB（创业板在审）	2023年7月10日	MKS系公司对员工实施股权激励而设立并投资于发行人的合伙企业，**该激励计划的主要激励对象为公司董事、监事、高级管理人员、其他核心人员、中层管理人员及公司管理层**，还包括在综合考虑其工作履历、工作岗位、发展潜力、对发行人的贡献等因素的基础上认为对公司有特殊贡献的其他员工
ZJKF（创业板审核通过）	2022年12月23日	2021年5月26日，公司召开2021年第一次临时股东大会，审议通过《关于公司拟实施员工股权激励的议案》。根据决议通过的议案，同意公司增加股本695万元，由两个员工持股平台（以有限合伙企业形式，具体名称以工商登记版本为准）认购缴纳投资款，增资价格不低于公司最近一期每股净资产的价格。授权公司董事会制订《ZJSFKZF股份有限公司股权激励计划书》，并办理股权激励计划实施相关事宜。**依据本计划的激励对象为ZJKF的公司员工（含董事、监事、高级管理人员）**，初步拟订了具体人员名单

从审核情况来看，监管机构对监事作为激励对象的问题还是比较关注的，问询重点集中在监事持股发生的原因及其合规性方面，见表3-10。

表 3-10　监管机构对监事作为激励对象的问询

公司名称	披露时间	披露内容
OYYS （创业板审核通过）	2022年3月18日	问询：说明员工持股计划的激励对象（持有计划份额的人员）的确定过程、依据，是否存在争议纠纷，**激励对象包含监事、近亲属的具体情况及合规性**。 回复：激励对象中的 CXL 女士，系发行人高级副总裁 ZW 之配偶，于 2014 年 1 月加入 GTJY 中心。CXL 女士先后担任 GTJY 中心管理部部门经理等职务，现任 OYCG 资深经理，为符合公司员工持股条件的骨干人才，2017 年 5 月作为首批持股员工加入员工持股计划。 鉴于 OYCG 已于 2021 年 8 月 20 日完成股权变动的工商变更程序并成为 OYGYP 的全资子公司，CXL 女士已不再属于发行人的员工。根据发行人的确认，2021 年 10 月，CXL 女士已按照《OYYS 股份有限公司员工持股方案》的规定将其所持 SHOJ 的合伙份额进行内部转让，不再持有发行人的股份。截至补充法律意见书出具之日，**发行人董事、监事、高级管理人员的近亲属未直接或间接持有发行人的股份**
CRDQ （北交所在审）	2023年7月21日	问询：补充说明持股平台信息。 回复：根据申请文件，JYTZ、YRTZ 和 YXTZ 为公司股权激励对象持股平台，**其中，JYTZ 和 YXTZ 针对包括董事、监事、高级管理人员以及部分员工实施员工股权激励计划**，YRTZ 系为奖励曾为公司发展作出贡献的人员而设立的激励平台。（1）请发行人说明各持股平台合伙人具体情况，包括但不限于姓名、持有份额及取得时间、资金来源、任职情况，是否为发行人实际控制人、董监高的亲属，是否为发行人及其供应商、客户的员工或前员工，是否存在委托持股、信托持股、利益输送或特殊利益安排。（2）请发行人结合报告期内合伙人结构变动情况、合伙份额变动情况，说明各持股平台关于内部权益转让、离职或退休后合伙份额处理的相关约定以及管理机制，是否存在纠纷或潜在纠纷。（3）请发行人说明前述持股平台涉及的股份支付确认情况及计算依据，结合股权激励相关协议，说明股份支付公允价格的选取、分摊方式是否合理

续表

公司名称	披露时间	披露内容
TJGF（创业板）	2023年4月24日	问询：说明WRH等6名离职/退休员工所持股权激励平台份额未被回购是否符合发行人股东大会已审议的股权激励计划；发行人股权激励平台中是否存在其他非员工持有份额情况，是否存在发行人员工代他人持有激励平台份额或发行人股份的情况；**监事YHJ是否为股权激励对象，是否符合《上市公司股权激励管理办法》相关规定。** 回复：为开展股权激励，公司创始股东FYR、CWZ、SZD、YHJ在持股平台GZJY（ZSJY）、GZLH、GZQA、GZHC中共同出资，并将股权激励预留份额统一登记于YHJ名下。发行人及公司创始股东实施完毕全部股权激励后，2021年3月30日，针对YHJ持有的各股权激励平台剩余部分财产份额，FYR、CWZ、SZD、YHJ已分别签署了各平台中关于代持还原的份额转让协议，将统一登记在YHJ的财产份额还原至各自名下。**YHJ与发行人及其实际控制人不存在任何有关股权激励的安排，其持有的上述合伙份额不属于股权激励，系YHJ作为发行人创始股东之一通过上述持股平台间接持有发行人股权**，并非以监事身份参与发行人股权激励事项，因此不适用《上市公司股权激励管理办法》相关规定

需要特别注意的是，如果属于上市前制订、上市后实施的股权期权激励计划，根据《上市公司股权激励管理办法》，则监事不能作为激励对象，见表3-11。

表3-11 监事不作为激励对象的披露

公司名称	披露时间	披露内容
XDW（创业板）	2022年1月17日	2021年2月24日，发行人召开2021年第一次临时股东大会，审议通过了《关于广东DXW电子股份有限公司股票期权激励计划（草案）的议案》等与本次期权激励计划相关的议案。本次期权激励计划授予涉及的激励对象为公司及控股子公司的境内外核心管理人员、核心业务或技术人员及公司董事会认定的其他相关人员，**不包含公司独立董事和监事**

续表

公司名称	披露时间	披露内容
BZJG（创业板终止审核）	2021年5月6日	股票期权激励计划的审议和实施情况如下。2022年5月28日，公司召开第一届董事会第十次会议和第一届监事会第八次会议，审议通过《WLCD健康科技股份有限公司股票期权第二期激励计划管理办法》相关议案，并确认了第二批激励名单及其对应授予额度。2022年6月13日，相关议案经公司2022年第三次临时股东大会审议通过，公司与本次股票期权激励计划的全部激励对象签署了股权激励协议书，正式授予公司股票期权。本次期权激励计划标准发行人高级管理人员、重要岗位人员，以及董事会认为应当激励的对发行人经营业绩和未来发展有直接影响的其他员工，**不含发行人监事**

综上，对于拟上市公司而言，存在不少公司对监事进行股权激励的案例，但由于监事的特殊身份，在上市时监管部门一般会重点关注监事持股的原因以及合规性。拟上市公司在上市前制定、上市后实施的期权激励计划中，往往也会明确监事不得作为股权激励对象。如果拟上市公司确有监事需要纳入激励对象范围，最好在上市前操作完成，并充分论证其合理性。

第21问：供应商和客户的关键人员能否成为激励对象？

答：我们理解，供应商和客户的关键人员可以成为激励对象，但我们不建议该等人员过多参与拟上市公司的股权激励。

一、相关规则

《公司法》《证券法》及相关上市规则并未明确禁止或限制供应商和客户的关键人员成为拟上市公司的激励对象。《监管规则适用指引——发行类第5号》明确规定："发行人向职工（含持股平台）、顾问、客户、供应商及其他利益相关方等新增股份，以及主要股东及其关联方向职工（含持股平台）、客户、供应商及其他利益相关方等转让股份，发行人应根据重要性水平，依据实质重于形式原则，对相关协议、交易安排及实际执行情况进行综合判断，并进行相应会计处理。有充分证据支持属于同一次股权激励方案、决策程序、相关协议而实施的股份支付，原则上一并考虑适用。"

不少拟上市公司基于历史原因及企业发展考虑，在上市前存在部分客户、供应商、业务伙伴持股的情况。还有一些情况是某些人员一开始是公司员工，后来离职后变成公司供应商或者客户的员工。在这些情况下，很多拟上市企业都会允许供应商或者客户的关键人员成为其股权激励的对象。我们理解这种情况符合一般的商业逻辑，但是在上市的背景下则会受到监管机构的关注，例如是否存在或者构成关联关系、关联交易是否公允、相关的采购和销售是否真实、是否存在股权代持、是否存在利益输送以及是否需要进行股份支付处理等。

二、相关案例

从实践案例来看，部分拟上市公司实施股权激励计划时将供应商和客户关键人员纳入了激励对象的范围，见表3–12。

表3–12 将供应商和客户关键人员纳入激励对象的案例

公司名称	披露时间	披露内容
RYGF（创业板审核通过）	2023年6月15日	RYYX于2019年11月启动股权激励计划，2名外部人员通过WZ代持SHFY少量合伙份额，合计间接持有发行人0.15%的股份，该等外部人员系实际控制人TLZ的朋友，曾同在JAKJ任职，**目前在发行人设备供应商JJWC任职**。发行人向JJWC主要采购整线太阳能电池片生产设备，报告期内采购金额分别为37,980.75万元、56,320.67万元和49,760.37万元。发行人向JJWC采购具有合理性、公允性，不存在利益输送的情形

续表

公司名称	披露时间	披露内容
MXS（科创板）	2023年4月28日	发行人32名股东中，SHLQ、QZRX等股东与发行人客户（包括终端客户）及供应商存在关联关系。该等股东均系MXSYX的C轮或C+轮投资者，看好MXSYX的未来发展；MXSYX为增强公司资金实力，满足公司发展资金需求，协同带动公司业务发展，引入该等股东作为产业及财务投资者。发行人引入前述股东具备合理的商业背景，前述股东入股价格与同一次或相邻股权融资的投资者入股价格一致，入股价格公允

但实践中也存在将供应商和客户关键人员明确排除在股权激励对象范围之外的情形，见表3-13。

表3-13 将供应商和客户关键人员排除在股权激励对象范围之外的案例

公司名称	披露时间	披露内容
XDW（科创板）	2022年1月17日	历次股权激励是否涉及发行人客户或供应商？**发行人历次股权激励的激励对象均为公司员工或外部顾问，不涉及发行人客户或供应商**。同时，上述外部顾问均未在发行人客户或供应商处任职，与发行人客户或供应商不存在关联关系、资金往来或其他特殊利益安排。除发行人客户KYSD直接持有公司1.05%股份外，不存在其他客户、供应商以直接或间接形式持有发行人股份的情况
DAGF（创业板）	2021年12月10日	（1）第一次股权激励 2017年1月，经DRYX股东会决议，审议通过《深圳市DRZB有限公司股权激励方案》，同意向15名激励对象授予股权。上述股权激励对象均为公司员工，不存在发行人客户、供应商等非公司员工的情形。 （2）第二次股权激励 2019年11月，经公司2019年第二次临时股东大会决议，审议通过了《DAGF有限公司员工股权激励方案》，同意向12名激励对象授予股权。上述股权激励对象均为公司员工，不存在发行人客户、供应商等非公司员工的情形

尽管实践中存在供应商和客户关键人员成为股权激励对象的案例，但总体而言这种情况相对少见，我们也不建议公司这样操作，主要原因有以下几点。

首先，如果供应商和客户关键人员进入员工持股平台，很可能由于该等人员不属于公司员工，影响员工持股平台的性质认定。尤其是最新《证券法》实施之后设立员工持股平台，若员工非持股平台存在非员工，可能导致该持股平台需要穿透计算最终出资人，致使拟上市公司最终出资人数量可能超过 200 人，而无法适用新《证券法》《证券期货法律适用意见第 17 号》之规定将持股平台最终出资人认定为 1 人，进而可能给公司上市造成不利影响。

其次，股权激励计划中，通常会基于激励对象为公司员工的身份而设定一系列的考核、授予、约束、调整、退出机制，这些机制往往都会约定在《股权激励计划方案》《合伙协议》等配套文件中，而且是作为一个有机整体出现的。一旦激励对象中出现了客户、供应商等非员工的人员，那么对于这部分人则难以适用前述考核约束等约定，可能导致持股平台内部管理混乱、激励方案难以落地实施，甚至可能造成股权纠纷。

综上所述，如果拟上市公司想和供应商以及客户形成股权上的绑定、保障业务合作的稳定和发展，我们认为可以在符合真实商业逻辑的前提下，让客户、供应商按照公允价值直接在拟上市公司持股，不必将供应商和客户的关键人员纳入股权激励计划的范畴。

第 22 问：实际控制人关联方的员工能否成为拟上市公司的激励对象？

答：虽然《公司法》、《证券法》及相关上市规则并未明确禁止或限制实际控制人关联方的员工成为激励对象，但我们不建议这样操作。

一、相关案例

从实践案例来看，确实存在少数拟上市公司将实际控制人关联方的员工纳入激励对象范围的情形，见表3-14。

表3-14 将实际控制人关联方的员工纳入激励对象的案例

公司名称	披露时间	披露内容
HEQD（创业板）	2022年3月30日	HEDZ原持股平台的权益人分为3种：（1）HEDZ的员工；（2）发行人的员工；（3）HEDZ其他关联方（指HEJT、HEZL，不包括发行人）的员工。 经核查，HET、YHJ、HTH作为HEDZ员工持股平台期间（2017年3月前），股东中共有发行人员工38名，其中有17人先进入员工股持股平台，后入职发行人、成为发行人的员工，21人先成为发行人员工，后入股员工持股平台。发行人原为HEDZ的全资子公司，HEDZ将其子公司的21名员工作为激励对象具有合理性
ZCGY（创业板终止审核）	2021年10月22日	发行人存在3家员工持股平台，分别为ZCJNTZ、FCQL及FCWL。经核查，律师认为：持股平台中除ZKY非发行人员工、个别合伙人为离职员工外，其余均为公司或控股股东ZCGF及其控股子公司的员工；持股平台的合伙人不存在既为发行人员工，又为关联方员工的情况；ZKY所持合伙企业财产份额不存在股权代持或其他利益安排；FCQL、FCWL入股发行人的价格与公允价值一致，发行人未计提股份支付费用具有合理性；员工持股平台各合伙人资金来源合法合规，符合股东适格性，且均已足额缴纳认缴的合伙企业财产份额，不存在实际控制人向员工提供财务资助的情形
HDZZ（科创板）	2021年9月10日	请保荐机构及发行人律师对以公司股权对非公司员工进行股权激励是否存在独立性问题核查并发表意见。 根据2018年10月CCo.董事会作出的决议，对于**HDZZ以及HDKG**体系内的核心骨干进行激励，激励对象为HDZZ及HDKG（包括其下属各企业）的在职人员，分为65名为公司

续表

公司名称	披露时间	披露内容
		提供服务的员工和 46 名非公司员工。 随着发行人市场开拓、技术积累、产品注册的不断发展，因业务规模壮大的需要，发行人在股改前完成了核心管理团队的组建，存在部分原非公司员工入职发行人的情形。此外，上述非公司员工任职单位存在与发行人的关联交易，该等关联交易均系公司之间的业务行为，交易价格公允，不存在上述员工通过其任职的公司向发行人提供服务的情况。因此，以公司股权对非公司员工进行股权激励，不存在独立性问题
WKXC （创业板）	2021 年 8 月 25 日	关于员工持股计划"原则上应当全部由公司员工构成"等要求，截至补充法律意见书出具之日，发行人员工持股平台 HNWX 共有合伙人 38 名，其中 33 名合伙人系公司员工，5 名合伙人不是发行人员工，即 ZKJT（发行人控股股东），LLL（离职员工），SXL（ZKJT 员工、发行人实际控制人的姐姐），XXL（ZKJT 控制的企业 ZJZKHX 有限公司员工），YGT（ZKJT 员工）。非发行人员工的数量占比较少，存在非发行人员工的原因系发行人控股股东 ZKJT 通过让该等员工间接持有发行人股份对其进行激励。 HNWX 的设立时间及非公司员工取得合伙份额的时间均在新《证券法》施行之前（2020 年 3 月 1 日之前），符合《首发审核问答》问题 24 中关于新《证券法》施行之前（2020 年 3 月 1 日之前）设立的员工持股计划，参与人包括少量外部人员的，可不做清理的要求
BYYY （创业板）	2021 年 6 月 24 日	发行人股东中，TJHT、TJHT、TJHH、TJHZ 均为发行人及发行人控股股东 BYJT 为对其自身以及下属控股子公司员工进行股权激励而设置的专项投资于发行人的员工持股平台。 员工持股平台人员的选择条件为：（1）在发行人或 BYJT（含 BYJT 控股子公司）中聘任为主要管理人员或骨干员工；（2）遵守发行人或 BYJT（含 BYJT 控股子公司）的日常规章

续表

公司名称	披露时间	披露内容
		制度；（3）不在与发行人或 BYJT（含 BYJT 控股子公司）存在业务竞争关系的任何企业中持股、任职、领薪；（4）发行人或 BYJT 董事会认为应具备的其他条件
TNGF（科创板）	2020 年 5 月 8 日	本次增资的 6 个合伙企业平台均受 TNDL 控制，其中 CXHH、CXHT、CXYH、CXYF、CXYJ 等 5 个员工持股平台系用于激励公司及下属子公司的核心员工；**CXYR 则用于激励 TNDL 所控制的其他企业（除公司及下属子公司外的其他企业）的核心员工。** CXYR 所激励的员工原系公司或下属子公司员工。因 2018 年公司内部为实现专业化发展进行业务架构调整，剥离 DYCL 等子公司时一并将这些员工剥离公司，考虑这些员工对公司的历史贡献，实施上述股权激励时亦对这些员工一并进行了激励。本次平台激励对象选择具备合理性。 控股股东已就其控制的其他企业的员工间接认购公司股份价格与第三方投资人认购公司股份价格的差额部分对公司进行补偿，进一步保护了公司及中小股东利益

二、实际控制人关联方员工参与拟上市公司股权激励计划的弊端

尽管存在少量拟上市公司实际控制人的关联方员工成为激励对象的案例，但我们认为，实际控制人控制的其他关联方员工参与拟上市公司的股权激励计划可能存在如下几个方面的弊端。

1. 超 200 人问题。与本书"第 21 问：供应商和客户的关键人员能否成为激励对象？"中提到的内容类似，实际控制人的关联方员工进入员工持股平台，可能导致拟上市公司股东人数超过 200 人，进而可能给公司上市造成不利影响。

2. 对激励对象的管理问题。与本书"第 21 问：供应商和客户的关键人员能否成为激励对象？"中提到的内容类似，如果持股平台中存在非员工的人

员，那么可能导致持股平台内部管理混乱、激励方案难以落地实施，甚至可能形成股权纠纷。

3. 挤占其他员工的份额。一般而言，股权激励范围主要包括公司董事、监事、高级管理人员、核心技术人员、核心业务人员或其他在职员工。同时，因受到外部投资人约束或股份支付的压力，股权激励总额其实往往是不多的。如果实际控制人的关联方员工参与拟上市公司的股权激励计划，该公司其他的在职人员可能会失去宝贵的激励份额，进而影响公司员工的工作积极性。

4. 股份支付的成本计算存在问题。对于实际控制人关联方员工的股权激励，需要考虑是否适用股份支付，其中所产生的股份支付成本如何承担亦需要予以特别考虑。一般来说，非公司员工的其他人员参与股权激励的，拟上市公司也需要计算相关股份支付费用，换言之，拟上市公司替实际控制人或其关联方承担相关股份支付费用，存在利益输送的嫌疑。为此，实际控制人或其关联方可能需要向拟上市公司补偿现金以填平股份支付费用支出。例如上述TNGF案例中，由控股股东将相关人员涉及的股份支付费用补偿给了拟上市公司。

5. 容易引起监管部门关注。若实际控制人关联方的员工作为股权激励的对象，监管部门很可能会质疑拟上市公司的独立性（包括人员独立性与经营独立性），同时也会要求披露股份支付对应权益工具的公允价值及确定依据、股份支付费用的计算过程，并很有可能关注该部分员工是否代持股份、是否存在利益输送等情形，进而影响公司上市。

三、小结

实际控制人关联方员工参与拟上市公司的股权激励计划，虽然没有被现行法律法规明确禁止，实践中也确实有类似的案例，但由于与股权激励的主要目的不相符合且其合理性及是否存在利益输送等容易被质疑，进而会对上市审核产生不利影响。因此，总体而言，我们不建议将实际控制人关联方员工纳入股权激励的范围。

第23问：事业单位编制的人员能否成为激励对象？

答：对于该问题，主要需要明确事业单位编制人员能否对外投资。由于事业单位编制人员情况较为特殊，需要根据不同身份人员及所处领域等情况具体问题具体分析。整体而言，我们认为部分符合条件的事业单位编制人员可以成为股权激励对象。

一、事业单位编制人员分类

结合实践来看，一般而言，事业单位人员主要分为两类。

（一）参公管理的事业单位编制人员

根据《公务员法》第121条的规定，法律、法规授权的具有公共事务管理职能的事业单位中除工勤人员以外的工作人员，经批准参照该法进行管理。在法律上，由于该类人员参照《公务员法》进行管理，原则上其也不能对外投资企业，不能作为股权激励的激励对象。

（二）非参公管理的事业单位编制人员

多数事业单位编制人员并非参照《公务员法》进行管理，但一般情况下，该等事业单位编制人员也不被允许在外进行持股或者有偿兼职，通常其也难以成为股权激励对象。不过，需要特别注意的是，为了鼓励科学技术成果转化，国家层面加大了对事业单位编制的高校、科研院所相关人员投资创业的支持，通过发布"通知""意见"等行政规范性文件，明确符合一定条件的高校及科研院所的人员可在外持股或兼职。关于这类事业单位编制人员能否成为股权激励对象是本问题讨论的重点，具体情况后述。

二、事业单位人员对外投资的具体要求

（一）担任领导职务的事业编制的人员

从目前政策文件来看，关于事业单位领导干部是否能够对外投资持股，

需要区分具体情况判断。

其一，主管部门。主管部门不同，对外投资要求可能也不同。对于教育部直属高校领导职务人员，按照中共教育部党组《关于印发〈直属高校党员领导干部廉洁自律"十不准"〉的通知》（教党〔2010〕14号）、中共教育部党组《关于进一步加强直属高校党员领导干部兼职管理的通知》（教党〔2011〕22号）等有关规定，有关领导干部对外投资受到限制。对于非教育部直属高校的领导干部能否对外投资，国家层面没有统一的规定，需要根据具体高校及其主管部门的要求来判断。

其二，行政职级以及是否具有党员身份。根据《关于印发〈直属高校党员领导干部廉洁自律"十不准"〉的通知》（教党〔2011〕14号）等有关规定，教育部直属高校党员领导干部不得以本人或借他人名义经商、办企业。另外，根据国务院《关于印发实施〈中华人民共和国促进科技成果转化法〉若干规定的通知》（国发〔2016〕16号）、中共中央办公厅、国务院办公厅《印发〈关于实行以增加知识价值为导向分配政策的若干意见〉》的规定，高校、科研机构的正职领导、领导班子中属中央管理的干部以及所属单位中任法人的正职领导，不得在企业中持股。

由此可见，对于高校、科研院所担任领导职务的人员在外持股、兼职仍受到严格限制。我们理解，事业单位领导人员能否对外投资持股还需要结合其所在单位主管部门要求、政治面貌、行政职级等因素予以具体分析。

（二）非领导职务的事业单位编制人员

从规则来看，关于非领导职务的事业单位编制人员能否对外投资持股，需要区分以下两种类型判断。

第一，非科技（研）人员的普通教职人员。《公司法》《证券法》《教师法》《高等学校教师职业道德规范》《中国科学院工作人员兼职管理规定》等并未对非科技（研）人员的普通教职人员从事投资（持股）活动进行明确禁止或限制，该类人员对外投资持股是否受到限制，主要看其内部及主管部门要求。

第二，从事科技成果转化活动的人员。根据2015年《促进科技成果转化法》的规定，国家设立的研究开发机构、高等院校进行科技成果转化的，允许对完成科技成果转化作出重要贡献的人员给予股权奖励。这也意味着法律层面肯定了对完成科技成果转化作出重要贡献的人员可以投资持股。

除上述法律外，国家相关部门相继发布政策文件，不断放宽高校及科研院所技术成果转化的限制条件，支持高校、科研院所的科研人员通过兼职、在职创业、离岗创业等方式进行科技成果转化，并可以通过科技成果转化投资入股企业或取得相应的股权奖励。目前来看，通常能够符合相应政策要求的这些人员，其持有公司股权一般不存在实质障碍。部分相关支持政策文件列举，见表3–15。

表3–15　部分相关支持政策文件

序号	文件名称	施行时间	制定机关
1	《关于充分发挥高等学校科技创新作用的若干意见》（国科发政字〔2002〕202号）	2002年6月28日	科学技术部、教育部
2	国务院《关于进一步做好新形势下就业创业工作的意见》（国发〔2015〕23号）	2015年5月1日	国务院
3	《促进科技成果转化法》（2015年修正）	2015年10月1日	全国人民代表大会常务委员会
4	《关于改进和完善高校、科研院所领导人员兼职管理有关问题的问答》（中组部《组工通讯》2016年第33期总第2855期）	2016年	中国共产党中央委员会组织部
5	《关于进一步支持和鼓励事业单位科研人员创新创业的指导意见》（人社部规〔2017〕4号）	2017年3月10日	人力资源和社会保障部
6	《关于进一步支持和鼓励事业单位科研人员创新创业的指导意见》（人社部发〔2019〕137号）	2019年12月27日	人力资源和社会保障部
7	《科学技术进步法》（2021年修订）	2022年1月1日	全国人民代表大会常务委员会

续表

序号	文件名称	施行时间	制定机关
8	《〈关于扩大高校和科研院所科研相关自主权的若干意见〉问答手册》（国科办政〔2022〕5号）	2022年2月18日	科学技术部办公厅、教育部办公厅、财政部办公厅、人力资源和社会保障部办公厅

三、相关案例

从上述规则来看，事业单位编制人员持股需要具体情况具体分析。从IPO案例情况来看，也不乏事业单位编制人员作为拟上市公司股权激励对象的案例，以高校、科研机构人员居多，见表3-16。

表3-16 事业单位编制人员作为拟上市公司股权激励对象的案例

公司名称	披露时间	披露内容
XXT（创业板审核通过）	2023年5月13日	ZYF学术研究方向与图像处理技术领域接近，故受邀向XXT及其子公司提供计算机视觉检测、显示器检测相关指导，发行人考虑到ZYF为公司提供的服务及为巩固与其的长期合作关系，同时ZYF看好发行人未来发展，经协商一致，ZYF于2020年5月入股发行人持股平台AXTZ，以XXTYX每注册资本3.88元的价格取得激励股权。**ZYF同时是BJYD大学信息与通信工程学院副教授**
JCZ（科创板）	2022年10月9日	发行人股东JCZ作为发行人的持股平台，将在职员工以及对公司有贡献的个人作为持股主体。2017年4月，公司考虑到CZM对公司的贡献，拟对其进行激励。由于当时CZM出于在校任职等个人原因不便以自己名义直接持有JCZ的财产份额，故由其母亲CDZ暂时代为持有。2018年1月，CDZ将其在JCZ代持的财产份额转让给CZM，前述股份代持情况解除。**CZM作为公司的有限合伙人、董事，同时是HZKJ大学光学与电子信息学院教师**

续表

公司名称	披露时间	披露内容
BKSW（科创板）	2021年6月4日	2021年6月4日BKSW首次公开发行股票并在科创板上市。招股意向书中披露本次公开发行申报前已经制定或实施的股权激励通过DHSW员工持股平台，由除CXH、FDQ外的合伙人间接持有，其中现任董事、常务副总经理的JCL，同时是JL大学生命科学学院教授

四、小结

总体而言，判断事业单位编制人员是否能够在外兼职并且作为激励对象持股可以按照以下逻辑思路进行分析。

首先，需要识别事业编制人员是否参照《公务员法》进行管理，如是，原则上不能在外投资持股；而对于非参公管理的事业单位编制人员，需要结合具体情况进一步分析考虑。

其次，对于非参公管理的事业单位编制人员，需要确认其具体行政职级以及政治面貌等，若担任领导职务的党员（政）领导干部（县处级及以上行政职级），原则上不允许对外投资持股。

最后，如果既不属于参公管理的事业单位编制人员，也不属于党政领导干部（县处级及以上行政职级），那么需要结合国家政策以及其所在单位主管机构的意见或制度，进一步分析其投资入股并作为股权激励对象是否具有可行性。实操中比较常见的是高校及科研机构人员通过科学技术成果转化对相关企业投资入股并作为股权激励对象。

第24问：其他外部人员能否纳入员工持股范围？

答：前文"第17问：外部顾问能否成为激励对象？"明确了外部顾问可以成为拟上市公司股权激励对象。那么非顾问的外部人员，例如离职或退休员工、员工配偶、去世员工继承人、实际控制人朋友等，是否可以成为拟上市公司股权激励对象？换句话说，这类外部人员能否纳入持股平台中持股？对此，我们分别进行讨论。

一、离职或退休员工、员工配偶、去世员工继承人

我们注意到，在一些案例中存在离职或退休员工、员工配偶或去世员工继承人作为员工持股平台成员的情形，见表3-17（关于去世员工继承股权的问题，亦可参见本书"第54问：激励对象的继承人能否继承激励股权？"所述）。

表3-17 离职或退休员工、员工配偶、去世员工继承人
作为员工持股平台成员的案例

外部人员	公司名称	披露时间	披露内容
离职员工	KXTX（科创板）	2023年8月4日	SHLX是公司为离职员工设立的持股平台，由SHMXX担任执行事务合伙人。截至招股说明书签署日，SHLX持有公司员工持股平台SHMX共2.04%的合伙份额，间接持有公司0.06%的股权
离职员工	KTGF（科创板审核通过）	2023年8月4日	NJSF的合伙人中，KL、QY已从发行人处离职，LSP系发行人顾问，其余合伙人均为发行人在职员工。 KL先生，2010~2018年任职于发行人信息技术部。2018年，KL出于对自身职业规划的考虑从公司离职。发行人设立NJSF员工持股平台时，KL依然看好公司的发展前景，公司考虑到其过去8年期间为公司信息化建设所作出的重要贡献，同意将其纳入员工持股范围。KL持有NJSF财产份额系员工持股行为，并且其持股价格为公允价格。

续表

外部人员	公司名称	披露时间	披露内容
			QY，2010~2021 年，担任发行人采购部经理，2019 年成为 NJSF 持股平台份额持有人，2021 年出于个人职业规划的考虑从公司离职。QY 通过 NJSF 间接持有公司股权，入股价格公允。发行人在设立 NJSF 未对离职员工能否继续持有平台的出资份额作出专门约定，QY 本人愿意保留其在 NJSF 的持有份额
离职员工	ZHKD（创业板审核通过）	2023 年 8 月 4 日	HZGD 中包括 JXQ、ZHX、ZML、LYY、ZCL 等已离职员工；HZZH 中包括已离职激励对象 LJ。 HZGD 合伙协议的主要内容包括合伙目的、利润分配和亏损分担办法、合伙企业事务执行、入伙、退伙、解散与清算、违约责任等条款，未约定合伙人自发行人处离职或退休后需转让所持财产份额。 根据发行人和其实际控制人 LGM、JWG 出具的说明，考虑到离职员工为发行人发展所作贡献，且 HZGD 合伙协议也无有限合伙人自发行人处离职或退休后需将所持财产份额予以转让的约定，上述员工离职后仍继续持有财产份额
实际控制人弟弟	TYJG（创业板）	2022 年 5 月 31 日	上述员工持股平台设立时存在一名非员工股东 YQW，YQW 系发行人实际控制人 YQY 的弟弟
去世员工继承人	DRJT（上交所主板）	2023 年 5 月 11 日	1 名激励对象身故，获授的限制性股票已由其指定的财产继承人或法定继承人继承并继续享有权益，其 2021 年度个人绩效考核条件不再纳入解除限售条件

续表

外部人员	公司名称	披露时间	披露内容
去世员工配偶	JLGF（科创板在审）	2022年12月30日	HBCR商务信息咨询合伙企业（有限合伙）为发行人员工持股平台。HBCR持有发行人435.10万股股份，占发行人总股本的0.7921%。HBCR的合伙人除实际控制人YHC和1位已去世员工配偶外均为发行人员工，除YHC外另有持股员工45名
员工配偶	YCKJ（创业板审核通过）	2022年12月9日	公司管理层及员工共设立9个直接员工持股平台，合计持有公司29.89%的股份，该等直接持股平台分别为XMHC、XMYC、XMXD、XMXC、ES、TS、SS、AS和PS。其中，除PS最终持有人中存在公司员工配偶外，其他持股平台的最终人员均为发行人在职员工，不存在非员工持股的情形。PS的最终持有人中，员工配偶所持股份亦源于公司员工转让

　　基于现有案例情况来看，员工在职时被授予激励股权、在离职或者退休以后依然持股的情况比较常见。通常而言，审核部门主要关注员工持股计划是否建立健全了平台内部的流转、退出机制以及股权管理机制，离职员工离开公司后的股份权益处置是否符合员工持股计划相关协议的约定，离职员工股份锁定期安排，等等。

　　同样，员工配偶作为激励对象的情形下，如果属于夫妻双方基于婚姻共同财产制度对具体持股人所做出的选择，也具有一定的合理性。类似地，去世员工继承人继承去世员工持有的持股平台权益，也是《民法典》赋予去世员工继承人的权利，因此审核部门一般不会过多关注。

　　但是，由于股权激励有着强烈的人身属性，我们建议在股权激励的相关配套文件中对退休、继承、离婚财产分割等情形作出明确的约定，最好能够将激励对象限定于在职员工范围内。

二、外部投资者、实际控制人朋友、项目推荐人

实践中，也存在外部投资者、实际控制人朋友或项目推荐人参与拟上市公司股权激励的案例，见表3-18。

表3-18　外部投资者、实际控制人朋友、项目推荐人参与拟上市公司股权激励的案例

外部人员	公司名称	披露时间	披露内容
外部投资者、关联方	XSKJ（科创板）	2023年3月31日	发行人的6个持股平台中，XFZ、ZCYH、ZCEH、ZCSH及ZCSH全体合伙人均为公司在职员工；TXTZ中13名合伙人为公司在职员工，其余15名合伙人为**外部投资者**。 通过持股平台入股发行人的外部投资者具有合理的入股背景，其中SLS和WYZ任职/持股的公司曾经为发行人的经销商；外部投资者入股价格参考同期其他投资者入股价格协商确定，入股价格具备合理性，不涉及利益输送
实际控制人朋友	LXGF（科创板）	2023年1月31日	XCF为发行人员工持股平台，其中存在较多已离职员工，另有2名外部人员WQY、WBX。2名外部自然人入股背景为2016年12月部分员工因离职而需转让其在XCF的份额，**实际控制人FC的朋友WBX、WQY**在知悉该情况后通过受让XCF份额的方式投资发行人。 WBX、WQY入股XCF的价格合理，作价依据系参考发行人当时的净资产确定，资金来源均为自有资金，入股价格与当次同时进行份额转让的员工相同，不存在股权代持、利益输送的情形

第三章 股权激励对象

续表

外部人员	公司名称	披露时间	披露内容
实际控制人朋友	XSY（创业板在审）	2022年3月28日	经核查，保荐机构认为：2016年3月，ZCH、XG、XD、HX以及NJHY对发行人的增资行为以及2017年12月NJHY合伙份额转让构成股权激励；发行人股权激励已履行了相应的决策程序；发行人股权激励执行情况良好，不存在代持及纠纷；发行人的股权激励对司经营状况、财务状况、控制权均不存在不利影响。**一致行动人XG，为公司实际控制人ZCH认识多年的朋友，是公司的财务投资人**，2016年6月前曾担任公司董事，报告期内未在公司担任除董事以外的职务，不实际参与公司的日常经营或管理，在股东（大）会和董事会上与ZCH保持一致行动
社会投资人	NKZB（科创板）	2022年3月17日	关于非员工入股的原因及合理性，转让价格是否公允，税务处理是否规范。截至补充法律意见出具日，TLTZ股东以及TLSM的合伙人中，存在部分非公司员工的情形，为XXD、LS、YLQ。TLTZ、TLSM设立时的股东/合伙人主要为公司员工，**但有个别外部股东/合伙人看好公司的发展前景并主动入股**，该等持股平台设立时未建立股权/合伙份额转让的约束性机制，公司也未强制要求相关股东/合伙人在离职时必须将所持股份转让给公司员工或实际控制人，相关股东/合伙人如何处置其所持有的股权/合伙份额在法律法规及相关规则允许的情况下由其自己决定。根据上述内容，目前公司持股平台存在非员工入股是因为相关股东/合伙人转让其所持有的**股权/合伙份额，具有合理性**

· 095 ·

续表

外部人员	公司名称	披露时间	披露内容
项目推荐人、外部投资者	CXJG（科创板终止审核）	2019年12月27日	请发行人进一步说明员工持股平台中的外部股东LJ、XZSFHY投资有限公司以及SZSBTZX服务有限公司的基本情况、入股发行人的时间，以及外部投资者通过员工持股平台入股的原因。 LJ于2016年11月11日出资350万元受让JF所持的5.40%（对应128.52万元）合伙份额成为XXHH的有限合伙人，LJ的入伙原因为当时其任职的SFXH以每股15.15元的价格出资1000万元投资CXJG，**LJ作为CXJG投资项目的业务推荐人和项目负责人，为体现风险共担且因个人看好公司未来发展而进行跟投，但由于跟投金额较小，CXJG不同意其直接体现在股权结构中，因此采取通过间接投资方式进入持股平台投资**。LJ于2018年1月20日签署《财产份额转让协议》出资373万元受让JF持有的3.27%（对应77.78万元）合伙份额成为XXHH的有限合伙人，入股原因为**个人看好公司发展想继续投资公司，但是CXJG只接受在员工持股平台间接投资**

理论上，如果员工持股计划在2020年3月1日即新《证券法》生效之前已设立，且拟上市公司经穿透后的股东人数距离200人有较大空间，则员工持股计划可以允许存在少量外部人员，包含外部投资者或实际控制人朋友。但实践中，外部人员作为激励对象或者在激励平台中持股，同样会产生类似于本书"第21问：供应商和客户的关键人员能否成为激励对象？"中提到的诸如容易突破股东200人的上限，不便于考核管理，相对挤占其他员工的份额、股份支付，极易产生利益输送隐患等问题。

三、小结

外部人员中离职员工、员工配偶或去世员工继承人在员工持股平台持股往往具有一定的合理原因，在不违反员工激励计划或合伙协议情况下，一般不会对上市造成较大影响。其他不具有特殊身份的外部投资人、实际控制人朋友或项目推荐人等在持股平台持股的，需要重点关注入股合理性以及是否存在利益输送，所以我们通常不建议这样操作；即便从商业角度来说这些人员确实有入股的必要，我们也建议其按照公允价值持有拟上市公司股权，而不建议纳入股权激励的范畴，在持股平台中持股。

第25问：激励对象是否有数量限制？

答：在新《证券法》生效之前，拟上市公司股权激励计划的激励对象数量有200人的限制。新《证券法》生效后，依法实施的员工持股计划的员工人数不计算在200人的限制范围内，激励对象人数的限制被大大放宽。

现行法律法规和规范性文件对于拟上市公司股权激励计划激励对象人数直接的规定和限制较少，我们将主要规定整理如表3-19。

表3-19 对拟上市公司股权激励计划激励对象人数的规定

情形	激励对象数量要求	依据
直接持股	拟上市公司为有限责任公司的，激励对象与原股东合计数量不超过50人	《公司法》第42条
	拟上市公司为股份有限公司的，激励对象与原股东合计数量不超过200人	《公司法》第92条、原《证券法》第10条

续表

情形	激励对象数量要求	依据
间接持股	（1）单个员工持股平台内的激励对象数量，参照直接持股情形下激励对象数量要求。 （2）拟上市公司为有限责任公司的，激励对象与原股东合计数量不超过 50 人。 （3）拟上市公司为股份有限公司的，激励对象与原股东合计数量不超过 200 人。 （4）有限合伙企业由 2 个以上 50 个以下合伙人设立；但是，法律另有规定的除外。有限合伙企业至少应当有一个普通合伙人。 （5）设立普通合伙企业，应当具备 2 个以上合伙人。但没有人数上限	《公司法》第 42 条、《公司法》第 92 条、原《证券法》第 10 条、《合伙企业法》第 61 条、《合伙企业法》第 14 条
	拟上市公司计划在主板、中小板、创业板上市的，激励对象与拟上市公司穿透后的最终出资人合计不超过 200 人	原《证券法》第 10 条
	拟上市公司计划在科创板上市的，且满足相应"闭环原则"要求的，激励对象数量限制可以放宽	原《证券法》第 10 条、《科创板审核问答》第 11 问

新《证券法》生效之后，其对于激励对象数量要求的变化，主要在于对拟上市公司穿透核查之后关于激励对象的数量计算。根据新《证券法》第 9 条第 2 款第 2 项的规定，向特定对象发行证券累计超过 200 人（依法实施员工持股计划的员工人数不计算在内），为公开发行。根据该规定，员工持股计划可以不进行穿透、直接按照 1 名最终计入公司最终出资人总数中，这样给拟上市公司设置员工持股计划选择激励对象的数量留有很大的空间，理论上如果激励对象是员工持股计划的员工，可以没有人数上限。但同样要注意直接持股的激励对象数量限制、单个员工持股平台内的激励对象数量，仍应满足《公司法》《合伙企业法》规定的相关出资人数量限制。

另外，需要特别注意的是，外部人员加入等可能影响员工持股平台的性质，进而影响对员工持股平台最终出资人数量的认定。因此，在外部人员加入员工持股平台时，需要特别注意公司穿透后的最终出资人总数。

最后，激励对象的人数还要受到一些来自非法律方面因素的制约。例如公司的利润规模能够承受多少股份支付费用，公司的管理能力能够对多少激励对象进行行之有效的管理，等等。

第四章

股权激励的业绩考核

第26问：如何设置公司层面的业绩考核指标？

答：拟上市公司实施股权激励计划的，除了将个人业绩作为考核指标外，也可以将公司业绩增长幅度作为激励股权的授予或行权条件的指标之一。较为常见的即设置公司收入、净利润等财务指标实现一定增长规模或者达到一定金额标准，具体如下。

一、设定增长率

在上市公司股权激励项目中，将公司业绩增长率作为授予或行权条件的情况非常普遍，见表4-1。

表4-1 将公司业绩增长率作为授予或行权条件的案例

公司名称	披露时间	授予条件/行权条件	涉及的考核指标
HDKJ（上交所主板）	2023年8月9日	公司层面业绩考核要求要求如下。 本激励计划授予的股票期权行权考核年度为2023~2026年4个会计年度，分年度进行业绩考核并行权，以达到业绩考核目标为激励对象当年度的行权条件之一。具体考核要求如下。	营业收入增长率

续表

公司名称	披露时间	授予条件/行权条件	涉及的考核指标
		第一个行权期：以 2022 年营业收入为基数，2023 年营业收入增长率不低于 10%。 第二个行权期：以 2022 年营业收入为基数，2024 年营业收入增长率不低于 15%。 第三个行权期：以 2022 年营业收入为基数，2025 年营业收入增长率不低于 20%。 第四个行权期：以 2022 年营业收入为基数，2026 年营业收入增长率不低于 20%	
GNHJ（上交所主板）	2023 年 8 月 8 日	**公司层面业绩考核要求如下。** 本激励计划针对 2023~2026 年的 4 个会计年度，分别对公司财务业绩指标进行考核，以达到公司财务业绩考核目标作为激励对象当年度的解除限售/行权条件之一。各年度业绩考核目标如下所示。 第一个解除限售期/第一个行权期：相比 2022 年，2023 年归属于上市公司股东的净利润增长率不低于 30%。 第二个解除限售期/第二个行权期：相比 2022 年，2024 年归属于上市公司股东的净利润增长率不低于 50%。 第三个解除限售期/第三个行权期：相比 2022 年，2025 年归属于上市公司股东的净利润增长率不低于 80%。 第四个解除限售期/第四个行权期：相比 2022 年，2026 年归属于上市公司股东的净利润增长率不低于 100%	净利润增长率

续表

公司名称	披露时间	授予条件/行权条件	涉及的考核指标
XQSM（科创板）	2023年8月7日	**公司层面业绩考核要求如下。** 本激励计划首次授予第一类限制性股票的公司层面考核年度为2022~2024年3个会计年度，每个会计年度考核一次，各年度业绩考核目标如下所示： 第一个解除限售期以公司2021年净利润为基数，2022年净利润增长率不低于20%。 第二个解除限售期以公司2021年净利润为基数，2023年净利润增长率不低于50%。 第三个解除限售期以公司2021年净利润为基数，2024年净利润增长率不低于80%	净利润增长率
WTKJ（上交所主板）	2023年8月7日	**公司层面的业绩考核要求如下。** 本激励计划在2023年~2024年会计年度中，分年度对公司的业绩指标进行考核，将达到业绩考核目标作为激励对象当年度的行权条件之一。本激励计划首次及预留授予的股票期权的公司层面业绩考核目标如下所示。 第一个行权期：公司需满足下列两个条件之一：（1）以2022年净利润为基数，2023年净利润增长率达到80%；（2）以2020~2022年平均营业收入为基数，2023年营业收入增长率达到8%。 第二个行权期：公司需满足下列两个条件之一：（1）以2022年净利润为基数，2024年净利润增长率达到115%；（2）以2020~2022年平均营业收入为基数，2024年营业收入增长率达到15%	净利润增长率

参考上述上市公司的规定及案例，我们理解，拟上市公司实施股权激励计划的，同样可以将符合公司实际情况的业绩增长率如净利润增长率、主营业务收入增长率等作为激励股权授予条件、行权条件的考核指标。

二、设定具体的财务指标目标数据

同样，在上市公司股权激励项目中，将公司业绩的具体财务指标作为授予或行权条件的情况也非常普遍，拟上市公司同样可以参考，见表4-2。

表4-2 将公司业绩的具体财务指标作为授予或行权条件的案例

公司名称	披露时间	授予条件/行权条件	涉及的财务数据
NDDY（创业板）	2023年7月25日	**公司层面业绩考核要求如下。** 本激励计划分年度对公司的经营业绩进行考核，将达到业绩考核目标作为激励对象当年度的行权条件之一。本激励计划业绩考核目标如下所示。 第一个行权期：2022年度营业收入不低于100亿元，且经营活动产生的现金流量净额不低于1亿元。 第二个行权期：2023年度营业收入不低于120亿元，且经营活动产生的现金流量净额不低于1亿元。 第三个行权期：2024年度营业收入不低于145亿元，且经营活动产生的现金流量净额不低于1亿元。	营业收入、经营活动产生的现金流量净额
YHD（创业板）	2023年7月25日	**公司层面业绩考核要求如下。** 第一个解除限售期业绩考核目标：2022年营业收入不低于240,000万元或净利润不低于50,000万元。营业收入以公司经审计的合并报表数值为计算依据，净利润以公司归属于母公司股东的净利润并剔除本次及其他激励计划股份支付成本后的数值为计算依据	营业收入、净利润

续表

公司名称	披露时间	授予条件/行权条件	涉及的财务数据
GMJS（创业板）	2023年7月25日	公司层面业绩考核要求如下。 公司应同时满足以下考核目标：2022年营业收入不低于7.50亿元；2022年净利润不低于8000万元。上述"净利润"指标指经审计的归属于上市公司股东的净利润，并以剔除本激励计划考核期内公司实施股权激励计划或员工持股计划等激励事项产生的激励成本的影响之后的数值为计算依据	营业收入、净利润

综上，拟上市公司实施股权激励计划的，可以将公司财务数据如净利润、营业收入等，作为激励股权授予条件、行权条件的考核指标，当然也可以包括一些其他公司认为重要的财务数据指标。

三、设定具体的发展目标

此外，我们注意到，在上市公司股权激励项目中，将公司具体发展目标作为授予或行权条件的情况也非常普遍，拟上市公司同样可以参考，见表4-3。

表4-3 将公司具体发展目标作为授予或行权条件的案例

公司名称	披露时间	授予条件/行权条件	涉及的目标
XXW（深交所主板）	2023年7月26日	公司层面的业绩考核要求如下。 第一个解锁期：2022年饲料总销量不低于3000万吨；或以2021年生猪销量为基数，2022年生猪销量增长率不低于40%。 第二个解锁期：2022~2023年累计饲料总销量不低于6500万吨；或以2021年生猪销量为基数，2023年生猪销量增长率不低	饲料销售量、生猪销量

续表

公司名称	披露时间	授予条件/行权条件	涉及的目标
		于85%；或2023年公司净利润不低于40亿元。 第三个解锁期：2022~2024年累计饲料总销量不低于10,500万吨；或以2021年生猪销量为基数，2024年生猪销量增长率不低于135%；或2023~2024年公司累计净利润不低于100亿元	
FCNY（科创板在审）	2023年3月23日	根据CCQC（注：上市公司）公告的《2021年股票期权激励计划（2022年12月修订）》，公司层面业绩考核要求2023年公司汽车销量不低于160万辆	汽车销量

综上，我们理解，拟上市公司实施股权激励计划的，可以将公司具体发展目标如产品销量、研发进度、医药临床阶段等，作为激励股权授予条件、行权条件的考核指标。

第27问：如何设置业务单元层面的业绩考核指标？

答：相比将全公司层面的数据作为业绩考核指标，对部分业务单元的业绩进行独立的考核可能更能激发相关业务板块激励对象的积极性，尤其是公司存在一些相对独立的业务单元，或者各个业务单元之间差异较大时。

法规层面对于如何在业务单元层面设置业绩考核指标没有明确的规定，即便参照《上市公司股权激励管理办法》的相关规定，其也仅仅提到绩效考核指标应当包括公司业绩指标和激励对象个人绩效指标，并未提及将业务单元业绩纳入考核体系。

但这并不意味着公司没有这方面的需求。从战略方向而言，业务单元是公司的组成部分，也是公司战略任务的实施主体，其业绩往往直接影响公司整体业绩。阶段性地对业务单元考核任务完成情况进行分析，有助于及时发现问题、纠正偏差、改进工作，是实现公司战略目标的重要保障。同时需要注意的是各业务单元在发展阶段、业务特点、人才团队等方面均可能存在差异，如何根据不同业务单元的特性对激励对象进行公平而又有差异化的业绩考核是激励计划的关键一环。

从 A 股上市公司来看，当某一业务单元在上市公司收入中举足轻重或该业务单元对上市公司发展有重大战略意义时，上市公司股权激励计划也可以选择将业务单元考核指标直接列入公司层面的业绩考核，例如 NDGF 便将其占公司主营收入较大比重的子公司/业务板块业绩直接作为公司层面业绩考核目标，见表 4-4。

表 4-4　NDGF 业绩考核指标

公司名称	披露时间	考核指标
NDGF（上交所主板）	2021 年 2 月 25 日	首次授予股票期权的第一个行权期：2021 年铜箔业务子公司净利润达 30,296 万元。 首次授予股票期权的第二个行权期：2022 年铜箔业务子公司净利润达 39,385 万元。 首次授予股票期权的第三个行权期：2023 年铜箔业务子公司净利润达 51,201 万元

同时，存在激励对象需先后达成公司、业务单元两层业绩考核，才有机会解除限售或行权的安排。例如，LCGF 在 2021 年进行的限制性股票激励计划，设置了公司层面与两个业务单元（华安新材及聚氨酯）的业绩考核指标，从属不同业务单元的激励对象独立考核。这一逻辑反映的正是对华安新板块材与聚氨酯板块之间差异的考量，见表 4-5。

表 4–5　LCGF 业绩考核指标

公司名称	披露时间	考核指标
LCGF（创业板）	2021 年 11 月 1 日	华安新材板块： 第一个归属期 2021 年净利润不低于 3 亿元； 第二个归属期 2022 年净利润不低于 3.9 亿元； 第三个归属期 2023 年净利润不低于 4.5 亿元。 聚氨酯板块： 第一个归属期 2021 年净利润不低于 820 万元； 第二个归属期 2022 年净利润不低于 880 万元； 第三个归属期 2023 年净利润不低于 968 万元

当然，公司（尤其是拟上市公司）也完全可以根据自身的实际情况设定相关业务单元的业绩考核指标。在这方面，拟上市公司较之上市公司面临的约束更少，灵活性更强。

第28问：如何设置激励对象个人层面的业绩考核指标？

答：拟上市公司实施股权激励计划的，可以将个人考核情况作为激励股权授予条件、行权条件的考核指标。

非上市公司的公开披露信息较少，但在我们的实践操作中，并不乏将个人考核情况作为授予条件、行权条件考核指标的项目经验。上市公司实施股权激励计划时，将个人考核情况作为授予条件、行权条件考核指标的情形十分普遍，可供拟上市公司设定相应考核指标时借鉴，见表 4–6。

表 4–6　个人考核指标设定的参考案例

公司名称	披露时间	个人考核指标
ZGQY（上交所主板）	2019 年 12 月 31 日	激励对象只有在上一年度绩效考核满足条件的前提下，才能部分或全额解除限售当期限制性股票，具体解除限售比例依据激励对象个人绩效考核结果确定。

续表

公司名称	披露时间	个人考核指标
		若激励对象上一年度个人绩效考核结果为合格及以上，则激励对象可按照本激励计划规定的比例解除限售。 若激励对象上一年度个人绩效考核结果为不合格，公司将取消该激励对象当期解除限售额度，未解除限售部分的限制性股票，公司将在当期解除限售日之后以授予价格与解除限售日市价之低者统一回购并注销。 具体如下：优良（标准系数100%）、中等（标准系数90%）、合格（标准系数80%）、不合格（标准系数0%）；个人当年实际解除限售额度＝标准系数 × 个人当年计划解除限售额度
TKZZ（创业板）	2018年1月23日	激励对象的个人层面的考核按照公司现行薪酬与考核的相关规定实施。个人层面上一年度考核结果： （1）优秀/良好：个人层面系数100%； （2）合格：个人层面系数80%； （3）不合格：个人层面系数0%。 若各年度公司层面业绩考核达标，激励对象个人当年实际解除限售额度＝个人层面系数 × 个人当年计划解除限售额度
QBJT（上交所主板）	2017年3月10日	根据公司《考核办法》，各批限制性股票首个可解锁日前，董事会薪酬与考核委员会根据激励对象前一年度绩效考评结果，将激励对象划分为4个等级，其中个人绩效考核评分在60分以上（含60分）可解锁，具体可解锁比例如下： （1）工作考评得分≥80，年度可解锁股份比例为100%； （2）工作考评得分≥70，年度可解锁股份比例为90%； （3）工作考评得分≥60，年度可解锁股份比例为80%； （4）工作考评得分＜60，年度不能解锁股份
WEHC（深交所主板）	2017年2月13日	行权条件即激励对象个人层面业绩考核要求：根据公司《2017年股权激励计划实施考核管理办法》，激励对象在每一等待期对应的考核年度个人绩效考核达标

根据上述规定及案例，我们理解，拟上市公司实施股权激励计划的，也可以将个人考核情况作为激励股权授予条件、行权条件的考核指标，而且可以根据实际情况设定个人考核维度和具体考核方式。

第29问：如何设置差异化的业绩考核指标？

答：在股权激励中，设置考核机制尤为必要，这是真正发挥股权激励的激励效果的基础。基于股权激励对象在公司担任不同的职务，如果仅仅采用一套既定且不变的考核标准，往往不能满足股权激励的要求。在实践中，拟上市公司股权激励的考核指标涉及商业秘密，极少进行披露，但是根据目前上市公司的设置考核标准，不难看出在股权激励计划中设置差异化的激励条件是可行的。那么对于拟上市公司而言同样也可以设置类似的差异化的考核条件。部分具体案例情况，见表4-7。

表4-7 设置差异化业绩考核指标的案例

公司名称	披露时间	考核方式
JFJS（创业板）	2012年1月12日	公司主要从财务、客户、内部运营、学习成长4个维度设置考核指标和考核内容对激励对象进行考核。各项考核指标分别由相关部门提供考核数据。 **结合不同激励对象的管理层级、职位类别和主要价值贡献方式，进行不同的考核权重设置。** | 激励对象		财务维度指标权重	客户维度指标权重	内部运营指标权重	学习成长指标权重 | |---|---|---|---|---|---| | 高级管理人员 | | 60% | 20% | 10% | 10% | | 核心技术业务类 | 销售业务类 | 50%~60% | 20%~30% | 10%~15% | 10%~15% | | | 技术研发类 | 20%~30% | 20%~30% | 30%~40% | 10%~20% | | | 运营支撑类 | 10%~20% | 40%~50% | 30%~40% | 10%~20% |

· 109 ·

续表

公司名称	披露时间	考核方式
AJKJ（深交所主板）	2014年1月22日	公司主要从财务维度、关键绩效指标（KPI）管理维度、年度培训计划维度、部门协同效率维度4个维度设置考核指标和考核内容对激励对象进行考核。 结合不同激励对象的管理层级、职位类别和主要价值贡献方式、进行不同的考核权重设置。 | 序号	激励对象	财务维度	KPI维度	年度培训维度	部门协助维度
---	---	---	---	---	---
1	高级管理人员	60%	30%	5%	5%
2	中层管理人员、核心技术（业务）人员 / 销售业务类	50%	30%	10%	10%
3	技术研发类	30%	50%	10%	10%
4	运营支撑类	20%	60%	10%	10%	
PBS（上交所主板）	2013年1月25日	（1）集团总部各职能中心与事业部相关员工遵循不同的考核指标及标准。 （2）对集团总部管理序列1~5级员工的个人考核，以年度述职报告为主要考核依据。考核主体对考核对象的述职情况进行评价打分。对集团总部管理序列6~14级员工以及技术序列全体员工，由考核对象所在职能中心及事业部负责人根据《PBS管理序列6~14级人员和技术序列人员考核指导意见》进行个人考核

从相关案例不难看出，在设置股权激励的考核方式时，可以基于激励对象职务及所负责公司业务的不同而设置不同的考核维度，以达到准确、客观评价激励对象的目的。整个考核方法与维度的选取与公司自身的薪酬管理体系息息相关。通常而言，差异化考核可以从以下几个维度进行设置。

1. 核心董事、高级管理人员：综合考虑公司业绩、战略目标完成度（例如与上市进程相关的重要节点等）设定指标，并可以同时加入分管领域的业绩考核指标。

2. 核心技术人员：设置与技术人员相关的技术研发、产品研发进度，将其作为考核标准。

3. 公司的核心业务人员：常见的销售部、销售人员可以根据销售业绩情况设置考核指标；中后台部门可以根据工作时间、制度遵守、管理创新、协助合作等因素设置考核指标。

第 30 问：拟上市公司如何构建完善的考核程序？

答：为尽可能充分地发挥激励效果，拟上市公司应该坚持公正、公平、公开的原则，构建完善的考核程序。根据我们的经验，可以从如下几个方面着手建立和完善相关考核程序。

一、确定考核工作执行机构

一般而言，董事会负责股权激励计划的实施与执行，并由董事会或其下设的薪酬与考核委员会（如有）负责考核工作。同时，公司董事会可以根据考核指标的设定，组织公司人力资源部、经营管理部、计划财务部、研发部、市场部等相关职能部门人员配合实施考核工作。各个机构的责任和分工应当在股权激励的配套制度中作出明确规定。

二、细化考核工作主要流程

根据我们的经验，结合考核工作周期及考核内容的复杂程度实施考核，我们总结以下考核流程供参考。

1. 启动考核工作。在考核期限届满后，根据股权激励执行部门（如董事会）的组织安排，制定考核工作时间表，指定牵头人员（部门），并启动考核工作。同时，指定部门（如人力资源部门）向拟考核对象发送考核通知，并载明考核事项等。

2. 实施考核工作。根据考核规则的设定，公司各有关部门分别对考核指标进行填报。其中，涉及公司业绩指标方面，公司财务部门基于审计等结果，向考核工作牵头人员（部门）汇总公司业绩等方面指标；在涉及个人业绩等方面，结合销售、技术研发、人力资源部门等考核结果反馈情况，汇总个人业绩考核指标实现情况。

3. 与激励对象进行面谈。根据我们的经验，在考核过程中与激励对象进行交流和面谈是一项非常重要的工作。一方面，可以让决策层更清楚地了解到激励对象成就和不足背后的原因；另一方面，也可以听到激励对象对激励计划、对整个公司的意见和建议。从过往的情况来看，这往往是最能让激励对象直观感受到股权激励计划的存在以及其意义的环节。

4. 汇总考核结果并确认。由牵头人员（部门）对考核指标进行汇总，并对相关人员考核结果实现情况进行汇总、复核，将复核后的考核结果情况汇总后提交给公司股权激励执行部门（如公司董事会）。由该部门根据股权激励计划管理办法的规定，对考核结果予以最终确认、发布，并根据结果实施或调整股权激励安排。

三、建立考核申诉机制

若激励对象对考核结果存有异议，应当允许其可在考核结果公布之日起一定期限内向考核执行机构提出申诉。考核执行机构接到申诉后，应在一定期限内根据实际情况对考核结果进行复核，并根据复核情况作出维持考核结果、变更考核结果的结论，同时向激励对象予以充分说明。

四、考核结果存档

在每次考核程序结束后，相关考核执行机构均应将相关资料、记录进行存档。一方面，资料存档是对考核工作的留痕处理，以便工作溯源；另一方面，资料存档也有利于公司考核工作经验的积累、总结，以便不断细化、优化考核流程。更重要的是，在上市背景下，所有这些考核的痕迹都可能是未来进行信息披露，甚至应对监管部门审核和检查的重要底稿。

第31问：上市前实施的股权激励计划中的相关考核及回购机制可以延续到上市之后吗？

答：对于拟上市公司来说，设置一个合理的、足以有效考察激励对象的考核及回购机制并非易事，须考虑诸多因素并进行若干复杂程序。因此，对于拟上市公司来说，在上市后将相关机制延续下去是否具备一定的可行性呢？在注册制推行前后，实践中对该问题还存在不一样的理解。

一、早期实践中对该问题的理解

在审核制之下，对于发行人在上市前实施的股权激励计划在上市后继续执行相应业绩考核机制的问题，中介机构的理解和把握可能会更加保守；其一般会建议发行人在上市申报之前终止相关业绩考核及回购机制，明确将相关激励股权落实到各个激励对象名下，以论证发行人的股权权属清晰。这也是中介机构在审核制之下结合当时的规则及案例作出的判断。

从规则层面上说，《首发办法》自2006年发布实施至《注册管理办法》2023年公布之前，历经2015年、2018年、2020年、2022年4次修正，但其对股权权属清晰的表述一直未发生变更："发行人的股权清晰，控股股东和受控股股东、实际控制人支配的股东持有的发行人股份不存在重大权属纠纷。"对于股权清晰的认定，实践中往往采用扩大化的理解，即股权权属清晰不局限于控股股东、实际控制人及其一致行动人持有的股份不存在重大权属纠纷，核查及发表意见的范围进一步扩大到全体股东。发行人上市前实施的股权激励计划在上市后继续执行相应业绩考核机制的，可能会涉及相应股权回购情形，从而导致发行人股权结构不稳定且可能存在潜在纠纷，不利于论证股权权属的清晰性，因此中介机构往往对该问题的理解和把握更加保守。

从案例层面上说，在股票发行注册制试点前的YJH案例十分具有代表性，其反映了中介机构在早期实践中对该问题的理解。该公司在上市前制订了相关股权激励计划及《股权激励对象认定办法》《绩效管理制度及考核实施细则》等配套规则，截至公司上市申报之前，该等规则仍在实施之中。对于该事项，发行审核部门则重点关注三大问题：其一，相关股权激励规则是否会与《上市公司股权激励管理办法》相冲突；其二，前述安排是否影响发行人股权稳定或导致股权不清晰；其三，前述安排是否违反有关实际控制人股份锁定、减持、回购等方面的规定及承诺。最终该公司在审核过程中召开股东大会、董事会，审议终止了股权激励计划及相关配套规则，将相关股权落实到各个激励对象的名下。

二、注册制背景下对该问题的理解

在全面实行股票发行注册制改革的今天，或者说早在科创板注册制试点之时，市场主体对于题述问题的理解也在悄然发生变化。

（一）从规则层面上分析

现行法律法规并未明确限定发行人在上市前实施的股权激励计划不得在上市后继续进行业绩考核。但从发行人股权权属清晰性的理解和把握上来说，上市前实施的股权激励计划在上市后继续进行业绩考核的，涉及相关股权回购事项，是否会影响股权权属清晰性的论证呢？从《注册管理办法》及相关监管指引的规定来说，题述问题似乎也不应再构成股权权属清晰性的论证障碍。具体规则列示见表4-8。

表4-8 上市前实施的股权激励计划中的考核及回顾机制延续到上市之后的规则

规则名称	规则内容
《注册管理办法》	第12条 发行人业务完整，具有直接面向市场独立持续经营的能力： …… 发行人的股份权属清晰，不存在导致控制权可能变更的重大权属纠纷，首次公开发行股票并在主板上市的，最近三年实际控制人没有发生变更；首次公开发行股票并在科创板、创业板上市的，最近二年实际控制人没有发生变更； ……

续表

规则名称	规则内容
《证券期货法律适用意见第17号》	（二）首发申报前实施员工持股计划 1.发行人首发申报前实施员工持股计划应当符合的要求 发行人首发申报前实施员工持股计划的，原则上应当全部由公司员工构成，体现增强公司凝聚力、维护公司长期稳定发展的导向，建立健全激励约束长效机制，有利于兼顾员工与公司长远利益，为公司持续发展夯实基础。 员工持股计划应当符合下列要求： （1）发行人应当严格按照法律、行政法规、规章及规范性文件要求履行决策程序，并遵循公司自主决定、员工自愿参加的原则，不得以摊派、强行分配等方式强制实施员工持股计划。 （2）参与持股计划的员工，与其他投资者权益平等，盈亏自负，风险自担，不得利用知悉公司相关信息的优势，侵害其他投资者合法权益。 员工入股应当主要以货币出资，并按约定及时足额缴纳。按照国家有关法律法规，员工以科技成果出资入股的，应当提供所有权属证明并依法评估作价，及时办理财产权转移手续。 （3）发行人实施员工持股计划，可以通过公司制企业、合伙制企业、资产管理计划等持股平台间接持股，并建立健全持股在平台内部的流转、退出机制，以及所持发行人股权的管理机制。 参与持股计划的员工因离职、退休、死亡等原因离开公司的，其所持股份权益应当按照员工持股计划章程或者协议约定的方式处置。 …… 对于间接股东存在职工持股会或者工会持股情形的，如不涉及发行人实际控制人控制的各级主体，发行人不需要清理，但应当予以充分披露。 对于职工持股会或者工会持有发行人子公司股份，经保荐机构、发行人律师核查后认为不构成发行人重大违法行为的，发行人不需要清理，但应当予以充分披露。 ……

结合上述规定，我们理解，发行人上市前后持续性进行业绩考核的，并不会影响其股权结构清晰的认定。一方面，《注册管理办法》对于"股权权属清晰"的认定边界进一步明确，即不存在可能控制权导致变更的重大权属纠纷，以及公司实际控制人在一定年限内没发生变更。另一方面，《证券期货法律适用意见第17号》则明确规定了发行人实施员工持股计划的，可以建立健全持股在平台内部的流转、退出机制，而业绩考核及配套的回购机制本身也属于平台内部的流转、退出机制。因此，发行人在上市前实施的股权激励计划，在上市后继续执行业绩考核机制，在规则层面上已经具有初步的可行性。

（二）从案例层面上分析

经在公开信息披露渠道检索，我们注意到，实践中也存在发行人在上市后持续执行股权激励计划中的业绩考核机制的案例，该等案例主要来自科创板上市公司案例，具体情况见表4-9。

表4-9　上市后持续执行股权计划中的业绩考核机制的案例

序号	公司名称	披露时间	披露内容
1	MWSW（科创板）	2021年12月24日	截至招股意向书签署日，公司通过ZJJL和ZZTZ两个股权激励平台向员工授予2609.83万股股权激励。**本计划项下的激励对象服务期为授予日至2024年3月31日，服务期内，自2021年12月31日起，公司应于每个会计年度结束后的2个月内完成对激励对象前一考核期间的考核，并于每年3月31日前完成解除限制。如激励对象通过公司该考核期间的绩效考核，即可解除其持有的一定比例的限制性股权的处分限制，但仍应遵守本计划的限售期及减持安排；如未通过该考核期间的绩效考核或在完成解除限制日前离职，员工持股平台普通合伙人或其指定的有限合伙人按照授予价格回购该激励对象该考核

第四章 股权激励的业绩考核

续表

序号	公司名称	披露时间	披露内容
			期间原可解除限制的股权，激励对象应配合签署与激励股权回购的相关文件。 | 考核期间	考核通过后限制性股权占比	考核通过后非限制性股权占比	可解除限制股权占比
授予日至2021年12月31日	80%	20%	20%
2022年度	60%	40%	20%
2023年度	0	100%	60%	
2	ZXJT（科创板）	2022年6月20日	2022年1月24日，ZXJT召开董事会，审议通过《CQZXJTSWZY股份有限公司2022年股权激励计划》的议案。2022年2月8日，ZXJT召开2022年第一次临时股东大会，通过了《XCQZXJTSWZY股份有限公司2022年股权激励计划》的议案。 该计划项下的激励对象服务期为授予日至2024年12月31日，服务期内，自2022年12月31日起，公司应于每个会计年度结束后的2个月内完成对激励对象前一考核期间的考核。 如激励对象通过公司该考核期间的绩效考核，即可解除其持有的一定比例的限制性股权的处分限制，但仍应遵守本计划的限售期及减持安排；如未通过该考核期间的绩效考核，或在完成解除限制日前离职，员工持股平台普通合伙人或其指定的有限合伙人按照授予价格回购该激励对象该考核期间原可解除限制的股权，激励对象应配合签署与激励股权回购的相关文件。 该计划服务期及解除限制的具体安排如下。

· 117 ·

续表

序号	公司名称	披露时间	披露内容		
			考核期间	考核通过条件	考核期对应的激励股份解锁比例
			2022年1月1日~12月31日	自激励对象取得激励股份之日起服务期满12个月,且2022年度个人考核达到合格及以上	激励对象取得的激励股份的20%
			2023年1月1日~12月31日	自激励对象取得激励股份之日起服务期满12个月,且2023年度个人考核达到合格及以上	激励对象取得的激励股份的20%
			2024年1月1日~12月31日	自激励对象取得激励股份之日起服务期满12个月,且2024年度个人考核达到合格及以上	激励对象取得的激励股份的60%
			根据股权激励计划的要求,员工持有的限制性股权激励将分为20%、20%和60%共3个批次进行解锁,公司将在每个会计年度结束后的2个月内完成对激励对象前一考核期间的考核。对于每批解锁的股份,将在授予日至解锁日进行分摊。		
3	WGGK（科创板）	2021年6月25日	在锁定期内,对激励对象进行4期业绩考核,每期考核12个月,业绩考核分公司层面业绩考核与个人层面业绩考核。**未达到考核目标的激励对象所获授的份额由持股平台执行事务合伙人或其指定的第三人进行回购。**［回购价格=出资额+出资额×利率（单利8%）×出资天数÷365］		

续表

序号	公司名称	披露时间	披露内容
			<table><tr><td>考核期</td><td>考核期间</td><td>考核股份数量比例</td></tr><tr><td>第一期考核</td><td>2020年1月1日~12月31日</td><td>25%</td></tr><tr><td>第二期考核</td><td>2021年1月1日~12月31日</td><td>25%</td></tr><tr><td>第三期考核</td><td>2022年1月1日~12月31日</td><td>25%</td></tr><tr><td>第四期考核</td><td>2023年1月1日~12月31日</td><td>25%</td></tr></table>
4	WWMF（创业板）	2022年9月8日	员工离职后的处理方式如下： （1）上市申报前转让或退伙的，普通合伙人有权要求合伙人将其持有的出资份额转让给普通合伙人或其指定的其他人，转让价格以合伙企业最近一年度净资产所对应出资份额之公允价值确定。 （2）上市申报后成功前合伙人不得转让或退伙，如违反规定转让或退伙，普通合伙人有权在任何时期要求合伙人将其持有的合伙企业出资份额或激励股份转让给普通合伙人或其指定的其他人，转让总价格为人民币1元，该合伙人无权取得自被普通合伙人认定违反上述规定至转出份额之日期间自合伙企业分配的利润和基于合伙人身份取得的其他收益。 （3）上市成功后禁售期内退伙的，普通合伙人有权要求该合伙人将其持有的合伙企业出资份额转让给普通合伙人或其指定的其他人，转让价格以转让事项发生之日前20个交易日的公司股票均价所对应出资份额之公允价值确定。 （4）公司上市后，在不违反禁售期及内幕交易等相关规定及本协议约定的前提下，合伙人有权选择是否间接转让公司股份以实现激励股份的收益

上述案例中，相关上市公司均将股权激励计划中的相关业绩考核机制、回购机制贯穿于上市前后，并且成功获得上市或过会，这也印证了前述规则层面上分析的观点。我们理解，发行人在上市前实施的股权激励计划，可以在上市后继续执行业绩考核机制，暂不会构成IPO的法律障碍。

此外我们也注意到，前述涉及将股权激励计划中的相关业绩考核机制、回购机制贯穿于上市前后的案例主要是科创板上市公司案例，但这并不意味着该等案例不能为主板、创业板等其他上市板块所借鉴。一方面，虽然其他板块没有类似涉及业绩考核的案例，但我们也看到创业板部分案例（如WWMF）中，存在在股权激励计划方案中设置离职即回购的机制，本质上和业绩考核机制有共通之处。另一方面，在全面实行股票发行注册制改革的2023年，各板块的审核规则、审核指引等规定进行统一化，可以预见的是科创板上积累的相关审核实践经验也将会推广至各个板块。

第五章

股权激励的来源与数量

第 32 问：用于激励的股权有哪些来源？

答：拟上市公司实施股权激励计划，可选择的激励股权来源主要包括两种：一是公司向激励对象（或员工持股平台）发行新股；二是公司或原有股东向激励对象（或员工持股平台）转让老股。

从规则层面看，根据《公司法》第 162 条的规定，公司可以收购本公司股份用于员工持股计划或股权激励，这说明公司可以回购公司股权并向激励对象转让，将其作为激励股权来源。实践中，无论是增资的方式，还是老股转让的方式，都是股权激励的常见方式，见表 5-1。

表 5-1 增资和老股转让的案例

公司名称	披露时间	具体情况	股权来源
GGQT（科创板）	2023 年 8 月 10 日	2022 年 1 月，DQTCYH 和 DQTCEH 通过受让股份方式成为公司新股东。该次股权转让的主要背景和原因系公司对员工实施股权激励	激励对象通过员工持股平台间接受让原股东股权
WMNJ（创业板）	2023 年 8 月 9 日	2016 年 12 月 21 日，股东会作出决议，同意通过持股平台增资以及部分员工直接增资的方式实施股权激励；同意公司注册资本由 6800 万元增加至 7173 万元	激励对象通过员工持股平台间接向公司增资及直接向公司增资

此外，需要说明的是，这两种股权激励来源也存在一定的差异，在进行选择的时候要注意以下这些方面的问题。

第一，对原有股东股权比例的稀释方面。转让老股不会影响公司的注册资本和其他股东的出资比例，故不会稀释原有股东的出资比例。增发新股则相反，其会使得公司的注册资本增加，在原有股东的出资额不发生改变的前提下，原有股东的出资比例会被相应稀释。

第二，纳税义务方面。对于转让方而言，转让老股需缴纳所得税，而增发新股一般不涉及税款缴纳；对于作为受让方的激励对象而言，在激励股权受让价格低于公司股权公允价格时，无论是转让老股还是增资的新股均需缴纳相应个人所得税，但可在满足相应条件的情况下适用递延纳税政策。递延纳税的具体适用条件详见本书"第72问：激励对象如何才能享受递延纳税的优惠政策？"所述。

第三，资金路径方面。转让老股方式下，资金取得主体是转让方（通常是公司原股东，但如果采取公司回购股份再转让的方式，则资金的取得主体是公司）；增发新股方式下，资金取得主体是公司。因此，如果原有股东需要在上市前对部分股权进行套现，可以考虑采取转让老股方式；如果拟上市公司对于资金有需求，可以考虑采取增资的方式。

最后，在选择具体的激励股权来源时，还要结合公司当时的估值情况予以综合判断。譬如，在公司估值相对较高的时点进行激励，则通常采用增资新股的方式，以控制纳税成本。通常，在公司启动上市计划的背景下，公司的估值会逐渐得到较为充分的释放。因此，在越靠近上市申报的时候实施股权激励的拟上市公司，更多地会选择增发新股的方式，如 NTSW（科创板）、ZTXC（创业板）、SXSW（科创板）。

第 *33* 问：以增资的方式进行股权激励需要注意哪些问题？

答：根据《公司法》等法律法规的规定，对于以增资方式进行股权激励，其特点如下。

首先，增资会增加公司的注册资本，稀释原股东的股权比例，对于存在财务投资人股东的公司，存在触发投资协议中特殊条款的风险（但是一般来说，实践中通常会将"实施股权激励不触发反稀释条款"加入增资协议中），此时增资是否需要取得投资人单方面同意以及增资需要履行的程序，就需要根据投资协议中的约定来决定。对于存在国有股东的公司，增资也会引起国有股东持股比例的降低；国有股东的股权比例发生变动的，也可能需要根据其持股比例及相应国有资产监督部门的规定确定是否需要进行评估及办理评估备案。

其次，以增资扩股的方式进行股权激励时，增资款可以进入公司用于业务发展；对于以增资所获得的投资款，原则上不会产生股权转让所得相关税负。

因此，以增资进行股权激励是一种对拟上市公司而言较为友好的方式。在后续的上市审核中，监管机构的关注要点主要在于股权激励价格的公允性、增资款来源、该等事项是否涉及股份支付等事项，具体可参考表 5-2 案例。

表 5-2 以增资进行股权激励的审核关注重点

公司名称	披露时间	具体内容
NTG（创业板）	2022年2月9日	关注重点：股权激励涉及的股份支付权益工具的公允价值的确定依据及公允性。 经律师核查，2017 年 10 月，发行人对 WXJ 进行股权激励，WXJ 向发行人增资 27 万股，增资价格为 2.43 元 / 股；2017 年 11 月，发行人对部分员工进行股权激励，员工通过间接的方式获受发行人股份，转让价格为 2.43 元 / 股。上述股权激励前后 6 个月内，发行人仅在 2017 年 12 月进行过一次增资，发行人将该次增资价格 17.6 元 / 股作为公允价格确认股份支付金额具有合理性。 2018 年 12 月，发行人向部分员工进行股权激励，QXF 及其他员工通过直接或间接的方式获授发行人股份，均为 4.17 元 / 股。本次股权激励前后 6 个月内，发行人仅在 2019 年 3 月进行了一次增资，不存在其他股权变动的情形

续表

公司名称	披露时间	具体内容
DZSK（创业板）	2022年1月28日	关注重点：持股平台增资的资金来源，增资价格的公允性，是否需要做股份支付处理。 （1）ZXJX、ZXJX2向发行人增资的资金来源：根据ZXJX和ZXJX2最终出资的自然人股东分别出具的确认及承诺函以及相应的底稿文件，增资价款的资金来源均为最终出资的自然人股东**自有或自筹资金**。 （2）本次员工持股计划遵照市场原则确定员工入股价格，ZXJX、ZXJX2对DZSK本次新增股份结合评估结果最终以每股人民币6.9262元的价格认购，依据为公司2019年末经评估的股东权益。 以增资发生时最近一年的扣非后归母净利润来计算公司当时的市盈率倍数符合惯例，按照公司2019年经审计的扣非后归母净利润计算，本次增资入股的权益工具公允价值所对应的公司市盈率为12.07倍，属于合理水平

综合上述案例，我们可以看到，对于采取增资扩股的方式进行股权激励的案例，审核部门主要会关注增资是否履行了相应的法律程序、激励对象或持股平台的资金来源及其合法性、增资作价的公允性、是否涉及股份支付以及相关处理等。此外，审核部门也会对激励对象是否需要缴纳个人所得税进行关注，相关内容请参见本书第九章"股权激励的税务"。

第34问：以股权转让的方式进行股权激励需要注意哪些问题？

答：与增资不同，以老股转让的方式进行股权激励的，其资金将由激励对象或其持股平台直接支付给转让方。因此，有以下几个方面需要尤其注意。

一、个人所得税纳税义务产生的时间和扣缴义务人

根据《股权转让个税办法》的相关规定，以股权转让方式进行股权激励时，若股权转让方为自然人股东，其转让股权需要以股权转让收入减除股权原值和合理费用后的余额为应纳税所得额，按"财产转让所得"缴纳个人所得税。此时股权受让方即激励对象作为扣缴义务人应当于股权转让相关协议签订后5个工作日内，将股权转让的有关情况报告主管税务机关。由于转让方往往是实际控制人或者控股股东，这也就意味着实际控制人负有纳税义务，拟上市公司的股东即本次股权激励对象负有扣缴义务；前者大部分人都会意识到，后者则往往容易被忽略。在上市背景下，激励对象作为拟上市公司的股东，若其持有的拟上市公司股权比例较高，也可能引起监管部门的关注，因此需要重点注意。

同时在上市审核过程中，自然人转让股权是否缴纳个人所得税也是审核要点之一，尤其是转让方为控股股东或实际控制人的时候。若存在未实际缴纳个人所得税的情况，通常会要求转让方在公司申请IPO前进行补缴，或出具相应的承诺函在主管税务部门要求补缴时完成缴纳所得税的义务。总之，通过股权转让进行股权激励的纳税问题较为容易引起监管部门的关注，参见表5-3案例。

表5-3 通过股权转让进行股权激励的纳税问题的案例

公司名称	披露时间	具体情况
HBYT（创业板）	2022年9月16日	请发行人补充说明……激励对象是否已经按照税法相关要求履行纳税义务，请对纳税情况进行说明。 截至本补充法律意见书出具日，发行人激励对象均已出具书面确认：若本人因参与HBYTKJ股份有限公司股权激励计划或后续本人实际转让间接持有的HBYTKJ股份有限公司股权需缴纳个人所得税，本人将按照有关法律法规的规定及主管税务机关要求及时、足额缴纳相应税款；若因未依法缴纳相关税款导致HBYTKJ股份有限公司承担责任或

续表

公司名称	披露时间	具体情况
		遭受损失，则该等损失由本人足额承担。 同时，发行人实际控制人 YH 已出具载有如下内容的承诺：若发行人未履行代扣代缴义务，导致发行人承担相关责任或遭受损失，本人将及时向发行人补偿发行人所发生的与此有关的所有损失
JGKJ （科创板）	2021 年 12 月 7 日	请发行人说明：2015 年 2 月已落实股权激励并在工商显名的激励对象的基本情况，包括……税款缴纳…… ZYC 已缴纳转让股权相关的个人所得税。WXB 未缴纳转让股权相关的个人所得税，该员工已离职，且已出具承诺：若主管税务机关就上述股权激励过程中本人应缴纳但未缴纳/少缴纳的个人所得税追缴税款、滞纳金和/或罚款，本人承诺将无条件及时足额缴纳相关税款和/或费用……

二、股权转让对真实性、合规性的要求较高，需要加强对资金流水的核查

由于转让方大多数时候是实际控制人或者控股股东，因此上市前的这种转让容易引起存在股权代持的担忧。实际控制人和控股股东的股份锁定期为上市后 3 年，而激励对象的股份锁定期通常为上市后 1 年（在不存在突击入股或者其他承诺、约定更长锁定等情况下），这时是否存在通过股权转让的方式进行代持以规避上市后锁定期的情形，容易被监管部门重点关注。

因此，这就需要公司及股权转让双方做到价格公允、程序完善，并保留好相应的材料，如实披露以实施股权激励为目的的股权转让的原因、定价依据、纳税情况、资金流水情况（尤其注意），以及是否涉及股份支付以及股份支付的处理方式，等等。

三、预留股权的处理

还有一种较为特殊的情形，即某些激励对象出于各种原因需要退出激励计划，此时该激励对象所持有的激励份额往往就需要以股权转让的方式转让给公司、GP 或某一 LP 名下。这种特殊情形下的股权转让，以及与之相应的预留股权的处理应该注意哪些问题，详见本书"第 37 问：股权激励时'预留股权'是否可行？"所述。

此外，实际控制人或者控股股东转让股权，有时还会引发关于其是否在上市前减持套现的猜测，进而不利于上市前的私募融资。所以总体来说，这种股权转让涉及较重的税务负担，容易引发诸多疑问。

但是，对于很多实际控制人而言，这可能是很无奈的选择——不少公司在引入投资人尤其是早期投资人的时候，往往在投资协议中约定了股权激励比例的上限，而且还规定该等股权激励只能从实际控制人所持的股权中转让，以免对投资人股权进行稀释。虽然很多处于初创期的企业在与投资人谈判时可能并没有太多筹码，但我们依然建议实际控制人在早期融资过程中尽量争取避免这种约定。

第 35 问：能否同时采取增资和股权转让的方式进行股权激励？

答：在股权激励的时候，能否同时以增资和股权转让的方式进行呢？

我们认为是可行的。首先，现行的法律法规并不禁止公司同时进行增资和股权转让。在实践中，也存在部分拟上市公司同时进行股权转让及增资的案例。不过，其原因及合理性可能会被监管部门关注，见表 5-4。

表 5-4　同时采取增资和股权转让的方式进行股权激励的案例

公司名称	披露时间	审核重点	具体回复
KWT（科创板）	2023年7月31日	DGH在WXGDL的持股演变情况，股权转让的原因、转让价格及公允性、资金来源及去向，DGH是否控制或曾经控制WXGDL，报告期内WXGDL及其关联方是否与发行人及其关联方、客户、供应商等存在直间接业务、资金往来	DGH本次转让及增资价格均为1.5472万元，因系实施股权激励，转让价格系参照WXGDL截至2013年12月31日经审计的净资产价格的6折定价，增资价格系参照WXGDL当时的净资产情况协商确定为1元/股
PGZN（创业板）	2022年3月30日	报告期内历次股份变动是否涉及股份支付，如是，披露会计处理情况	2019年10月，为引入财务总监，公司决定将实际控制人LYL持有的PGYX的1%股权（对应21万元注册资本）作价63万元转让予LW，转让价格为3元/注册资本。 2019年10月，为充分调动公司员工的积极性和创造性，公司决定设立员工持股平台进行股权激励。2019年10月31日，PGYX注册资本增加至2210万元，新增注册资本110万元全部由员工持股平台以330万元认缴，增资价格为3元/注册资本

续表

公司名称	披露时间	审核重点	具体回复
RNZN（创业板）	2021年10月14日	说明WZJ转让股权后，其配偶ZQ随即以高于WZJ转让股份的价格间接增资发行人的原因及合理性	WZJ、DJY均为公司核心技术和管理人员，进入公司较早，在公司业务和技术发展历程中，均发挥了关键作用。创业初期DJY并未获取股份，此次股权转让系创业团队内部协商确定。2016年12月，WZJ将其持有的公司4.40%的股权以1.74元/注册资本的价格转让给DJY，转让价格以公司截至2016年10月31日未经审计的净资产为估值基础，双方协商定价。此次股权转让，系公司创始团队基于各成员对公司发展的历史贡献，经协商一致对公司股权结构进行的调整。鉴于此次股权转让价款低于市场公允价值，出于谨慎考虑，公司于2016年将此次股权转让价款与经评估的市场公允价值之间的差额一次性确认为股份支付费用1008.51万元。 WZJ的配偶ZQ系公司员工，2016年12月通过受让持股平台RHY共10万元财产份额间接增资发行人。本次激励股权的授予价格为2元/股，系将公司截至2016年10月31日未经审计的净资产作为定价依据，并适当上浮。ZQ此次间接增资，系参与公司2016年员工股权激励。 综上，WZJ转让股权后，其配偶ZQ随即以高于WZJ转让股份的价格间接增资发行人，主要系参与公司2016年员工股权激励，具有合理性

续表

公司名称	披露时间	审核重点	具体回复
XYZX（创业板）	2021年11月15日	披露历次股权转让及增资所履行的法律程序，价款支付情况，股东资金来源及其合法性，历次股权转让及增资是否存在委托持股、利益输送或其他利益安排，是否为股东的真实意思表示，是否存在股权纠纷或潜在纠纷	2017年12月第四次增资，注册资本增至5095万元。TCKG、WKTZ以1元/股的价格分别认购2400万股、90万股。TCKG增资的背景为满足公司快速发展的需要，通过增资的方式补充公司的资金实力，同时，调整公司股权结构，LZQ、LYH二人增加通过TCKG间接持有发行人股权的持股方式；WKTZ增资背景为公司以WKTZ为员工持股平台实施股权激励，WKTZ增资取得发行人股权作为公司实施员工股权激励的股份来源之一。 2017年12月，公司股改设立后第一次股份转让。LZQ、LYH分别将其各自持有的发行人255万股以1元/股的价格转让给WKTZ，公司以WKTZ为员工持股平台实施股权激励，WKTZ以受让取得发行人股权作为公司实施员工股权激励的股份来源之一

综合上述案例，我们理解，对于同时采取增资扩股及股权转让的方式进行股权激励的情形，审核部门的主要关注点不仅在于这一方式的合法合规性，还包括：（1）股权转让及增资是否履行了相应的法律程序；（2）股权转让及增资价款的来源及其合法性；（3）股权转让及增资对应单价，是否涉及股份支付，是否涉及委托持股及利益输送；（4）股权转让及增资的合理性，是否存在股权纠纷。

第36问：同时采取增资和股权转让进行激励的，授予价格能否不同？

答：同时采取增资和股权转让的方式进行股权激励的，授予价格在具备合理性商业逻辑的前提下可以不同，具体可以参考表5-5。

表5-5 同时采取增资和股权转让的方式进行激励，授予价格不同的案例

公司名称	披露时间	披露情况	备注
NRZN（创业板）	2021年12月14日	WZJ、DJY均为公司核心技术和管理人员，进入公司较早，在公司业务和技术发展历程中，均发挥了关键作用。创业初期DJY并未获取股份，此次股权转让系创业团队内部协商确定。2016年12月，WZJ将其持有的公司4.40%的股权以1.74元/注册资本的价格转让给DJY，转让价格以公司截至2016年10月31日未经审计的净资产为估值基础，双方协商定价。此次股权转让系公司创始团队基于各成员对公司发展的历史贡献，经协商一致对公司股权结构进行的调整。鉴于此次股权转让价款低于市场公允价值，基于谨慎性，公司于2016年将此次股权转让价款与经评估的市场公允价值之间的差额一次性确认为股份支付费用1008.51万元。WZJ的配偶ZQ，系公司员工，2016年12月通过受让持股平台RHY10万元财产份额间接增资发行人。本次激励股权的授予价格为2元/股，系将公司截至2016年10月31日未经审计的净资产作为定价依据，并适当上浮。ZQ此次间接增资，系参与公司2016年员工股权激励。公司实施此次股权激励，按照员工工作年限、岗位、贡献度等选定激励对象范围，使激励对象能够分享公司发展壮大过程中取得的收益，同时也是对激励对象历史贡献价值的肯定。综上，WZJ转让股权后，其配偶ZQ随即以高于WZJ转让股份的价格间接增资发行人，主要系参与公司2016年员工股权激励，具有合理性	授予价格分别为1.74元/注册资本及2元/注册资本

在上述案例中，我们注意到，同次股权激励采取了股权转让及增资的方式，且价格并不一致。对此，发行人解释了相关理由，即虽然公司的股权转让和增资本质上都是为了激励公司员工，但是存在如下不同。

1. 决策形式不同。前次股权转让方式系创始团队内部持有股权的调整，将股权授予此前未享有公司股权的创始员工，由创业团队内部协商确定；稍后的增资系公司统一实施的股权激励计划，由公司召开股东大会审议通过。

2. 股份支付的处理方式不同。前次股权转让方式下因未对受让人作服务期要求，故一次性确认股份支付费用；稍后的增资方式因系公司统一实施的股权激励计划，按照授予日权益工具的公允价值与此次认购价格的差额728.56万元在服务期内分摊计入股份支付费用。

综上，我们理解，同时期股权转让及增资之价格是否保持一致、是否涉及利益输送系上市监管部门的常规关注问题；若二者定价并不完全一致，在存在合理商业解释的情形下，该等差异本身原则上对公司上市不构成实质性障碍。

第37问：股权激励时"预留股权"是否可行？

答：在上市前进行股权激励的时候，能否预留一些股权给未来可能加入公司的人员？这个问题相信许多公司都遇到过。要回答这个问题，需要针对不同的激励方式来分别讨论。

一、授予股权的情形

现行法律法规、规范性文件都没有禁止拟上市公司在股权激励时预留股权。我们理解，拟上市公司可以在股权激励计划中设置预留的安排。但是，根据预留股权的释放时间不同，在上市监管审核的过程中会面临不同的关注要点，或者形成不同的效果。

（一）预留股权在发行人申报前释放，可能构成突击入股

根据《监管规则适用指引——发行类第4号》《监管规则适用指引——关于申请首发上市企业股东信息披露》等相关规定，发行人申报前1年（12个月）新增股东，属于突击入股，需要重点核查。如新股东为法人，应披露其股权结构及实际控制人；如为自然人，应披露其基本信息；如为合伙企业，应披露合伙企业的普通合伙人及其实际控制人、有限合伙人的基本信息。发行人最近一年末资产负债表日后增资扩股引入新股东的，申报前须增加一期审计。如果预留股权的释放正好落入上述时间段，则对相关激励对象要按照上述标准进行核查和披露。

（二）预留股权不宜在发行人申报后释放

根据《证券期货法律适用意见第17号》等规定，发行人申报后通过增资或股权转让产生新股东的，原则上应当终止发行上市审核程序或者发行注册程序。如果预留股权的释放正好落入上述时间段，则可能造成发行人终止发行上市审核程序。因此，在申报后是不能释放预留股权的，换句话说，预留股权需要在申报前释放完毕。

（三）预留股权是否可以在上市之后释放

在上市之前制定并预留股权、在上市之后再释放，这一过程时间较长，具有较多不可控的因素，且可能与发行人股权的清晰、稳定的要求相背离；加之上市之后释放预留股权可能会受到锁定期及减持规则的限制，因此我们不建议预留股权在上市之后再释放。

实践中，申报前发行人预留的激励股权通常是处理完毕的，中介机构在核查的过程中亦翔实地披露预留权益的形成过程、预留权益的变动情况以及预留权益的处理情况，见表5-6。

表 5-6 预留激励股权处理情况的案例

公司名称	披露时间	披露情况	备注
YLZN（科创板终止审核）	2021年6月7日	《发行人及保荐机构审核问询函回复报告》 反馈问询：JZN 为股权激励员工代为持有的股权后续处理过程，是否存在争议或潜在纠纷。 回复：因公司确定通过间接持股的方式进行股权激励，2018 年 8 月 16 日，YLKYX 召开董事会，决议同意 JZN 将其持有的公司 39.3535 万元注册资本以转让总价 1 元转让给员工持股平台 QDYL（转让当时的合伙人为 JZN、LDP）。 为实施股权激励和调整股权激励计划之目的，2018 年 12 月 6 日，YLKYX 召开董事会，审议通过：（1）制定《QDYLK 股权激励计划》；（2）同意 JZN、LDP 按照工商比例实际持有相关出资额，并授权 JZN 或 LDP 自主根据股权激励计划约定的条件满足情况和具体股权激励实施方案的要求转让给激励对象，未实现激励部分的出资额由 JZN 或 LDP 持有，或按照公司董事会决定的调整方案作出调整。 据此，QDYL 已分别在 2018 年 12 月、2019 年 7 月实施股权激励。 2019 年 7 月，为进一步实施股权激励计划，JZN 将其持有的 QDYL 共 8 万元出资份额转让给 QDYJ。QDYJ 于 2019 年 7 月、2019 年 12 月实施股权激励。 根据相关方填制的调查表，JZN 为股权激励员工代为持有的股权后续处理过程不存在争议或潜在纠纷	上市审核监管部门对预留股权的情况给予关注

续表

公司名称	披露时间	披露情况	备注
YYJR（北交所）	2022年3月31日	员工持股平台历史上存在预留权益池的情况，已于2017年12月全部处理完毕。 （1）历史上预留权益池的形成过程 2014年12月8日，公司当时的唯一股东YYWL作出股东决定，同意通过《股权激励办法》。 根据《股权激励办法》，激励对象通过YRHL、YRLF间接持有公司股权，合伙企业以合伙人的全部出资对公司增资后，取得增资后公司20%的股权（对应公司注册资本1250万元），其4.46432%的股权（对应公司注册资本279.02万元，同时对应合伙企业财产份额279.02万元）作为预留股权授予未来的公司骨干人员；预留权益池在授出前由普通合伙人LY暂为持有，公司确定新的激励对象后，再由LY转让给新激励对象。 （2）预留权益池的变动情况 …… （3）预留权益池的处理情况 截至2017年11月末，预留权益池尚剩余财产份额10.55万元，2017年12月13日LY通过持股平台将预留权益池中剩余的10.55万元合伙企业财产份额对应股票在二级市场中卖出，预留权益池处理完毕。2018年4月，员工持股平台完成相应的减资工商变更登记	申报前已实现预留权益的处理，且详细披露了历史上预留权益池的形成过程、预留权益池的变动情况以及预留权益池的处理情况

续表

公司名称	披露时间	披露情况	备注
OSDQ（创业板）	2022年3月9日	发行人及保荐机构关于发行注册环节反馈意见落实函的回复：GHL作为XKTZ、THTZ的执行事务合伙人，在XKTZ及THTZ历史沿革中，其曾持有的XHTZ、THTZ出资份额中的部分出资份额系为WDL代持的持股平台员工预留股份。 截至2020年6月末，GHL已将其名下的XKTZ、THTZ全部代持出资份额转让给其他自然人，上述代持情形已彻底清理完毕。根据GHL及XKTZ、THTZ出具的确认函，自2020年6月末上述股权代持解除后，截至意见落实函回复出具之日，GHL及XKTZ、THTZ其他合伙人不存在股权代持情况	申报前存在股权激励的预留权益，审核监管部门可能会关注预留权益的清理情况

不过，亦存在例外情况，见表5-7。

表5-7 例外案例

公司名称	披露时间	披露情况	备注
NWKJ（科创板）	2021年6月3日	《招股意向书附录》 SZNY系发行人为实施员工股权激励之目的而设立的持股企业，除持有发行人股份外，无其他任何投资和经营业务。SZNB持有SZNY份额的原因是发行人除激励已持股的员工外，还预留了部分份额作为未来激励核心人员之用	申报前存在股权激励的预留权益，并未作清理

此外，我们发现拟上市公司子公司层面的预留权益是可以保留至发行人审核乃至上市之后的，见表5-8。

表 5–8　拟上市公司子公司预留权益可以保留至发行人审核乃至上市之后的案例

公司名称	披露时间	披露情况	备注
RYGF（创业板审核通过）	2022年3月18日	《招股说明书》 发行人子公司RYGCL的员工持股平台： 经公司董事会决议通过，RYGCL实施员工股权激励，公司将所持RYGCL共8%的股权分别转让给RYGCL设置的员工持股平台SHRG、SHRQ。本次被授予股权的员工将持有SHRQ的有限合伙人份额，并间接持有RYGCL的股权（相关工商变更手续正在办理中）；SHRQ普通合伙人所持合伙企业份额对应之RYGCL的股权、SHRG所持RTGCL的股权为预留股权。前述预留股权将自前述股权激励计划执行之日起5年内，根据RYGCL的经营发展状况、员工的个人考核情况以及对RYGCL经营的贡献程度等进行分配。超出5年未明确激励对象的，该部分预留股权失效，由发行人以受让的方式收回，预留股权在释放前不享有分红权	发行人子公司的员工持股平台可以预留权益并保留至发行人上市之后

二、授予期权的情形下

（一）申报前制定且于申报前实施完毕的期权激励

申报前制定且于申报前实施完毕的期权激励并没有特别的法律法规、监管审核政策方面的限制，与我们前文"（一）授予股权的情形"下的内容，以及本书"第6问：拟上市公司实施员工持股计划的，能否设置期权？""第13问：拟上市公司采取期权激励计划，如何设置行权期限？"部分提到的要求并无本质区别。因此我们理解，在实施过程中可以预留期权，但是应当考虑行权时间等因素，并在申报时详细披露期权激励的情况。

（二）申报前制定且于上市后实施的期权激励

根据《证券期货法律适用意见第17号》的相关规定，申报前制订且于上市后实施的期权激励计划不得设置预留权益。

案例层面，大部分公告的案例均属于上市前制订、上市后实施的期权激励，这些案例的信息披露和核查情况严格遵守法规的要求，未设置相关预留权益，见表5-9。

表5-9　未设置相关预留权益的案例

公司名称	披露时间	披露情况	备注
HDZZ（科创板）	2021年8月19日	发行人及保荐机构第一轮审核问询函的回复：发行人本次股票期权激励计划拟向激励对象授予460万份股票期权，涉及的标的股票种类为人民币A股普通股，占上市前公司股本总额的1.24%，且未设置预留权益。除本次股票期权激励计划外，发行人不存在其他在有效期内的期权激励计划。因此，发行人全部在有效期内的期权激励计划所对应股票数量占公司上市前总股本的比例未超过15%，且未设置预留权益	发行前制定、发行上市后实施的期权激励计划未设置预留权益
DZYY（科创板）	2021年5月20日	发行人及保荐机构回复意见：经公司股东大会审议批准，公司本次期权激励计划项下拟向激励对象授予的期权股份共计12,600,000股，占本次期权激励计划经公司股东大会审议批准时公司已发行股份总数的3.50%，激励期权已全部向激励对象授出，未设置预留权益。如果发生激励对象离职的情况，相关期权将被公司收回且不再对新的授予对象授出	同上

三、小结

综上，我们理解，对于预留股权的方案有如下几方面的关注要点。

1.申报前发行人对员工的预留权益通常是处理完毕的，处理的方式通常是转让给新加入的员工，如果份额确实发放不出去，可以由公司回购注销，或者直接由实际控制人或其他激励对象实缴出资，作为其激励份额。中介机构在核查的过程中亦要翔实地披露预留权益的形成过程、预留权益的变动情况以及预留权益的处理情况。不过，亦存在少数例外情况，即未将预留股权在申报前清理。

2. 尽管拟上市公司层面股权授予的预留权益在申报前通常释放或清理完毕，但是亦存在拟上市公司子公司层面股权授予的预留权益保留至发行人审核乃至上市之后的案例。

3. 上市监管审核部门可能会关注拟上市公司预留股权及之后释放股权的过程中股份支付是如何处理的。规则层面，根据《企业会计准则第11号——股份支付》（财会〔2006〕第3号）的规定，授予后立即可行权的换取职工服务的以权益结算的股份支付应当在授予日进行有关会计处理，而从案例情况来看，我们理解规则中的授予日在预留权益的情形下是指实际授予时再确认股份支付，而不是在预留权益时就进行确认股份支付的操作。

4. 对于发行前制定、发行上市后实施的期权激励计划，相关规则明确要求不得设置预留权益。

第38问：由投资人来"奖励股权"是否可行？

答：我们理解是可行的。从规则角度来看，现行法律法规没有禁止投资人给予激励对象"奖励股权"。从实践案例层面看，已有拟上市公司股权激励由投资人来"奖励股权"的先例，见表5-10。

表5-10 拟上市公司股权激励由投资人来"奖励股权"案例

公司名称	披露时间	披露情况
SYYL（科创板）	2021年2月21日	外部投资人QM5、TBTZ、XJTT曾决定以合计21.32%的股权对公司的经营层和员工持股平台NTCH进行股权激励，转让份额为1522.399万元，转让价格为0.001元/股（名义价格），激励对象均未就上述两次股权转让与公司签署过服务期限协议等特殊约定

我们承办的项目中，亦有拟上市公司与外部投资人在投融资交易协议中达成一致，同意公司在业绩达到一定水平的条件下，由投资人将一部分股权转让并作为公司骨干员工股权激励的份额，以此将外部融资的效果与股权激励的效果相结合。在投资人奖励条款的具体设定中可以明确届时投资人的股权转让价格、拟转让的股份总额以及激励对象的确定范围等内容。

因此，我们理解，投资人对拟上市公司员工进行奖励股权系基于投资人、公司及员工对公司股权分配的一种合意，只要具备商业合理性，不存在代持、利益输送等法律法规禁止的情形，并且予以充分披露，那么原则上不会对上市构成实质性障碍。

第39问：能否由原股东等比例转让股权给激励对象？

答：我们理解是可行的。从规则角度来看，现行法律法规没有禁止这种方式。从实践案例层面看，拟上市公司股权激励的来源系原股东等比例转让股权的实操案例并不少见，具体情况见表5-11。

表5-11 拟上市公司股权激励的来源系原股东等比例转让股权的案例

公司名称	披露时间	披露情况
DPL（创业板）	2020年5月5日	2017年和2018年，其他股东与CQS同时向YSTD（员工持股平台）等转让股权**主要系为避免对单一股东所持公司股权造成过度稀释**，经协商一致，按照原持股比例等比例对外转让股权；YSTD股东以自有或自筹资金支付股权转让款，不存在向实际控制人借款的情形
AJYL（科创板）	2021年4月28日	2016年，AJYX进入快速发展期，为更好地激励员工留住核心人员，共同实际控制人及经营层经与股东协商决定实施员工股权激励计划。首期员工股权激励计划通过设立有限合伙平台实施，股权激励的价格以2016年6月30日AJYX经审计净资产确定，授予方式为股东等比例向员工持股平台转让，原股东ZGCFZ、ZGCCY系国有企业未参与本次转让

续表

公司名称	披露时间	披露情况
SNDL（深交所主板）	2017年11月21日	发行人股东JTTZ、BWTZ和OSTZ均为发行人员工持股平台，除持有发行人股权外无其他股权投资行为。 公司管理团队共同商议并决定由所有显名股东和隐名股东向BWTZ和OSTZ转让同等比例的部分股权，用于激励新增和新晋骨干员工。对于OSTZ中的新晋骨干员工，原有股东按照再激励后应享有的股权份额比例与初始份额之间的差额转让份额，但转让定价依据一致

从案例情况来看，老股东协商一致同比例向员工持股平台转让股权，通常可以避免过分降低的摊薄影响控制权的认定。此外，公司老股东协商一致同比例向员工持股平台转让股权也可以保有原先的股权比例，不会对原先的股权结构造成太大的影响。但是值得注意的是，从AJYL的案例可以看出，在老股东同意同比例向员工持股平台转让股权的过程中，亦有部分老股东（两家国有企业）未参与相关股权转让，不过监管部分并未就该等情况进行问询。

综上，我们理解，由原股东等比例转让股权给激励对象作为股权激励来源，本身并不存在法律障碍。其注意要点详见本书"第34问：以股权转让的方式进行股权激励需要注意哪些问题？"所述。

第 *40* 问：预留股权不能授予的，应该归谁？

答：鉴于我国《公司法》不支持库存股的提法，故公司拟预留部分股权用于股权激励的，仍需要将该部分股权登记于某一股东名下，这也就形成了另类的股权代持关系。一方面，相关股东虽然在工商登记层面为预留股权的持有人，但其仅是该股权的名义持有人，并非对该股权享有权益；另一方面，该等预留股权尚未进行授予，没有明确的权益归属，也无法明确相关名义持有人具体是替谁代持该部分股权，换言之股权代持关系没有明确的相对方。那么，该预留股权未能完成授予的话，应当归属于谁呢？

一、从规则层面上进行分析

从规则层面上说，根据《公司法》第 56 条第 2 款规定，记载于股东名册的股东，可以依股东名册主张行使股东权利。该规定虽然载明名义股东亦可行使股东权利，但并未明确相关股权之归属。从外观主义的角度看，预留股权的代持人具有股东身份及其股东行为的对外效力；但是在股权代持的预留股权背景下，代持人并非该部分股权的实缴者，公司内部其他股东亦并未认可该代持人对该部分预留股权的股东身份，因此，该等股权的财产收益归属代持人缺乏相应法律依据，合理性亦不充分。

综上，将预留股权简单归属于代持人可能不尽合理，我们倾向于预留股权应归属实际权益人即实缴出资人。该观点可能需要检索相关案例进一步判断。

二、司法层面对相关代持人代持的预留股权归属的认定

关于预留股权及收益的归属问题，我们检索到一则司法案例，案涉公司数次通过内部决议将分红款形成股权预留份额，拟进行股权激励；随后，公司聘请了新的总经理，希望将该等预留股权从原代持人名下转移到新总经理名下，遂发生纠纷。该案经法院一审、二审判决[①]，该等预留股权在未分配前应当属于全体股东共有，而不属于原代持人所有，案例的基本情况及裁判理由摘要如下：

叶某主张预留股权是其实缴出资后用于激励员工而预留的股权，该股权应当由叶某独自享有。对叶某的上述主张，法院不予支持，理由如下：首先，经叶某签字确定的 2006 年《股东投资凭证领用表》《公司自然人股东投资确认表》载明，叶某的投资金额为 20 万元，而非叶某主张的 50 万元。叶某陈述其确认的是除预留股权之外的出资款，但根据查明的事实，上述股权

---

① 四川省高级人民法院民事判决书，(2022) 川 01 民终 1503 号。

所对应的出资系用该股权所应分配的利润完成实缴出资,叶某在相应的分红表、利润分配议案中审核签名,表明叶某对此并无异议。上述事实亦说明案涉股权的出资并非由叶某实缴。其次,叶某主张预留股权系其实缴出资后个人用于激励员工而预留的股权,在将上述股权实际用于激励员工前,该部分股权所对应的分红应当由叶某享有。但根据查明的事实,SLJW 公司对预留股权的分红单独列明,叶某也未领取该部分股权的分红。叶某主张部分"预留股权"以一元一股的价格卖给员工,也未提交证据证明受让员工向其支付了股权转让款。最后,从 SLJW 公司 2007 年、2008 年董事会决议的内容看,针对预留股权的分配及分配方案系由 SLJW 公司董事会进行决定,叶某对该预留股权并无个人处分权。综上,**案涉股权并非叶某实缴出资**,叶某对该部分股权不享有利润分配的权利及处分权。因该部分股权的出资实际由公司利润转为股本金,**一审法院认定该部分股权由 SLJW 公司全体股东共有,叶某代全体股权持有,符合法律规定及 SLJW 公司的实际经营情况**。

一审法院根据 SJLW 公司历次董事会决议分红表、利润分配议案等材料,采取与另案相同的核算方式,确定叶某代持的"预留股权"所对应的出资为 110.92 万元,叶某对此未提出反驳证据,对此二审法院予以确认。**因叶某系代全体股东持有 SLJW 公司"预留股权",现 WST 公司提起本案诉讼,要求按照其持股比例分割该部分共有股权,确认其对分割后的共有股权享有权益,并要求将分割后属于 WST 公司的股权登记在其自身名下,符合法律规定**,二审法院予以确认。

上述案例中,我们理解,司法机关认定预留股权归属时,可能会重点关注该预留股权的具体出资来源,并以此来判定归属。上述案例中,相关预留股权的出资来源是公司日积月累的分红款,并非由相关代持人实际出资,因此一审、二审法院认定该预留股权之权益归属于全体股东。

三、预留股权由相关代持人代持的,IPO 层面对其归属的认定

经在公开信息披露渠道检索,我们也发现有关代持形成的预留股权的

IPO 案例，对其归属的认定亦可窥见一二，具体案例情况如表 5-12。

表 5-12　代持形成的预留股权的 IPO 案例

公司名称	披露时间	披露情况
BFSY（创业板终止审核）	2022 年 11 月 4 日	35% 预留股权由增资完成后的全体自然人股东集体所有，未按照各自然人股东实际投入资金额确权至个人。北方公司办理工商变更登记时，预留股权由 YLC、GJF、LJ 作为名义持有人代持。因预留股权未确权至个人，前述股权代持中不存在明确的被代持人。

上述案例中，发行人对于预留股权归属的认定和前述司法案例类似，即认定为公司股东集体所有。此外，该案例中发行人亦将预留股权背景下的代持关系认定为一种非典型的情况，即股权代持中不存在明确的被代持人。

综上，我们理解，因预留股权产生的关系为一种非典型的"代持关系"，不存在明确的被代持人；我们亦倾向于将该等预留股权认定为归属于全体股东。我们理解，判断该等预留股权权属关系的关键在于其出资来源，若出资来源不明确或并非来源于激励对象，我们倾向于认为其归属于全体股东。在 OSDQ 案例中，招股书披露："GHL 持有的 30 万出资额中，有 16.5 万元出资额系替 WDL 代持的预留激励股权，实际由 WDL 出资。"在该等情况下，其出资来源清晰，权属关系较为明确，为典型的股权代持，自然亦无必要进一步讨论。

第 41 问：如何确定激励股权的整体授予数量？

答：上市公司对于股权激励计划所涉及的标的股份总额是有明确规定的。根据《上市公司股权激励管理办法》第 14 条的规定，上市公司全部在有效期内的股权激励计划所涉及的标的股票总数累计不得超过公司股本总额的 10%。

但与上市公司的规则不同,《公司法》《证券法》及相关上市规则并未对拟上市公司股权激励计划中的授予总量问题作出明确规定。结合近期的案例来看,授予数量比较灵活、弹性较大,既有激励股权比例较小的情形,也有激励股权比例较大的情形,见表 5–13。

表 5–13　确定激励股权整体授予数量的案例

公司名称	披露时间	员工持股平台	激励股权总量占比
HQJS（上交所主板）	2023 年 8 月 3 日	SHAQ 持股 35.21%、SHHX 持股 6.21%、SHQW 持股 6.45%、SHQD 持股 5.59%、SHQB 持股 6.07%、SHQX 持股 6.01%、SHQG 持股 5.78%、SHQD 持股 0.58%、SHQX 持股 1.11%、SHQF 持股 0.51%、SHQH 持股 0.98%、SHQW 持股 0.83%、SHQW 持股 0.45%	75.78%
MBGD（创业板）	2023 年 7 月 31 日	LQTZ 持股 37.07%、RGHH 持股 4.44%、LHHH 持股 4.44%	45.95%
WMS（科创板）	2023 年 7 月 21 日	BTE 持股 8.57%、TPS 持股 8.57%、STE 持股 4.27%	21.41%
BXWL（科创板）	2023 年 8 月 4 日	ZXH 持股 7.81%、ZXX 持股 3.30%、ZXH 持股 1.52%、ZXY 持股 1.25%、ZXC 持股 1.18%	15.06%
GGQT（科创板）	2023 年 8 月 10 日	DQTCTZ 持股 5.35%、DQTCYH 持股 1.85%、DQTCEH 持股 1.71%	8.91%
GBCW（科创板）	2023 年 8 月 11 日	LCHY 持股 2.09%、LCHZ 持股 0.74%	2.83%

根据上述规定及案例,我们认为,拟上市公司股权激励计划中激励股权授予总量暂无明确要求,公司确定激励股权的授予数量时,可以着重考虑以下因素。

一、公司利润规模

确定激励股权授予数量,首先要考虑公司利润规模,避免因实施股权激励计划产生的股份支付影响公司的利润水平,进而影响发行条件。

二、授予价格

在公司利润规模一定的前提下,授予价格将会很大程度上决定授予的数量。价格越优惠、与公司股权公允价格之间的差距越大,公司所能授予的数量就越少,反之亦然。

三、公司控制权的稳定性

拟上市公司实施股权激励计划将增资新股作为激励股权来源的,则激励股权的授予会稀释原有股东股权比例。即便以股权转让的方式授予,通常而言也是从控股股东处转让出去的(例如,有些私募股权投资人会在投资协议中约定一定的股权激励上限,同时要求在该范围内的激励股权只能由控股股东或者其他股东以转让的方式授予激励对象,以避免对投资人的稀释),会进一步降低控股股东的持股比例。我们通常建议,在上市前实际控制人能够控制的表决权比例最好能够维持在 50% 以上。因此,激励股权的授予数量要考虑原有股东股权稀释程度及控制权是否稳定等问题。

四、同行业情况及人力资本依附性

公司在确定激励股权数量时通常也要考虑同行业竞争对手公司的情况以及公司本身的人力资本依附性。对于人力资本依附性较强、同行业人才竞争激烈的领域,公司可以考虑适当增加激励股权的授予数量,使得公司保持竞争力。

五、公司薪酬体系

一般而言,薪酬体系和股权激励计划共同构成公司的员工激励体系,二者应整体看待、不可偏废,因此股权激励数量应当与公司薪酬体系挂钩,不同级别的员工对应不同级别的授予数量,避免激励对象因为激励股权过多或过少而丧失"奋斗者"心态。

六、为进一步实施股权激励留足空间

通常情况下,大部分公司的股权激励不会仅实施一次,而会随着公司的发展而多次实施,上市后可能还需要持续实施。因此,激励股权授予数量的确定,应考虑到为之后股权激励计划留足空间。

需要特别说明的是,本问题主要涉及非国有企业的拟上市公司情形,国有拟上市公司的激励股权授予数量问题,详见本书"第98问:非上市国有企业实施股权激励,对授予数量有什么要求?"所述。

第42问:如何确定每个激励对象的授予数量?

答:对于上市公司股权激励计划所涉及的每个激励对象的授予数量是有明确规定的。根据《上市公司股权激励管理办法》第14条的规定,非经股东大会特别决议批准,任何一名激励对象通过全部在有效期内的股权激励计划获授的本公司股票,累计不得超过公司股本总额的1%。但与上市公司的规则不同,对于拟上市公司而言,尚未有法律法规、规范性文件对每个激励对象的授予数量作出明确的限制,因此拟上市公司在确定每个激励对象的激励股权数量时有较大的自由度。此处暂不考虑国有企业股权激励对个别激励对象激励比例的限制要求。

我们理解,拟上市公司可以通过多种指标如激励对象的工作职级、岗位价值、工作年限、考核业绩等,衡量激励对象对公司的贡献度,并以此来确定每个激励对象的授予数量。从实操层面来看,拟上市公司在申报文件中详细披露每个激励对象授予数量依据的案例见表5-14。

表 5-14　拟上市公司在申报文件中详细披露
每个激励对象授予数量依据的案例

公司名称	披露时间	每个激励对象授予数量的依据	单个对象被授予的股权数量
BFCL（创业板）	2023年4月13日	本次激励对象为 MHF、XH、ZZY 和 WJ 共 4 人，综合考虑本次激励目的、公司所处行业、对公司重要影响或贡献程度、任职年限等因素，经协商确定为 2.70 元/出资份额	在持股平台中，MHF 持股 13%、XH 持股 8.8%、ZZY 持股 8.2%、WJ 持股 8.0%
QBXC（深交所主板审核通过）	2023年3月21日	公司设立 YLHH 和 QBHH 作为员工股权激励的持股平台，分别于 2020 年 12 月和 2021 年 4 月对公司进行增资，激励对象包括管理层和核心骨干，综合考虑激励对象的职位、入职年限、岗位贡献等因素，TLHH 和 QBHH 增资价格分别为 1 元/注册资本和 3 元/注册资本	根据员工职位不同以及对公司的贡献不同，激励股权数量为持股平台股份比例的 0.4% 至 13.0% 不等

同时，上市公司公告的股权激励方案中确定每个激励对象授予数量的依据亦可作为参考，具体情况见表 5-15。

表 5-15　上市公司公告的股权激励方案中
确定每个激励对象授予数量的依据

公司名称	披露时间	每个激励对象授予数量的依据
NFLJ（上交所主板）	2022年10月26日	公司股权激励以自愿参与为原则，参与员工持股计划优先考虑符合以下标准的员工：（1）部门经理以上任职的员工；（2）在公司任职 5 年以上的员工；（3）在公司中表现优异，有突出贡献的员工；（4）公司核心骨干岗位员工；（5）为公司发展引进的重点人才。 认缴的出资额主要由其对公司业务的贡献度、岗位重要性、在职时间，结合该个人资金实力及认缴意愿的结果综合确定。具体情况如下：（1）该人员对公司业务的贡献度。通常

续表

公司名称	披露时间	每个激励对象授予数量的依据
		岗位负责工作内容较重要、岗位级别较高的人员认缴的出资额多于岗位负责工作内容较少、级别较低的人员。（2）该人员的在职时间。在级别相同的情况下，通常在职时间较长的人员认缴的出资额多于在职时间较短的人员。（3）该人员的资金实力及认缴意愿。公司主要根据该人员对公司业务的贡献度、在职时间确定合伙人可以认缴的出资份额，但每位员工的具体认购数量由员工根据个人的资金实力及认缴意愿自主决定。公司在结合相关人员资金实力及认缴意愿后，最终确认合伙人名单及各员工认缴份额
HPKJ（深交所主板）	2022年8月22日	为进一步建立和完善员工与所有者的利益共享机制，促进公司长期、持续、健康发展，公司综合考虑员工的职位、工作年限、历史贡献等因素，制订股权激励方案
LHHX（深交所主板）	2022年8月11日	综合考虑员工的历史贡献、未来贡献以及限制性股权的特点，参考上市公司关于股权激励的相关规定确定每股价格。为激发员工的潜力和创造力，同时在充分保障公司利益的前提下，按照收益与贡献、权利与义务对等的原则，激励对象获授条件及数量具体根据人员级别、入职时间、目前的贡献以及未来的贡献等确定
HGKJ（创业板审核通过）	2022年6月22日	公司为了吸引和留住公司核心骨干员工，鼓励员工为公司提供长期服务，伴随公司成长并分享公司发展成果，将员工个人利益与公司利益结合起来，促进员工注重公司的长期发展。根据员工业绩贡献、入职年限、职位、工作态度等评价维度，确定股份分配额度，充分体现贡献和收益的公平性原则

因此，我们理解，为了发挥股权激励的最大效用，激励对象对公司的贡献和授予的激励份额数量应该呈正相关，可以参考激励对象的工作职级、岗位价值、工作年限、考核业绩等确定其对公司的贡献度。

即便如此，公司和实际控制人也应当认识到，很难有一种绝对精确的计算公式，得出一种绝对公平的结果；即便有，在整个计算、分配过程中可能也会形成很高的成本，而这本身又与股权激励降本增效的基本原则相斥。所以，我们通常建议公司以"小步快跑"的方式实施多轮次的股权激励，即便某一次存在些许不尽如人意之处，那么也能在下一次弥补回来，这样能够从整体上实现激励效果、效率与公平的动态均衡。

第六章

激励股权的价格

第43问：授予价格能否参考公司估值进行定价？

答：拟上市公司向激励对象授予激励股权时，可以公司估值作为激励股权价格的定价依据。

从规则层面看，《公司法》、《证券法》及相关上市规则未对拟上市公司股权激励计划中的激励股权授予价格作出明确规定。

从案例层面看，实践中拟上市公司实施股权激励计划时，按照公司估值来确定授予价格的案例并不鲜见，具体情况见表6-1。

表6-1 按照公司估值来确定授予价格的案例

公司名称	披露时间	具体情况	授予价格定价依据
GGQT（科创板）	2023年8月10日	发行人历次激励股权价格与同期外部投资者进入价格相同，授予价格公允	外部投资人增资价格
BYJS（科创板）	2022年9月20日	公司参照这两次股份授予日同期或近期的外部投资者的增资价格确定授予日股权公允价值为20.15元/股，授予股份公允价值与员工激励股权授予价格之间的差额确认为股份支付费用	外部投资人增资价格

事实上，参考公司估值是拟上市公司确认激励股权授予价格的常见定价依据，也是目前监管层比较认可的方式。我们认为，该种定价方式的优势在

于其充分利用了投资机构的专业判断，避免了公司自行估值的复杂性，一定程度上能够反映公司现阶段真实的市场价值，定价公允性高，此后可能产生的股份支付成本相对较低。

此外，对于一些特殊类型的激励对象（并非拟上市公司的员工），其定价更应该尽可能参照公司估值来公允定价。例如，如果激励对象中包含了拟上市公司股东的高级管理人员，若对其授予价格较之公允价格有较大的折扣，则在后续IPO审核过程中可能会被质疑合理性及原因。因此，我们建议在类似情况下应尽可能按照市场公允价值入股，否则在后续审核过程中可能需要股东以额外支付补偿费用等方式进行补救。

例如，2021年1月上市的科创板公司TNGF，其搭建的控股股东员工持股平台CXYR和5个发行人员工持股平台，于2019年6月以7.69元/股的价格同时入股。2019年6月，4家机构投资者以12.80元/股的价格增资入股，5个发行人员工持股平台进行了股份支付处理。根据相关反馈回复公告，监管部门明确质疑"控股股东员工持股平台CXYR增资价格较机构投资者增资价格较低的原因及其合理性，是否损害了发行人及其他股东的利益及补偿措施"。为此，在2020年5月反馈回复期间，发行人就其控股股东员工持股平台间接认购发行人股份价格（7.69元/股）与同期第三方投资人认购公司股份价格（12.80元/股）之间的差额部分对发行人进行补偿，合计补偿金额为564.42万元。

另外，参考公司近期融资估值确定的投资人入股价格来确定激励股权的授予价格，要充分考虑融资估值及投资人入股价格中的风险溢价因素。例如，投资机构入股经常伴随业绩对赌、随售权、连带并购权、优先清算权、反稀释权、重大事项一票否决权等特殊权利安排。因此在实践中，通常需要结合前述各种因素在投资人入股价格的基础上进行一定程度的折价，确定最终的激励股权价格。

需要特别说明的是，本问主要涉及非国有企业拟上市的情形，国有拟上市公司的激励股权授予价格问题，详见本书"第97问：非上市国有企业实施股权激励，对授予价格有什么要求？"所述。

第44问：授予价格能否参考公司净资产进行定价？

答： 拟上市公司向激励对象授予激励股权时，可以参考公司净资产进行定价。

从规则层面看，《公司法》《证券法》及相关上市规则未对拟上市公司股权激励计划中的激励股权授予价格作出明确规定。

从案例层面看，实践中拟上市公司实施股权激励计划时，参考公司净资产来确定授予价格的案例并不鲜见，具体情况见表6-2。

表 6-2 参考公司净资产来确定授予价格的案例

公司名称	披露时间	具体情况	授予价格定价依据
DHRJ（创业板审核通过）	2023年4月4日	增资的价格系参照本次增资前DHYX的净资产及股权激励因素并经协商确定。于2017年度确认股份支付金额为1530.41万元	公司经审计的净资产值并结合股权激励因素确定
KWT（科创板）	2023年7月31日	本次转让及增资价格均为1.5472万元，因系实施股权激励，转让价格系参照无锡GDL截至2013年12月31日经审计的净资产价格的6折定价，增资价格系参照无锡GDL当时的净资产情况协商确定为1元/股	公司当时经审计的净资产值
YFRJ（科创板）	2022年12月7日	根据年末每股净资产0.69元，《股权激励方案》确定股权转让价格为1.00元/注册资本，定价具有合理性	年末每股净资产值
XJF（创业板）	2022年9月1日	转让价格根据届时发行人最近一个会计年度经审计净资产的公允价值以及股权激励对象的持股份额确定	最近一个会计年度经审计净资产的公允价值

续表

公司名称	披露时间	具体情况	授予价格定价依据
KGJJ（创业板）	2022年7月27日	本次对获得股权激励的员工进行激励，并根据KGYX经审计的年末净资产情况即1.50元/实缴资本确定转让价格	经审计的年末净资产情况

根据上述规定及案例，我们认为，拟上市公司向激励对象授予激励股权时，可以参考公司净资产值对授予价格进行定价。值得注意的是，在此种定价方式下，员工参与股权激励计划需要支付的价格可能较低，使公司面临较大的股份支付压力，例如上述DHRJ案例，以公司净资产值结合股权激励因素定价，授予价格低于根据公司净资产值确定的每股价格，故股份支付总金额为1530.41万元，这会直接影响公司利润；另外，以低于公允价值的价格授予，也会增加员工需支付的个人所得税。因此若采用参考公司净资产值的定价方式，拟上市公司需要权衡上述利弊。

需要特别说明的是，本问主要涉及非国有企业拟上市的情形，国有拟上市公司的激励股权授予价格问题，详见本书"第97问：非上市国有企业实施股权激励，对授予价格有什么要求？"所述。

第45问：授予价格能否按照注册资本金额进行定价？

答：拟上市公司向激励对象授予激励股权时，可以按照公司注册资本金额进行定价。

从规则层面看，《公司法》《证券法》及相关上市规则未对拟上市公司股权激励计划中的激励股权授予价格作出明确规定。

从案例层面看，根据我们检索的案例情况，实践中拟上市公司实施股权激励计划，按照公司注册资本金额来确定授予价格的案例并不鲜见，具体情况见表6-3。

表 6-3 按照公司注册资本金额来确定授予价格的案例

公司名称	披露时间	具体情况	授予价格定价依据
ZJRT（上交所主板）	2023年7月25日	以注册资本为依据对财务负责人进行股权激励，按照注册资本作价，授予价格为1.00元/注册资本	1.00元/注册资本
HSH（深交所主板）	2022年9月20日	本次股权转让具有股权激励的性质，为了对员工进行有效激励，确定本次股权转让的价格均为1.00元/注册资本。公司对本次员工入股事项进行了股份支付处理，考虑公司当时的业务发展预期，以2017年净利润（不考虑股份支付成本）为基础，按照8倍市盈率计算，因该项股份支付，计提管理费用9591.88万元	1.00元/注册资本
PGZN（创业板）	2023年6月19日	公司处于业务起步期，经各方协商确定，本次激励股权授予价格为1.00元/注册资本	1.00元/注册资本
RQKJ（创业板）	2023年3月31日	向高级管理人员WGJ实施股权激励，授予价格为1.00元/注册资本，低于公允价格，构成股份支付	1.00元/注册资本

根据上述规定及案例，我们认为，拟上市公司向激励对象授予激励股权时，可以按照公司注册资本金额对授予价格进行定价。

此外，我们认为，拟上市公司应当审慎按照注册资本金额来确定授予价格。公司选择该种定价方式，若激励股权市场公允价值较高，公司可能因此承担高额的股份支付费用并直接影响公司当期净利润，例如上述HSH案例，按照1.00元/注册资本设定激励股权授予价格，导致股份支付费用高达9591.88万元。因此，实践中如果选择该种定价方式，往往也是处于初创时期或者IPO报告期之外。

需要特别说明的是，本问主要涉及非国有企业拟上市的情形，国有拟上市公司的激励股权授予价格问题,详见本书"第 97 问:非上市国有企业实施股权激励,对授予价格有什么要求?"所述。

第46问:能否向激励对象无偿授予激励股权?

答: 关于拟上市公司无偿向激励对象授予激励股权的情形,虽然现行规则未明确禁止或限制,但是通常不建议拟上市公司这样操作。

从规则层面看,《公司法》《证券法》及相关上市规则未明确限制公司向激励对象无偿授予激励股权事宜。但从公开信息披露渠道的检索结果看,我们暂未发现有关拟上市公司向激励对象无偿授予激励股权的案例。此外,从实际操作层面来看,无偿授予激励股权也可能存在以下问题。

第一,若拟上市公司向激励对象授予的激励股权来源为增资的新股,则公司向激励对象无偿授予激励股权时,激励对象可以不用向公司实缴出资。该情形将导致公司实缴资本不充实,违背资本充实性原则。因此,拟上市公司采取增资方式实施股权激励计划的,可能无法以无偿的价格授予。

第二,若拟上市公司向激励对象授予的激励股权来源为转让的老股,则公司向激励对象无偿授予激励股权时,激励对象可以不向相关转让方支付股权转让价款。但根据我们的经验,零对价转让股权的行为在办理工商登记时可能面临工商、税务等机构的质疑,要求专门说明原因。此外,从无偿转让公司股权的表现形式看,该情形可能因为具有股权代持的表现特征而被认定为激励对象与转让方可能存在代持关系,这不利于公司股权权属清晰的论证。

第三,向激励对象无偿授予激励股权是一把双刃剑。一方面,激励对象无须支付任何成本,无偿获授激励股权,激励对象往往会产生较强的获得感;另一方面,公司向激励对象无偿授予激励股权,可能会使激励对象对公司价值产生错误的评估或预判,从而影响股权激励计划的激励效果。

第四,公司向激励对象无偿授予激励股权,可能会导致公司承担较大的股份支付费用，可能会影响公司利润水平，从而对公司的 IPO 计划造成影响。

第五，所得税问题。一方面，对于股权转让方来说，若无偿转让激励股份，则有可能被主管税务机关认定为股权转让收入明显偏低，进而核定股权转让收入，从而导致所得税成本不可控；另一方面，对于激励对象来说，若无偿受让激励份额，无论是从本次获授激励股权产生的个人所得税而言，还是从未来减持时可能需要缴纳的个人所得税而言，都是更重的税务负担。换句话说，双方可能都要多交税。

所以，公司方面看似"好意"的无偿授予行为，可能在成本上不划算，在效果上也不太好，在合规性方面也存在瑕疵。综上，我们不建议拟上市公司以无偿的方式授予激励股权。

第 47 问：激励对象认购激励股权的资金来源，应关注哪些问题？

答： 激励对象参与拟上市公司股权激励计划的资金来源一直是 IPO 审核时的重点关注问题。根据我们的经验，不少案例中监管部门都重点关注了激励对象认购激励股权的资金来源及合法性、公司及其关联方是否存在提供借款的情况、是否存在代持行为等问题，例如 YGXC、JSKJ、MRHD、DPKJ、BFNY 等案例，具体论述如下。

一、资金来源是否合法

激励对象，尤其是管理层或核心员工入股，应能充分说明其资金来源合法。激励对象的资金来源可以是其可证明的自有合法收入或合法借款（包括来源为亲属的借款、来源为控股股东的借款等）。若资金来源为激励对象自身或者家庭的积累，证券监管部门可能会关注激励对象及其家庭是否有能力承担、担任职务与出资金额之间匹配关系等问题。详见表 6-4。

表 6-4 资金来源的审核关注点及具体回复

公司名称	披露时间	审核关注重点	具体回复
SZTM（创业板审核通过）	2023年6月26日	说明上述股权激励过程中**员工出资来源**，结合员工向实际控制人借款期限、利率、归还情况等说明员工出资是否实际均来自发行人的实际控制人，是否存在代他人持有发行人股份的情况	上述股权激励过程中员工出资来源，员工出资并非均来自发行人的实际控制人，不存在代他人持有发行人股份的情况；上述股权激励过程中员工出资主要来自**自有资金或亲朋及银行借款**，部分员工因经济压力较大，除通过上述方式自筹款项外，还存在向实际控制人进行借款的情况
JYKJ（创业板审核通过）	2023年6月15日	说明历次股权激励的具体情况，包括激励对象、**出资来源**、入股价格、股份公允价格及确定依据等	持股平台各合伙人的出资均为自有资金或自筹资金。自有资金包括个人薪资、家庭积蓄、投资理财等收入；自筹资金包括亲友借款、金融机构贷款

二、资金是否来源于拟上市公司、大股东以及实际控制人

现行规定并未对参与拟上市公司股权激励计划的激励对象的资金来源做出明确限制，《公司法》第 163 条甚至规定，公司实施员工持股计划的，公司可以向激励对象提供财务资助。考虑到激励股权往往价格不菲，因此实践中拟上市公司、大股东以及实际控制人向激励对象提供借款亦是资金来源选项。从 IPO 审核的角度来看，公司向激励对象提供借款，可能会引起审核部门关于公司向激励对象进行利益输送，或者激励对象侵占上市公司利益的质疑。同时公司有闲置资金向激励对象提供借款，其融资必要性亦可能受到质疑，尤其是可能会影响到上市前的私募融资的估值和融资金额。因此虽然拟上市公司向激励对象提供借款并不被禁止，实践中也存在这样的案例，但是我们通常不建议这样操作。大股东及实际控制人向激励对象提供借款，虽不会存在前述可疑情形，但亦可能引起审核部门关于激励对象与大股东、实际

控制人是否存在代持关系的关注，具体论证请见下文。

三、是否存在代持行为

事实上，该问题系大股东、实际控制人向激励对象提供借款问题的衍生。大股东、实际控制人向激励对象提供借款，激励对象认购相关激励股权，从表现形式上看这类似于股权代持的特征，因此相关审核部门往往会对该情形是否存在代持关系、特殊利益安排予以关注。

根据我们的项目经验，大股东、实际控制人向激励对象提供借款并非不可行，但公司应当加强资金来源的审核，做好应对审核部门关注的准备。例如，公司应当核查并留档大股东、实际控制人与激励对象之间的借款协议、借款支付凭证、双方借款时点前后至少6个月的银行流水记录等，同时公司应当督促激励对象在IPO申报之前向大股东、实际控制人返还借款。

除前述重点关注问题之外，若激励对象资金来源于其他渠道，例如与无任何关联关系的第三方的借款，审核部门可能会关注到其原因、合理性、合法性、相关各方是否存在关联关系、是否有代持等利益安排、涉及借款的直接或间接股东的股东权利是否受到限制、借款方是否提供担保（例如以对公司的直接或间接股份质押）等。公司同样需要做好资金来源的审核，以应对或有的审核部门关注。

第48问：激励对象能否对外融资？

答：激励对象可以对外融资，规则层面对此并无禁止或限制。具体到拟上市公司而言，在融资主体及融资还款时间等方面可能都存在一些特殊要求，实践中应当多加注意。

从案例来看，在激励对象自有资金不足时，可考虑的融资主体可以包括拟上市公司的控股股东、实际控制人及其关联方、股权激励平台、拟上市公司本身以及其他第三方融资主体（亲朋好友等）。具体情况见表6-5。

表 6-5　融资主体

融资主体	公司名称	披露时间	审核关注重点	具体回复
拟上市公司	LRKJ（科创板终止审核）	2022年1月31日	详见本书"第50问：拟上市公司及其关联方能否为激励对象提供资金支持？"所述	
拟上市公司实际控制人	ZJHW（创业板）	2022年2月18日	（1）补充JXHH各合伙人的出资来源以及合法合规性。（2）实际控制人为员工认购发行人股份提供无息借款的原因、具体人员、金额、期限、归还情况等。（3）上述股权是否为员工真实持有，是否存在委托持股等利益安排，是否存在纠纷或潜在纠纷	（1）借款系实际控制人WJP和WJH的家庭投资收益和工资收入，资金来源合法合规。（2）被激励对象因个人流动资金不足，存在向发行人的实际控制人WJP和WJH借款并用于向JXHH出资的情形。发行人的实际控制人为实施员工股权激励向个人资金紧张的激励对象提供无息借款具有合理性。（3）JXHH全体合伙人均已出具承诺函，确认其持有的JXHH财产份额均系其真实持有，不存在委托/信托出资和其他方式代持出资或者一致行动关系的情形，也不存在纠纷或潜在纠纷。发行人的实际控制人WJP和WJH已出具书面说明，其向JXHH的自然人合伙人提供的上述借款不存在委托持股等利益安排，也不存在纠纷或潜在纠纷

续表

融资主体	公司名称	披露时间	审核关注重点	具体回复
拟上市公司控股股东	FSL（创业板）	2021年9月23日	（1）激励对象未使用自有资金而是从控股股东借款入股的原因及合理性。（2）说明上述股东与控股股东借款协议到期后续期以及借款利息低于同期银行利率的原因及合理性，前期是否实际支付利息。（3）后续向控股股东清偿借款的具体还款计划	（1）发行人控股股东FSL发展作出决议，同意由FSL发展向发行对象提供部分借款用于认购增资。发行对象均与FSL发展签订了《借款协议》，约定借款期限为5年，年利率为2.75%。FSL发展出借资金来源为历年投资收益，双方于2021年1月将借款期限延长5年至2026年。（2）2021年《借款协议》到期后，公司未能按照计划安排完成上市，在公司上市存在一定不确定性的情况下，为更好地发挥员工持股的激励作用，同意对借款期限进行了延长。另外，就借款利率低于同期银行利率的合理性方面的问题，利率与存入银行的定期存款利率一致，能够满足其资金的基本增值需要，同时，又对上述股东起到了一定的激励作用。（3）激励对象已就具体还款时间出具了承诺

续表

融资主体	公司名称	披露时间	审核关注重点	具体回复
股权激励平台	WGGK（科创板）	2021年4月16日	根据问询回复，公司实施2020年股权激励计划，激励对象通过受让WHHYR的出资份额间接持有发行人股份。受让WHHYR出资份额资金60%来源于WHHYR借款，40%来源于自有资金……对发行人实施股权激励计划时员工出资金额大部分来源于借款，是否影响股份实际授予，股权激励是否真实实施等发表明确意见	（1）WHHYR与激励对象之间的借款虽然与本次股权激励有关，但作为一种借贷法律关系独立于本次股权激励，相关借贷关系真实有效，相关股份的授予已根据《股权激励计划》及《合伙企业份额转让协议》生效。（2）《股权激励计划》规定，在遵守本激励计划约定的条件后，激励对象享有激励股份的所有权及收益权，间接持股的激励对象享有合伙人权利。因此……部分款项来源于借款不影响股权激励行为中的股权实际授予

结合上述案例，我们初步可以做以下几点总结。

第一，实践中的融资主体选择具有多样性，可以向拟上市公司控股股东、实际控制人及其关联方、激励平台甚至是拟上市公司进行融资。

第二，对于激励对象存在向上述主体借款的情形，审核关注的重点主要包括以下方面：

（1）出借人资金来源的合法合规，即是否为合法来源的自有资金；

（2）是否形成了真实的借贷关系，包括借款协议的签署、借款期限、借款利率、还款情况及安排等；

（3）借贷关系形成的原因及合理性，包括借贷关系形成的背景、是否存在委托持股情形、是否存在利益输送等；

（4）是否可能存在其他影响发行人的股权清晰或权属争议的情形。

第49问：激励对象能否向金融机构融资？

答：近年来，为了缓解激励对象参与股权激励的资金压力，不少金融机构推出了针对拟上市公司股权激励对象的金融产品。据我们了解，这类金融产品大致包括两种，即激励对象直接向银行融资，以及通过员工持股平台向银行融资。

一、激励对象直接向银行融资

激励对象直接向银行融资时，此前多采用"消费贷""信用贷"之类的产品。这类产品审批程序比较简便，通常也无须抵押、质押，所以能够在一定程度上解决激励对象资金上的"燃眉之急"。但是这类贷款产品通常金额较小（大多不超过30万元）、资金成本较高（名义成本通常为年化7%左右）、周期较短（通常不超过3年），实质上与股权激励计划的特点是相悖的。如果公司无法在近期上市、激励股票也无法在近期套现的话，会使激励对象面临较大的还款压力。加之这类产品通常不允许借款人将资金用于股票等高风险投资，因此实际上在用途方面存在一定的灰色地带，一旦银行严格进行贷后监管，不排除会有要求提前还款的风险。因此，目前激励对象借用这类产品解决资金来源的已经较为少见。

但是，从上市审核规则层面来看，并不存在禁止或限制激励对象向银行借款的规定，实践中这种案例也并不鲜见。具体情况见表6-6。

表 6-6　向银行借款的案例

序号	公司名称	披露时间	具体情况	关注问题
1	HMGK（创业板终止审核）	2022年2月18日	发行人6名员工通过员工持股平台入股，为筹集资金，6人向银行借款共计1200万元。实际控制人及一致行动人控制的他人银行账户在2017年1月至2018年2月间，存在每个月向6人或其配偶转账约1.2万元的情况，保荐人补充核查后认为，前述转账系实际控制人及一致行动人代6人支付的银行融资利息	请发行人结合6名入股发行人资金来源、利息实际支付方、分红款或股权转让款的去向等分析并说明6人通过持股平台持股发行人股份是否实际为代发行人的实际控制人GM持有，受实际控制人支配的股东所持发行人的股份权属是否清晰
2	YFJG（科创板）	2022年7月11日	发行人进行股权激励时，部分员工短时间内难以筹足全部认购资金，因此本次认购资金除员工自筹部分外，不足部分通过银行贷款方式筹集	—
3	FTKJ（创业板审核通过）	2022年12月16日	部分激励对象存在向实际控制人借款以及通过员工持股平台向金融机构融资等方式筹集资金的情形	—

基于上述情况，我们认为，针对激励对象向银行融资的问题，IPO过程中并不会给予特殊的重点关注。但如果融资涉及控股股东、实际控制人提供还款资金抑或提供相关担保，则可能会引发是否存在为实际控制人代持股份、股权是否清晰等质疑。此种情况下，如本书"第48问：激励对象能否对外融资？"所述，建议发行人控股股东、实际控制人应提前与激励对象订立

相关借款协议、明确还款计划等，以避免引发上述质疑。此外如果因为激励对象的借款到期、要求提前还贷等情况造成激励对象资金紧张、要求提前转让或者退出激励计划，则可能对激励计划的稳定性造成一定的负面影响，激励效果可能也会打一些折扣。

二、激励对象通过员工持股平台借款

（一）通过员工持股平台融资的相关要求

与激励对象直接向银行借款相比，激励对象通过员工持股平台向银行融资的限制性要求则相对更多。因为通过持股平台融资时，通常是依据《商业银行并购贷款风险管理指引》的要求来进行的。根据该指引，银行向员工持股平台提供融资需要具备的主要条件见表6-7。

表6-7 银行向员工持股平台提供融资的主要条件

序号	规则要求
1	本指引所称并购，是指境内并购方企业通过受让现有股权、**认购新增股权**，或收购资产、承接债务等方式**以实现合并或实际控制已设立并持续经营的目标企业**或资产的交易行为
2	本指引所称并购贷款，是指商业银行向并购方或其子公司发放的，**用于支付并购交易价款和费用**的贷款
3	商业银行原则上应**要求借款人提供充足的能够覆盖并购贷款风险的担保，包括但不限于资产抵押、股权质押、第三方保证**，以及符合法律规定的其他形式的担保。以目标企业股权质押时，商业银行应采用更为审慎的方法评估其股权价值和确定质押率

基于上述规定，我们认为，员工持股平台向银行融资至少应满足以下条件：

（1）员工持股平台的实际控制人与发行人的实际控制人保持一致，以满足该指引中关于"并购"的定义；

（2）贷款资金只能用于股权激励款的支付；

（3）应当由员工持股平台提供充足的担保，该等担保包括员工持股平台持有的发行人股份的质押，激励对象的保证，实际控制人以其自有资产提供的担保、保证等（部分银行会要求员工持股平台质押其持有的拟上市公司股份）。

在案例层面，鉴于上述并购贷款限制、还款程序相对复杂，实践中通过员工持股平台向银行借款的情况相对较少。经检索，CCXX存在由员工持股平台向银行融资的情形，具体情况见表6-8。

表6-8　CCXX由员工持股平台向银行融资情况

融资具体情况	发行人的实际控制人	员工持股平台的控制权情况	担保情况
2021年2月，由于发行人员工持股平台中的部分员工通过直接持股平台以融资方式认缴出资，发行人股东CSXJ（发行人员工持股平台）与招商银行股份有限公司长沙分行签订了《并购贷款合同》，贷款金额为12,006万元，贷款期限为84个月，自2021年2月24日起至2028年2月24日止	ZGDZ有限公司（国务院间接持股81.66%）	员工持股平台的GP为发行人的董事长，员工持股平台与控股股东签署《一致行动协议》，约定在处理有关公司经营发展且根据《公司法》等有关法律法规和《公司章程》需要作出决议的事项时均采取一致行动	（1）员工持股计划中参与融资的173位员工提供保证；（2）员工持股平台以其持有的发行人股权提供质押

（二）IPO过程中需关注的重点问题

员工持股平台向银行进行融资的，往往需要提供足够的担保，若涉及相关股权质押，则容易引起审核机关的关注。

1.质押股权是否会对发行人控制权稳定造成不利影响？

鉴于由激励平台向银行申请并购贷款应当满足激励平台的实际控制人与发行人的实际控制人保持一致，我们认为，对于股份质押是否可能影响控制权稳定的关键即在于除激励平台的股份外，实际控制人持有的发行人股份是否仍可构成实际控制。

如激励平台的质押比例较低、对实际控制人的控制权不会造成不利影响，则激励平台股份质押存在合理性解释空间，并不必然会构成上市审核障碍。

2. 质押股权是否存在银行行使质权的风险？

质押股权是否存在银行行使质权的风险关键在于还款来源是否稳定，而还款来源在一定程度上取决于发行人自身的发展情况。由于发行人与员工间的劳动关系，员工的还款来源在未来的一段时间内是可预见的，因此激励平台的股份质押风险也是相对可控的。

此外，拟上市企业的员工持股平台内部通常也会设置一系列保证持股稳定的入伙、退伙、份额转让限制性规定等内容，该等规定有利于进一步保障员工持股平台相对稳定的还款来源。①

（三）商业并购贷款优劣势分析

结合市场上现有的实践案例，以及笔者对市面上部分银行此类贷款产品的初步了解，我们认为，商业并购贷款的优势和局限性都比较明显。

商业并购贷款为激励对象的出资来源提供了一个合规的解决方案，融资成本也相对低于其他民间借贷。并且，目前部分银行还推出了配套的增值服务，如提供股份登记系统、协助对激励股权进行登记、为激励对象提供贵宾增值服务等。

但商业并购贷款同样也有一些局限性，包括但不限于以下几点：

1. 不少银行更倾向于向国有企业股权激励（比如混改项目）提供贷款。

2. 对拟上市公司的营业收入和利润规模有一定要求，倾向于向利润较好的拟上市公司提供贷款。

3. 鉴于对还款能力评估的需要，对激励对象自身的工资薪金收入要求较高。

4. 如果拟上市公司最终无法成功上市，激励对象可能面临较大的还款压

---

① 参见王雅婷：《拟 IPO 企业员工持股平台可以用银行贷款解决出资难吗？》，载知乎专栏"小兵研究"2021 年 12 月 13 日。

力，还款来源也将具有较大的不确定性，因此，公司所处的IPO申报阶段也是银行的重要审核因素之一。通常情况下，银行倾向于向IPO申报中后期的企业（已申报辅导为佳）发放贷款。

5. 银行还会审核发行人的股东结构情况。如发行人股东中有相关知名投资人，则会成为银行贷款审核的一大优势。

第50问：拟上市公司及其关联方能否为激励对象提供资金支持？

答：拟上市公司及其关联方可以为激励对象提供资金支持。对于拟上市公司而言，规则层面并没有限制拟上市公司及其关联方为激励对象提供资金支持，甚至《公司法》还明确予以规则层面的支持；案例层面也存在由拟上市公司及其关联方向激励对象提供资金支持的情形。但是，我们仍然建议拟上市公司为激励对象提供资金支持时要非常谨慎。

一、由拟上市公司为激励对象提供资金支持

鉴于拟上市公司为激励对象提供资金支持可能涉及占用发行人资金、实缴资本是否充足等相关IPO上市审核重点关注的问题，因此通常不建议由发行人向激励对象提供资金支持。但由于规则层面对此并不存在直接的禁止性规定，故实践中也存在部分由发行人提供股权激励借款的案例，见表6-9。

表6-9 由发行人提供股权激励的案例

公司名称	披露时间	审核关注问题	借款具体情况
LRKJ（科创板终止审核）	2022年1月31日	关注重点： （1）发行人向激励对象借款是否签订借款合同并明确借款条件； （2）为部分激励对	（1）发行人与激励对象未签署书面借款合同，背景和原因主要为：①自筹款项后仍有缺口而需要向公司借款的激励对象人数较少，且主要为公司的高级管理人员和核心业务骨干；②该等激励对象的借款金额较小，最高借

续表

公司名称	披露时间	审核关注问题	借款具体情况
		象提供借款是否履行了相关决策程序； （3）相关借款是否占用了发行人资金	款金额为36.25万元，合计为447.79万元；③该等激励对象系参照其过往年终奖金额确定的借款金额，且在向公司借款时已同意以当年（2019年）的年终奖金冲抵借款，发行人与借款对象实际已就借款的清偿安排达成了一致意见……上述借款激励对象在本次发行上市申报前已通过2019年年终奖金冲抵及现金偿还的方式清偿完毕，未与公司签订书面的借款合同未对公司及其股东造成实质性损害和影响。 （2）发行人实施股权激励时向上述激励对象合计借款金额未达到董事会及股东大会审议金额标准，故借款事项由公司管理层做出决策审批。另，借款对象中涉及发行人董监高，针对前述人员的借款事项属于关联交易事项。虽然上述关联交易事项未达到董事会及股东大会审议事项的金额标准，但出于谨慎性原则仍召开股东大会对上述事项进行了追溯确认。 （3）**激励对象占用发行人的资金总额较小**，且在本次发行上市申报前已通过2019年年终奖金冲抵及现金偿还的方式予以清偿，**在本次发行上市申报时，已不存在发行人的员工占用发行人资金的情形，不存在对关联方的利益输送或对发行人造成重大不利影响的情形，不存在损害发行人及中小股东合法权益的情形**

续表

公司名称	披露时间	审核关注问题	借款具体情况
MXKJ（创业板审核通过）	2023年4月28日	激励对象的资金来源是否存在向实际控制人或其关联方借款的情形	（1）2016年两名激励对象存在受让资金来源是向实际控制人或其关联方借款的情形，截至2022年4月借款基本已清偿完毕，不存在股权代持的情形； （2）公司其他历次股权激励对象的资金来源不存在向实际控制人或其关联方借款的情形
XZSW（科创板终止审核）	2023年3月1日	历轮股权激励人员实际出资及资金来源情况，是否存在股权代持等其他利益安排，是否会对相关员工持股平台产生影响或潜在不利影响	经律师核查员工持股平台银行流水、借款协议及相关凭证，股权激励人员的出资主要来自自有资金或发行人关联方提供的借款

结合上述案例，我们初步可以总结出以下几点：

（1）并非严格禁止激励对象向拟发行主体借款，实践中存在发行人向激励对象提供借款的案例；

（2）向拟上市公司借款可能涉及占用发行人资金、拟上市公司实缴资本是否充足等相关IPO上市审核红线问题，因此该等借款金额不宜过高、利息应当公允，且必须在申报前偿还完毕；

（3）对于向公司董监高等激励对象借款构成关联交易的情形，要重点关注关联交易程序的履行情况。

值得说明的是，《公司法》第163条第1款规定："公司不得为他人取得本公司或者其母公司的股份提供赠与、借款、担保以及其他财务资助，公司实施员工持股计划的除外。"可见，公司向激励对象提供财务资助已经具备规则依据，但IPO规则层面尚未对该等规定进行细化、落实。尤其是公司向激励对象提供财务资助是否会构成公司IPO的障碍？激励对象是否必须在公司上市之前向公司返还借款？该等问题在IPO规则层面还未予以明确，尚需要实践的进一步检验。

二、拟上市公司的关联方为激励对象提供资金支持

拟上市公司的关联方同样可以为激励对象提供资金支持，实践中此类案例也并不少见。但在这种情形下，IPO审核关注的重点同样在于关联方借款的理由及必要性、是否存在关联方低价入股、关联方利益输送、股权权属不清晰等问题，并要注重留存收集相应借款协议、借款及还款凭证、资金流水单等证明性文件。

第51问：对激励对象的银行流水的核查有哪些关注要点？

答：从规则层面看，《监管规则适用指引——发行类第5号》的问题5-15对于拟上市公司的资金流水核查范围、重点核查事项等问题进行了明确，其中已经明确的资金流水核查主体范围包括发行人主要关联方、董事、监事、高级管理人员、关键岗位人员等。

因此，对于作为发行人主要关联方、董监高、关键岗位人员的激励对象，应严格比照《监管规则适用指引——发行类第5号》的问题5-15的相关要求进行核查，主要内容见表6-10。

表6-10　对激励对象进行核查的要求

序号	核查要求	激励对象流水核查重点
1	第（8）项：控股股东、实际控制人、董事、监事、高管、关键岗位人员是否从发行人获得大额现金分红款、薪酬或资产转让款，转让发行人股权获得大额股权转让款，主要资金流向或用途存在重大异常	核查激励对象的银行流水中是否有与发行人的大额资金往来，核查该等往来的原因及合理性，重点关注是否存在发行人资金占用、股权激励资金来源合法合规性存疑，以及发行人资金管理相关内部控制制度是否存在较大缺陷等问题

续表

序号	核查要求	激励对象流水核查重点
2	第（9）项：控股股东、实际控制人、董事、监事、高管、关键岗位人员与发行人关联方、客户、供应商是否存在异常大额资金往来	核查激励对象的银行流水中是否存在与发行人关联方、客户、供应商的大额资金往来，重点关注是否存在委托持股，客户、供应商或其他第三方低价入股的情形

对于非发行人主要关联方、董监高、关键岗位人员的其他激励对象而言，规则层面并未明确流水核查的重点内容，但结合现有案例的关注重点，以及我们的实际操作经验来看，我们建议可参照上述标准核查。此外，对于流水的核查范围，包括激励对象范围以及流水的时间范围等，亦需要结合案例进一步确定。经检索，部分具体案例情况见表6-11。

表6-11 流水核查范围的案例

公司名称	披露时间	流水核查中重点关注内容	核查范围（人员及时间）
WLCD（创业板终止审核）	2023年7月13日	对发行人及其控股股东、实际控制人及其配偶、发行人主要关联方、董事、监事、高级管理人员、关键岗位人员等开立或控制的银行账户流水的具体核查情况，包括但不限于资金流水核查的范围、核查账户数量、取得资金流水的方法、核查完整性、核查金额重要性水平、核查程序、异常标准及确定程序、受限情况及替代措施等	核查发行人自然人股东**报告期内或出资前后6个月的银行流水、员工持股平台合伙人出资/受让持股平台财产份额前后6个月的银行流水及相应出资来源说明**，核查发行人全体股东出资/受让发行人股权的出资单据、发行人员工持股平台合伙人向持股平台出资/受让持股平台财产份额的出资单据

续表

公司名称	披露时间	流水核查中重点关注内容	核查范围（人员及时间）
DYW（科创板在审）	2023年6月30日	各员工持股平台及股权激励对象的出资情况、资金来源、是否存在代持、利益输送或其他特殊安排	查询发行人内部董事、监事、高级管理人员在报告期的银行流水，以及对发行人**持股数达到10万股的境内员工股权激励所涉持股员工在股权激励平台出资前后3个月的银行流水**
QFZN（创业板审核通过）	2023年5月11日	补充说明是否存在其他非发行人员工入股发行人并支付资金的情形，如是，请说明具体情况；充分核查并说明发行人股东是否存在为客户、供应商等主体代持，员工持股平台合伙人除已披露情形外是否存在代持情形；发行人股东的信息披露是否真实、准确、完整	获取员工持股平台**现任合伙人出资前后3个月的银行流水**、借款协议或还款凭证，并对合伙人进行访谈，了解员工持股平台合伙人的出资来源及是否存在代持
YXDZ（科创板）	2022年3月11日	各合伙人以及非员工合伙人、激励对象的出资来源，与发行人及其关联方、客户和供应商存在的关联关系、交易往来或利益安排	对激励对象**出资至对应平台时点前后3个月**的银行流水进行核查
JKYQ（北交所）	2022年3月7日	结合相关出资现金流、份额转让情况说明相关持股平台是否存在其他未披露股权代持或利益安排	要求持**股平台合伙人提供出资银行卡出资前后1个月的银行流水**

结合上述规则及案例，针对激励对象的流水核查重点，我们初步可以总结如下几点：

第一，激励对象流水核查的重点在于核查确认是否存在委托持股及其他特殊安排，是否存在关联方、客户、供应商或其他第三方低价入股的情形。

第二，就激励对象流水核查的主体范围而言，除关联方、董事、监事、高管、关键岗位人员等法定的核查对象之外，实践中还可根据实际情况，来选择核查全部激励对象，或部分出资金额较大的激励对象，或非员工激励对象等主体入资前后的银行流水。

第三，就激励对象流水核查的时间范围而言，实践中通常的核查范围为入资前后3至6个月内的银行流水。具体核查的时间范围应结合激励对象的出资金额、是否存在向第三方借款、审核机关的问询意见等情况综合确定。

第52问：实际控制人向员工低价转让股权，是否属于股权激励？

答：实践中，有时实际控制人或者控股股东会因为某些原因向员工以相对较低的价格转让一部分公司股权。从主观意愿来看，公司或者实际控制人可能并不是想对该员工进行股权激励。但是这种情况也很有可能会被认定为股权激励，因为股权激励的实质在于将授予价值和企业权益工具挂钩，表现形式则为公司以取得员工服务为目的向员工低价授予公司股权。

此外，由于担心企业会通过规避股份支付来调节利润，因此目前在实践中对于上述情形，基本都会比照股权激励来处理，并计提相应的股份支付费用。客观来说，实际控制人向员工低价转让股权的情形，除股权激励之外，也很难有其他合理的理由来进行解释。因此不少案例一开始并未将其作为股权激励来披露，但是在监管机构追问低价转让的原因后，也会转为承认该等低价转让为股权激励，具体情况见表6-12。

表 6-12　向员工低价转让股权转为股权激励的案例

公司名称	披露时间	具体情况 & 关注重点	具体情况的回复 & 说明
HZDZ（创业板终止审核）	2022年5月30日	（1）结合员工持股平台合伙协议离职股份处置相关具体条款及实际执行情况，详细分析说明相关条款是否实质上构成隐含的可行权条件，并分析一次性确认股份支付费用的依据是否充分；（2）测算说明若相关股份支付费用分摊确认，对报告期各期主要财务数据的影响	发行人历次股权激励情况如下：（1）2015年8月通过主要股东向管理层转让股份；（2）2016年12月通过实际控制人以较低价格将员工持股平台份额转让给其他员工；（3）2018年12月通过增资进行股权激励；（4）2019年9月通过实际控制人以较低价格将合伙份额转让给其他员工；（5）2020年12月通过实际控制人以较低价格将合伙份额转让给其他员工
TMYL（科创板终止审核）	2022年3月23日	请说明关于股权激励：公司是否存在实际控制人以低于股份公允价值的价格入股的情形；发行人对创始股东给实际控制人和员工持股平台的两次低价转让是否确认了股份支付费用。员工平台持股人员确定标准、低价股权激励是否符合会计标准	（1）发行人实施的股权激励计划，每年根据员工职位、入职年限、工作绩效考核结果等多种因素综合确定一批激励对象，并参照就近融资轮次的估值的对应折扣向该批次员工授予或实施股权激励；（2）员工以直接或间接方式平价增资或低价受让股份形成股份支付。公司在股权激励发生时一次性确认股份支付费用，计入当期损益，并作为非经常性损益列报。相关会计处理符合《企业会计准则》（已失效）和《首发审核问答》问题26的相关规定

续表

公司名称	披露时间	具体情况&关注重点	具体情况的回复&说明
GLST（科创板）	2022年3月11日	股份支付形成的原因	报告期内，公司股份支付的形成原因包括2019年8月实际控制人向员工低价转让股权形成的股份支付，股权转让价格低于公允价值，系实际控制人（董事长、总经理）对员工（销售负责人）的股权激励
JYKJ（创业板）	2022年1月14日	公司实际控制人以较低价格转让发行人股份的原因、股份支付的确认过程及合规性	实控人本次股份转让的目的是通过合伙企业平台对员工进行股权激励，具有合理的商业目的。实际控制人转让24万股至合伙平台，转让价格3元/股与公允价格7.5元/股（2020年1月，财务投资者增资入股的价格）之间的差额部分，公司已确认了股份支付，合计确认股份支付108万元

第七章

股权激励的实施管理

第53问：拟上市公司应与激励对象提前约定哪些规则？

答： 就拟上市公司而言，实施股权激励计划的初衷是稳定管理层以及核心员工，激励其创造更大的价值。在公司顺利实现上市之后，股权激励计划也将带给员工来自资本市场的收益。所谓"无规矩不成方圆"，为最大限度地实现股权激励计划的目的，满足上市监管的相关要求，拟上市公司实施股权激励计划时，也应当与激励对象"约法三章"，对相关重要事项进行约定，包括但不限于激励对象的权利义务、关于激励股权的限制要求、退出机制等。

一、激励对象的权利义务

（一）激励对象的主要权利

1. 有权了解公司经营情况

在实操过程中，激励对象大多作为员工持股平台的有限合伙人，通过员工持股平台间接持有拟上市公司股权。根据《公司法》的规定，员工持股平台作为拟上市公司的直接股东，有权通过查阅股东会会议记录、董事会会议决议、监事会会议决议和财务会计报告等,了解公司经营情况。[1]激励对象作为员工持股平台的有限合伙人,虽然无法直接行使该等权利,但根据《合伙企业法》的规定,有限合伙人享有法定知情权,包括但不限于查阅涉及自身利益相关的有限合伙企业财务会计账簿等财务资料等。[2]对拟上市公司的股权投资往往是员工持股平台的唯一主要资产,激励对象作为有限合伙人即公司间接股东,亦有权通过员工持股平台了解公司的经营状况。

2. 依法享受分红权

投资分红和变现回报系激励对象享有收益的两条主要路径,在员工持股平台获得拟上市公司股东分红后,按照合伙协议的约定及激励方案,激励对象享受分红权。在激励方案相关条款的设计中,通常对激励对象按照实缴出资比例进行分红。但实操过程中,部分企业上市前可能会把较多份额预留在普通合伙人名下,普通合伙人无法立即实缴到位,因此部分企业早期也可能存在按照认缴出资比例分红的设计,待普通合伙人出资完毕再考虑统一修改合伙协议,按照实缴出资比例享有分红收益。

3. 激励份额变现收益权

拟上市公司激励对象获取收益的绝大部分源于企业上市后出售激励份额的变现收益,届时激励对象可以通过转让激励份额或相应地减少员工持股平

---

[1] 有限责任公司的股东,根据《公司法》第57条:"股东有权查阅、复制公司章程、股东名册、股东会会议记录、董事会会议决议、监事会会议决议和财务会计报告。股东可以要求查阅公司会计账簿、会计凭证。股东要求查阅公司会计账簿、会计凭证的,应当向公司提出书面请求,说明目的。公司有合理根据认为股东查阅会计账簿、会计凭证有不正当目的,可能损害公司合法利益的,可以拒绝提供查阅,并应当自股东提出书面请求之日起十五日内书面答复股东并说明理由。公司拒绝提供查阅的,股东可以向人民法院提起诉讼。"
股份有限公司的股东,根据《公司法》第110条:"股东有权查阅、复制公司章程、股东名册、股东会会议记录、董事会会议决议、监事会会议决议、财务会计报告,对公司的经营提出建议或者质询。连续一百八十日以上单独或者合计持有公司百分之三以上股份的股东要求查阅公司的会计账簿、会计凭证的,适用本法第五十七条第二款、第三款、第四款的规定。公司章程对持股比例有较低规定的,从其规定。"

[2] 《合伙企业法》第68条第2款,"有限合伙人的下列行为,不视为执行合伙事务:……(三)参与选择承办有限合伙企业审计业务的会计师事务所;(四)获取经审计的有限合伙企业财务会计报告;(五)对涉及自身利益的情况,查阅有限合伙企业财务会计账簿等财务资料……"

台注册资本等方式出售激励份额。相较于《合伙企业法》赋予有限合伙人的法定权利，拟上市公司员工持股平台的主要目标系企业上市后的变现收益，因此，激励方案及合伙协议通常可能会对变现收益进行比较细致的规定，包括但不限于激励对象锁定期的约束（如上市前及上市后在法定锁定期内不得转让）、核心高级管理人员减持数量约束（如每年不得减少1/5以上）。因此，激励份额变现收益权作为激励对象的主要权利之一，往往和企业上市牢牢绑定。

（二）激励对象的主要义务

1. 及时、合法出资义务

在股权激励方案中，通常会对员工出资期限进行明确限定，并按照实缴出资额享有相应的分红收益。若激励对象资金较为充裕或者在企业早期以较低价格给予员工激励，则可能会在激励份额授予时或授予后一定时间内让激励对象及时出资；对于部分资金困难的激励对象，也可考虑让其自行从第三方借款或由实际控制人提供财务支持等方式，先行交付出资，再逐步偿还债务。该等时限约定可由企业与激励对象协商确定，但通常不得晚于拟上市公司报告期末。

此外，激励对象的出资行为，包括资金来源、背后是否存在代持等，一定要符合法律法规以及上市相关规则的规定，避免在公司不知情的情况下给上市造成障碍。也因为此，在筹划股权激励的过程中对激励对象进行宣讲和答疑也是十分关键的工作。

2. 配合办理股权回购义务

员工获授激励股权往往会与业绩完成情况、任职情况等条件挂钩，这也是股权激励的应有之义。若业绩完成不达标，则拟上市公司可以本金价格回购员工持有的激励股权份额。但需要注意的是，回购的方式应在激励文件中予以明确，是员工持股平台减资还是普通合伙人以份额受让的方式回购，否则在后续实操办理中可能会有争议。

此外，除业绩考核外，与企业保持劳动合同关系、不存在违法犯罪情形等通常也会被考虑在回购因素中，作为与激励股权份额挂钩的必备前提。企业通过与激励对象约定回购安排及配合办理股权回购义务，在发生回购情形时，企业可以根据协议约定要求激励对象配合办理退伙，若激励对象拒绝配合，则企业可以主张其相应的违约责任。

3. 竞业及保密义务

除常见的业绩考核、员工资格等回购因素外，在激励文件中还常会约定员工的竞业与保密义务。有别于《劳动合同法》体系下的竞业义务约定，企业与激励对象之间竞业与保密义务约定到底适用《劳动法》还是《民法典》的相关规则，理论和实践上都存在一定的争议，但即使员工入职时已和企业签署了竞业及保密协议，也不影响进行股权激励时员工对于竞业及保密义务的再次约定。

二、关于激励股权的锁定期

股权结构的稳定性是拟上市公司应重点关注的问题，公司实施股权激励计划也应当采取必要的措施来保障公司股权结构的稳定，因此公司可以考虑对激励对象持有的激励股权加以必要的限制，例如增加锁定期的安排，要求激励对象持有的激励股权在一定期限内不得转让、质押或设置其他第三方权利等。

常见的拟上市公司锁定期通常包括上市前的一定时限以及上市后的法定锁定期两个部分，关于锁定期的具体分析，详见本书"第 79 问：激励对象获授股权临近公司申报 IPO 的，如何确定锁定期？""第 80 问：实际控制人作为持股平台的 GP，如何影响锁定期？"所述。

此外，对于国有企业股权激励锁定期的安排，还需要满足国资相关规定的要求，具体可见本书"第 99 问：非上市国有企业实施股权激励，对锁定期有什么要求？"所述。

三、激励股权的退出机制

鉴于公司上市通常时间较长，激励对象从获授激励股权到公司上市之间可能发生主动离职、协商离职、未完成业绩考核、行为违规等诸多情形，存在该等情形的激励对象并不适宜继续参与股权激励计划，其持有的激励股权亦应当予以回购或对外转让，因此拟上市公司事先与激励对象约定股权激励计划的退出机制，明确退出情形、退出程序、回购（受让）主体、回购（转让）价格等，就显得尤为重要。

在退出方式方面，激励对象持有的激励股份以何种方式被回购，应当是方案设计的重要一环。但是在实践中我们发现，许多方案中关于这一部分的表述并不准确，这也影响了后续回购程序的办理。关于该等问题的详细分析请参见本书第八章"股权激励的退出"。

在回购价格方面，一些激励方案约定，在极端情形下（如激励对象主动离职甚至损害公司利益时）按照低价格甚至无对价进行回购，但是这种约定最终能否得到司法裁判机构的支持有一定的不确定性。这类低价回购股权的约定是否有效取决于是否明显违背公平原则，若激励股权本身为无偿获授取得，约定无偿回购可能存在一定合理性；但若激励股权系有偿取得（如以净资产本金作价），约定无偿回购可能有损员工权益，有效性可能存疑。

此外，在公司上市后且激励对象持有激励股权锁定期届满后，公司同样需要设置相应的退出机制，以保障激励对象可以出售激励股权套现。总之，提前约定退出机制，可以为公司、激励对象解决后顾之忧，更好地发挥股权激励计划的作用。

四、股权激励计划调整机制

通常而言，在股权激励计划实施过程也需要不断地调整、优化，一方面是为了最大化地实现股权激励计划的激励效果，另一方面公司上市前也需要通过调整股权激励计划方案，使之符合相关上市监管政策。因此，拟上市公司在实施股权激励计划前，就应当提前设置调整机制，例如设置相关调整协商机制（达到一定比例的激励对象同意即可调整激励计划方案）或者调整授权机制（如激励对象授权公司董事会必要时可以对激励计划方案进行调整）等。

第54问：激励对象的继承人能否继承激励股权？

答：继承人继承激励对象持有的激励股权并不存在法律障碍，但原则上不建议拟上市公司准许激励对象的继承人继承激励股权。

我们认为，激励对象的继承人继承其持有的激励股权并不存在法律障碍，但是考虑到激励股权的激励性、特定性、稀缺性等属性，我们不建议拟上市公司准许激励对象的继承人继承激励股权。需要说明的是，虽然激励对象的继承人不能继承激励股权，但其仍可以继承激励股权变现后的款项。

从规则层面看，《公司法》第90条规定："自然人股东死亡后，其合法继承人可以继承股东资格；但是，公司章程另有规定的除外。"《合伙企业法》第80条规定："作为有限合伙人的自然人死亡、被依法宣告死亡或者作为有限合伙人的法人及其他组织终止时，其继承人或者权利承受人可以依法取得该有限合伙人在有限合伙企业中的资格。"根据该等规定，我们认为，激励对象的继承人继承其持有的激励股权并不存在法律障碍。此外，我们也注意到，根据《公司法》第90条、《合伙企业法》第50条的规定，激励对象继承人的继承权也可以通过约定进行排除。

通常而言，公司股权激励计划的目的主要是吸引和留住人才，增强激励对象工作的积极性和能动性。股权激励计划的激励对象，亦主要是在管理、技术、业务等方面具有卓越才能的高级管理人员和专业人才。鉴于此，若激励对象因故去世，其持有的激励股权由其继承人进行继承，可能不符合公司股权激励计划的目的。这是因为，一方面，激励对象的继承人可能不在激励对象的特定范围之内，甚至可能不是公司员工，其持有激励股权无法对其产生激励作用，另一方面，激励股权一般数量有限，激励对象的继承人继承激励股权后，相关激励股权即无法授予真正符合条件的新增激励对象。

因此，我们不建议拟上市公司准许激励对象的继承人继承激励股权。为此，公司可以在公司章程、股权激励计划方案、员工持股平台组织文件中对激励股权继承事项作出必要的限制，并制定相应的解决方案，例如已故激励对象持有的激励股权由公司或其指定的相关主体购买，或者进行减资、退伙处理等。

从案例层面看，根据我们检索的案例情况，实践中拟上市公司实施股权激励计划的，也往往会限制激励股权的继承事项。具体情况见表7-1。

表 7-1 限制激励股权的继承事项的案例

公司名称	披露时间	公告内容
HKJQ（创业板在审）	2023年8月3日	根据公司的绩效考核办法，限制性股票解锁前一个财务年度，激励对象个人绩效应达到公司要求，即不能出现年度不合格的情形。此外，激励对象不得出现以下情形：激励对象发生职务变更，并且变更的职务不在本激励计划范围内；激励对象主动或被动离职，或者退休、死亡；被监管机构处罚导致失去资格
SKTX（科创板）	2023年7月21日	若激励对象因其他原因（包括退休、死亡）从公司和/或其下属企业离职，且不构成前述应当被视为不再符合激励对象条件的情形，激励对象（或其继承人）有权继续持有员工持股平台的合伙份额并应当继续遵守《内翻员工持股计划管理办法》的有关规定
KXTX（科创板）	2023年6月1日	公司上市前及上市后3年内，若激励对象出现退休、丧失工作能力等情形，其出资份额可以转让也可继续持有；如激励对象出现死亡的情形，其财产份额不能继承，只能转让。上述情况下普通合伙人收购的每股价格按照当期估值每股价格的70%计算，转让价款一次性支付
HZW（科创板）	2022年11月3日	自激励对象取得标的之日起至目标公司成功上市届满36个月之日止，激励对象发生离职、被解聘、死亡或其他事项的，其所持标的按以下规定处理：激励对象无论以何种原因离职或被解聘，普通合伙人有权要求激励对象在目标公司或其子公司向其发出离职通知书或解聘通知书的当日，将全部标的按授予价格转回普通合伙人或其指定的第三人

注：对于激励对象死亡的，将激励份额以原始认购价格转让给指定主体，这种情况法律上并不存在障碍，但相对少见。建议考虑约定直接退伙。

根据上述规定及案例，我们认为，激励对象的继承人继承其持有的激励股权并不存在法律障碍，但是考虑到激励股权的激励性、特定性、稀缺性等属性，我们不建议拟上市公司准许激励对象的继承人继承激励股权。另外，对于继承人有股东身份障碍的（如根据《公务员法》第59条第16项的规定，公务员不得违反有关规定从事或者参与营利性活动，在企业或者其他营利性组织中兼任职务），原则上亦不得继承。

第55问：股权激励计划是否需要经过股东会审批？

答：从规则层面看，《公司法》《证券法》及相关上市规则未对拟上市公司股权激励计划的审批程序作出明确规定，我们认为，相关审批程序可以由公司章程进行规定。此外，根据《公司法》第59条、第112条的规定，公司发生公司章程修改、增资、股权回购、股权转让等情形，需要经过股东会审批。根据该等规定，我们认为，由于公司股权激励计划可能涉及的增资、公司章程修改等情形需要经过股东会审批，因此公司股权激励计划的相关事宜提交股东会审批是有必要的。

从案例层面看，根据HQJS（上交所主板）、ZJRT（上交所主板）、HWKJ（深交所主板）、KCZN（创业板）等公司的招股说明书披露，该等公司章程均规定，股东会是公司的权力机构，负责审议批准股权激励计划，其中部分公司还将审议股权激励计划或员工持股计划规定为股东会的特别决议事项。

需要特别说明的是，若公司股权激励计划涉及增资、股权回购等需要经过公司股东会决议的事宜，但是操作时却又未经过其审批，则相关股权激励计划的效力可能存在瑕疵。例如，在XJW与南京YHYW电子科技有限公司股权转让纠纷案〔（2018）苏0111民初9265号〕中，法院认为：公司以认购确认书形式同意员工认购公司10万股，认购方式为在员工个人每月工资中扣款，形式上属于公司股东以外的人因属于公司职工而对公司进行增资，本质上属于公司内部对公司员工进行股权激励。根据《公司法》的规定，对公增加或减少注册资本，应当是公司权力机构股东会的职权并由其形成有效决议。本案中，公司与员工存在股权激励的合意，但未经《公司法》规定的批准程序，即未经公司股东会决议或授权的董事会决议，员工股权激励合意未生效，涉案员工不是公司的合法股东，因此不予支持员工的主张。

因此，根据上述规定与案例，我们认为，拟上市公司实施股权激励计划，有必要经过公司股东会，或经股东会授权董事会进行审批。

需要特别说明的是，本问主要涉及非国有企业拟上市的情形，国有拟上市公司股权激励计划的审批问题，详见本书"第94问：国有科技型企业实施股权激励计划需要履行哪些审批程序？""第95问：混改试点企业实施员工持股计划需要履行哪些审批程序？"所述。

第 *56* 问：如何构建股权激励的内部管理机制？

答：股权激励的方案制定、实施、管理等涉及多个步骤和环节，为有序开展股权激励并顺利实施和完成股权激励工作，有效的内部管理机制至为重要。为建立高效合规的内部管理机制，需要重点关注以下几个方面。

一、管理机构的设置

1. 股东会作为公司的最高权力机构。股东会负责批准股权激励计划的实施、变更和终止，同时，经过股东会审议批准，可在其权限范围内将全部或部分执行工作授权董事会／执行董事办理。

2. 董事会／执行董事是股权激励计划的执行管理机构。股权激励计划经董事会／执行董事审议通过后，在股东会授权范围内办理股权激励相关事宜，通常包括审议确认激励对象名单。

3. 监事会／监事是股权激励计划的监督机构。就股权激励计划是否有利于公司的持续发展，是否存在明显损害公司及全体股东利益的情形进行监督。

4.股权激励工作小组是具体工作落实机构。股权激励工作小组一般可以由3至5人组成，根据公司内部决策机构的安排，具体落实相关股权激励工作，包括但不限于股权激励文件文本的修订、提交激励对象建议名单、协调文件签署、档案资料保存、股权激励名单管理等。此外，考虑到股权激励工作小组负责的工作可能会牵涉较多部门，公司可以考虑由不同部门抽调人手联合组建，例如证券部、人事部、财务部、总经办等。总之，股权激励工作小组是股权激励实施工作的重要力量，公司应当选取认真负责、不存在利益冲突的同事加入股权激励工作小组。

二、各管理机构主要工作流程

一般而言，公司实施股权激励工作主要由公司管理层提出，为顺利推进股权激励管理工作，通常按照以下流程或节奏推进相关股权激励工作。

（一）取得关键人员的原则性认可

管理层就股权激励关键事项形成初步意见，并征得实际控制人或主要股东的原则性认可。为了取得股东初步认可，我们认为初步意见方案可以包括以下内容：

（1）充分说明实施股权激励工作的必要性、合理性、可行性，包括但不限于员工（包括拟入职员工）的意向、同行业实施股权激励的情况、实施股权激励给公司造成的不利影响等；

（2）就拟实施股权激励的股权比例形成初步建议；

（3）结合公司情况，就股权激励实施工作可能面临的问题进行预测分析，并提出初步的应对方案；

（4）初步拟定股权激励工作时间推进表。

在上述初步方案或意见形成后，管理层可以向董事会／执行董事或主要股东进行沟通汇报，并取得关键人员的初步同意及认可。在该阶段，公司即可聘请律师等相关中介机构协助公司开展股权激励事项。

（二）股权激励方案的起草、修订及激励对象建议名单的提出

在取得关键人员的原则性认可和同意后，管理层可组建相关工作小组。结合关键人员的意见及公司实际情况，进一步分析股权激励的可行性及潜在影响，并着手起草股权激励计划草案初稿。

在起草完毕相关股权激励计划草案初稿后，经公司相关工作小组成员及主要负责人员进行审阅修订，并根据公司实际情况及员工整体意向等情况，对股权激励计划草案进行修订完善，并提出激励对象建议名单（股权激励对象的确定和选择可参见本书第三章"股权激励对象"）。

在股权激励计划草案基本定稿后，提交公司董事会成员/执行董事或实际控制人、主要股东等进行审阅，并按照其意见进行修订完善直至各方基本达成一致意见。

（三）股权激励计划的内部决策及配套文件的制作

按照公司内部管理制度的规定，将股权激励计划草案提交董事会/执行董事及股东会进行审议。如果审议顺利通过，将根据相关决议及股权激励计划草案，具体落实相关配套工作，包括但不限于股权激励授予通知、授予协议、缴款通知、承诺函等相关配套文件，并由股权激励相关工作小组落实相关签署工作。

三、股权激励计划的后续实施管理工作

在相关文件签署完毕后，由相关工作小组做好相关股权激励的具体实施，文件的保管、备案工作，并在实施完毕后向管理层进行汇报备案等；在股权激励计划实施过程及股权激励计划存续期间，处理相关具体工作，包括但不限于员工的期权行权、业绩考核、离职员工转回相关股权等事项；对于需要公司内部决策机构进行审批的事项，及时做好相关议案的起草准备及审议批准后的具体落实工作。

四、借助电子系统协助处理股权激励管理事宜

在股权激励管理环节，尤其是在激励对象人数较多的情况下，为有效实施股权管理，公司内部亦可建立或借助外部股权激励管理系统协助实施股权管理。该等系统功能可以涵盖在线签约及协议文本、认购款缴纳及对账明细、设置考核目标及行权数量和价格预期、个税数额预测、线上考评及线上发送分配方案等。

第57问：股权激励争议案件在司法上如何定性？

答：当下，诸多上市公司或新兴创业公司选择适用股权激励计划（限制性股权）方案，当用人单位和员工产生股权激励纠纷时，对于股权激励纠纷案件的法律关系定性问题便至关重要。结合法院案例，目前司法实践中通常有两种定性方向——一是将股权激励纠纷定性为劳动争议纠纷，二是将其定性为民商事合同纠纷。

上述两种法律关系定性产生的不同影响主要体现在以下三方面。

首先，管辖方面。《劳动争议调解仲裁法》第21条第2款规定，"劳动争议由劳动合同履行地或者用人单位所在地的劳动争议仲裁委员会管辖。双方当事人分别向劳动合同履行地和用人单位所在地的劳动争议仲裁委员会申请仲裁的，由劳动合同履行地的劳动争议仲裁委员会管辖"。然而，《民事诉讼法》第24条规定，"因合同纠纷提起的诉讼，由被告住所地或者合同履行地人民法院管辖"；《民事诉讼法》第35条规定，"合同或者其他财产权益纠纷的当事人可以书面协议选择被告住所地、合同履行地、合同签订地、原告住所地、标的物所在地等与争议有实际联系的地点的人民法院管辖，但不得违反本法对级别管辖和专属管辖的规定"。由此可见，法律关系定性的差异将直接导致争议案件管辖法院的不同。

其次，程序和举证责任方面。劳动争议的前置程序为劳动仲裁，当事人

应先向劳动争议仲裁委员会申请仲裁,对仲裁裁决不服的,可以向人民法院提起诉讼。此外,劳动争议中用人单位的举证责任较重,《劳动争议调解仲裁法》第 6 条第 2 句规定,"与争议事项有关的证据属于用人单位掌握管理的,用人单位应当提供;用人单位不提供的,应当承担不利后果"。另外,最高人民法院《关于审理劳动争议案件适用法律问题的解释(一)》第 44 条规定,"因用人单位作出的开除、除名、辞退、解除劳动合同、减少劳动报酬、计算劳动者工作年限等决定而发生的劳动争议,用人单位负举证责任"。但是如果将股权激励纠纷定性为合同纠纷,则只需满足"谁主张,谁举证"的举证责任要求即可,用人单位承担的举证责任相对较轻,双方承担的举证责任大致相当。

最后,诉讼时效方面。《劳动争议调解仲裁法》第 27 条第 1 款规定,"劳动争议申请仲裁的时效期间为一年。仲裁时效期间从当事人知道或者应当知道其权利被侵害之日起计算"。按照《民法典》第 188 条对于合同纠纷的诉讼时效的规定,当事人向人民法院请求保护民事权利的诉讼时效期间为 3 年,法律另有规定的,从其规定。

以下是各地区法院对于股权激励纠纷定性的不同案例,总体来看坚持了"具体问题具体分析"的处理原则,基于个案的实际情况认定股权激励纠纷的法律关系性质。

一、将股权激励纠纷认定为合同纠纷的案例

将股权激励纠纷认定为合同纠纷的案例见表 7–2。

表 7–2 将股权激励纠纷认定为合同纠纷的案例

序号	案号	裁判日期	审理法院	法院观点
1	(2020)粤01 民终 4433 号	2020 年 7 月 14 日	广东省广州市中级人民法院	法院认为,从涉案《C-140 号协议》《B-201 号协议》约定的内容来看,双方基于上述协议所形成的法律关系应为一般平等民事主体之间的民商事合

续表

序号	案号	裁判日期	审理法院	法院观点
				同关系，而非劳动合同关系。主要理由如下： （1）从涉案协议的内容来看，某股份有限公司授予限制性股票不属于企业员工依据劳动法领域依法享有的劳动薪酬或福利，而是一种额外的激励。 （2）某股份有限公司授予限制性股票是附条件的……故涉案协议符合商业行为盈利与风险相一致的法律特征，本质上应属于一般的民商事合同。 （3）从涉案协议的签订、履行过程来看，劳动关系的存在并不直接影响或构成股权激励协议中双方具体的权利义务内容，并不必然导致签约双方主体地位的不对等，余某选择签订涉案协议并未受到与身份有关的限制
2	（2019）粤民再227号	2019年11月25日	广东省高级人民法院	法院对案件纠纷的性质分析如下： 第一，从《协议书》的签订目的看，其是为了规范公司和中、高级管理人员等不同于普通劳动者的特定员工之间基于限制性股票产生的权利义务，不同于《劳动法》"为了保护劳动者的合法权益"的规范目的。 第二，从《协议书》签订主体的身份看，胡某在限制性股权激励计划中更多地是以公司高级管理人员和高端人才身份行使权利承担义务，其普通劳

续表

序号	案号	裁判日期	审理法院	法院观点
				动者身份相对弱化，胡某并非劳动法律法规意义上的劳动者。 第三，从《协议书》的内容看，其主要在于规范公司和胡某之间基于限制性股权激励计划而产生的权利义务……所以，本案的审理焦点并不在于公司和股权激励对象之间的权利义务是否符合劳动法律法规的规定。 第四，从《协议书》中竞业限制条款的性质看，关于胡某在2年内不得从事相同或相类似工作的约定，是胡某获得限制性股票及收益的对价，不是胡某作为普通劳动者获得工资、劳动条件等的对价。 基于上述分析，本案纠纷认定为合同纠纷而不是劳动争议纠纷，更符合法律规定和个案情况
3	（2019）苏06民终1073号	2019年5月28日	江苏省南通市中级人民法院	一审法院认为，股权激励涉及的财产性收益具有不确定性，与企业经营状况和股票价格密切相关，并非企业定期支付给员工的固定工资、奖金、福利等劳动报酬。双方就股权激励所签订的授予合同属于平等主体之间的普通商事合同，因此产生的争议不属于人民法院劳动争议案件的受案范围，法院对此不予理涉。 二审法院维持原判

续表

序号	案号	裁判日期	审理法院	法院观点
4	（2021）粤03民终9591号	2021年12月20日	广东省深圳市中级人民法院	法院认为，由于目前法学理论界和司法实务界对于股权激励纠纷的法律性质属于劳动争议纠纷还是民事合同纠纷尚存在争议。本案中，王某在相关劳动仲裁裁决涉案股权激励纠纷不属于劳动争议审理范围时选择提起本案民事诉讼，考虑到对股权激励纠纷的法律性质相关法律规范尚无定论以及囿于劳动争议纠纷解决的特殊性规定，王某已无再行通过劳动争议诉讼寻求救济的途径，故应对王某本案的维权程序选择予以宽容
5	（2019）京03民终8026号	2019年6月25日	北京市第三中级人民法院	法院认为，限制性现金奖励是KBL上海公司授予杨某的激励股权，是基于股东身份的对价和权利，并非劳动法项下的劳动报酬，不应在本案劳动争议中予以解决和支持
6	（2020）京0108民初175号、（2021）京01民终5524号	2021年3月30日、2021年9月10日	北京市海淀区人民法院、北京市第一中级人民法院	一审法院认为，本案中，SJMD公司通过邮件、公告等形式发布一系列关于员工股权激励的文件，向符合条件的员工发出要约，文件中明确了股权激励的目的、拟授出权益的数量、激励对象各自可以获授的权益数量、权益的授予价格、激励对象获授权益的条件、权益的限制等，内容具体明确。欧阳某以向指定账户付款的形式作出承诺，双方形成合同关系。上述合同系双方的真实意思表示，且不违反法律、行政法规的强制性规定，应属合法有效，对双方具有约束力。二审法院对此未再作出评判，最终驳回上诉，维持原判

综上所述，将股权激励纠纷定性为民商事合同纠纷案件的主要原因包括但不限于以下内容：（1）股权激励是基于股东身份的对价和权利，并非劳动法项下的劳动报酬等原因；（2）股权激励协议签署的双方是平等的民事主体，不同于公司与员工之间的管理与被管理关系，该等法律关系是一般平等民事主体之间的民商事合同关系；（3）股权激励所产生的收益存在不确定性，不同于用人单位定期支付给员工的固定工资、奖金、福利等劳动报酬；（4）股权授予的主体可能与劳动关系的主体不一致（股权可以由第三方公司授予）。

二、将股权激励纠纷认定为劳动争议纠纷的案例

将股权激励纠纷认定为劳动争议纠纷的案例见表7-3。

表7-3 将股权激励纠纷认定为劳动争议纠纷的案例

序号	案号	裁判日期	审理法院	法院观点
1	（2021）粤03民再76号	2021年9月19日	广东省深圳市中级人民法院	法院认为，《股票期权授权协议书》载明，深圳某公司为有效激励员工的工作积极性和创造性订立该协议……上述协议的签订、履行与双方劳动关系的建立、履行紧密相连，激励对象以与公司具有劳动关系为前提。本案中深圳某公司以陈某违反竞业限制的约定为由要求陈某返还相关的股权收益，而关于竞业限制的纠纷属于劳动争议的范畴。本案应属于劳动争议纠纷，应先经劳动仲裁前置程序
2	（2020）京03民终13230号	2020年12月23日	北京市第三中级人民法院	北京市朝阳区人民法院（一审法院）认为，用人单位对部分劳动者实施股权激励，并将可能产生的巨额股权收益与劳动者的劳动绩效予以捆绑。因此，从本质上来看，股权激励所产生的收益是劳动报酬的一种形式。 二审法院认为，用人单位通过支付劳动者

续表

序号	案号	裁判日期	审理法院	法院观点
				货币之外的其他有价值的有形或无形财产，只要符合双方约定且不违反法律法规的效力性、强制性规定，均应当视为劳动报酬的一部分……焦某所获的限制性股票应当计入劳动报酬，其已获得的股票对价应计入其离职前12个月的工资中作为计算基数
3	（2022）京01民终630号	2022年4月7日	北京市第一中级人民法院	北京市海淀区人民法院（一审法院）认为，公司对员工进行股权激励，员工可通过自己努力工作付出，推动企业发展，获取其可期待的利益，其实质仍属劳动者提供劳动，获取的对价。 二审法院认为，用人单位对员工进行股权激励是向劳动者支付劳动报酬的一种方式……股权激励对于员工来说是其获得的劳动对价的一种
4	（2021）闽02民终5746号	2021年11月11日	福建省厦门市中级人民法院	厦门市思明区人民法院（一审法院）认为，股权激励依附于劳动关系而产生，与被激励对象和企业之间的劳动关系存在紧密的联系，与股权激励相关的争议应当定性为劳动争议……厦门某公司给予邓某的股权激励实质为邓某享有的福利，属劳动报酬范畴。因此厦门某公司对其职工给予股权激励，由此引发的纠纷应属于劳动争议范围。 二审法院认为，厦门某公司系基于双方存在劳动关系而出具《承诺函》，其目的是激励员工，提高员工工作积极性，系依附于劳动关系而产生，是用人单位的一种用工自主管理行为，故本案应为劳动争议

续表

序号	案号	裁判日期	审理法院	法院观点
5	（2019）沪74民终295号	2019年4月30日	上海金融法院	法院认为，无论案涉"定存优惠方案"是否属于股权激励，劳动关系均是其存在的前提，而劳动关系中的报酬是一个组合概念，既包括工资、奖金，也包括福利和股权激励等物质激励。因此案涉"定存优惠方案"应当属于劳动法律关系规范的范畴。三汰公司与上诉人之间因"定存优惠方案"而发生的纠纷属于劳动纠纷，应先向劳动争议仲裁委员会申请仲裁，未经仲裁不得向法院提起诉讼
6	（2019）苏05民终6149号、6150号	2019年10月16日	江苏省苏州市中级人民法院	法院认为，用人单位给予劳动者的股权激励实质为劳动者享有的福利，属劳动报酬范畴

综上所述，将股权激励纠纷定性为劳动争议案件的主要原因包括但不限于以下内容：（1）股权激励所产生的收益本质上属于劳动报酬（包括工资、奖金、福利和股权激励等物质激励）；（2）劳动关系是股权激励的前提，股权激励产生并附属于劳动关系；（3）股权激励的目的是激发员工工作的积极性，股权激励对应的内容属于员工应完成的公司任务（如工作年限、业绩条件等），符合劳动合同签订的目的及相关工作要求，属于劳动合同履行的一部分。

第58问：股权激励计划是否可以与竞业禁止相衔接？

答：竞业限制是指用人单位和知悉本单位商业秘密或者其他对本单位经营有重大影响的劳动者在终止或解除劳动合同后一定期限内，不得在生产同类产品、经营同类业务或有其他竞争关系的用人单位任职，也不得自己生产与原单位有竞争关系的同类产品或经营同类业务。《劳动合同法》第23条第2款规定，"对负有保密义务的劳动者，用人单位可以在劳动合同或者保密协议中与劳动者约定竞业限制条款，并约定在解除或者终止劳动合同后，在竞业限制期限内按月给予劳动者经济补偿。劳动者违反竞业限制约定的，应当按照约定向用人单位支付违约金"。最高人民法院《关于审理劳动争议案件适用法律问题的解释（一）》第36条第1款也规定，"劳动者履行了竞业限制义务，要求用人单位按照劳动者在劳动合同解除或者终止前十二个月平均工资的30%按月支付经济补偿的，人民法院应予支持"。然而，目前法律法规并未明确股权激励与竞业限制的关系，即股权激励能否作为员工履行竞业限制义务的对价，或能否将遵守竞业限制义务作为员工获授股权激励的条件。我们将从实践案例角度就此问题展开探讨。

从目前的实践案例来看，部分企业在其与员工签订的股权激励协议中附加竞业限制义务，将股权激励收益作为员工履行竞业限制义务的对价，如果员工违反了竞业限制义务，则其需返还股权激励收益以承担违约责任。从司法实践的角度来看，各地区法院对于股权激励能否作为竞业限制义务的对价这一问题存在不同裁判观点，具体案例情况如下。

一、股权激励可以作为竞业限制义务对价的案例

股权激励可以作为竞业限制义务对价的案例见表7-4。

表7-4 股权激励可以作为竞业限制义务对价的案例

序号	案号	裁判日期	审理法院	法院观点
1	（2018）沪01民终1422号	2018年6月22日	上海市第一中级人民法院	一审法院认为，双方当事人之间先后签订的两份主要内容相同的《保密与不竞争承诺协议书》系双方真实意思表示，其中关于徐某承担竞业限制义务及相应违约责任的约定，于法无悖，应为有效……徐某作为某科技公司从

续表

序号	案号	裁判日期	审理法院	法院观点
				事游戏产品研发工作的员工，接触的是游戏开发工作的关键环节，应承担比一般员工更为严格的竞业限制义务，且双方签订的《保密与不竞争承诺协议书》明确约定，某科技公司母公司的限制性股票作为对价被授予徐某，并于徐某在职期间就已解禁归属过户，由徐某获利，故徐某关于《保密与不竞争承诺协议书》中的竞业限制条款无效的理由不成立。 二审法院认为，双方2012年10月25日签订的《保密与不竞争承诺协议书》约定授予限制性股票及违约责任，徐某也根据《保密与不竞争承诺协议书》的约定取得了限制性股票，因此双方已重新约定了相应的权利义务，其应根据《保密与不竞争承诺协议书》的约定承担违约责任
2	（2021）粤06民终13438号	2021年11月23日	广东省佛山市中级人民法院	（1）关于本案是否属于劳动争议纠纷的问题。 首先，HT公司与何某之间签订了劳动合同，双方存在劳动关系；本案双方因竞业限制产生的纠纷属于劳动争议纠纷。其次，双方因竞业限制纠纷而进一步引起返还限制性股票收益纠纷，且根据双方签订的《限制性股票授予协议书》的内容可知，HT公司授予何某相应的股权激励是以双方存在劳动关系为前提，故一审法院将本案定为

续表

序号	案号	裁判日期	审理法院	法院观点
				劳动争议纠纷一并审理正确。 （2）关于案涉《竞业限制和保密协议》的效力和何某是否违反了《竞业限制和保密协议》的问题。 本案中，何某并未举证证明其在一审庭审之前已向HT公司主张了解除竞业限制条款，应承担举证不能的不利后果，且何某也未依约向HT公司提供其离职后的任职情况，故一审法院认定以一审庭审之日（2021年5月25日）为何某主张解除竞业限制条款之日正确。何某上诉主张未违反《竞业限制和保密协议》的义务没有事实和法律依据，法院不予采纳。 另查，何某自2019年11月11日起至2020年5月止在上海某食品有限公司工作，自2020年6月起至2021年5月止在某食品股份有限公司工作。基于上海某食品有限公司、某食品股份有限公司的经营范围均与HT公司的经营范围有重合，存在竞争关系，何某在上述公司任职的行为明显违反《竞业限制和保密协议》的约定。 （3）关于何某应否向HT公司支付竞业限制违约金和返还因已解禁的限制性股票而获得的收益的问题。 ①关于违约金的问题。根据《竞业限制和保密协议》第3条第2款的规定，结合何某在HT公司处曾任职的职务、

续表

序号	案号	裁判日期	审理法院	法院观点
				收入等情况综合考虑，一审判决何某应向 HT 公司支付竞业限制违约金 10 万元正确，本院予以维持。 ②关于已解禁的限制性股票而获得的收益的问题。首先，《限制性股票授予协议书》约定何某与 HT 公司或其分、子公司签订《竞业禁止协议》后出现禁止行为的，应返还限制性股票而获得的收益……故该条款应理解为双方合意激励对象不得违反与 HT 公司签订的竞业协议。因此，一审法院认定《限制性股票授予协议书》中约定的《竞业禁止协议》即何某与 HT 公司签订的《竞业限制和保密协议》合理有据，二审法院予以认同。其次，何某与 HT 公司签订的《竞业限制和保密协议》对竞业限制和保密事项已作明确约定，何某在 HT 公司离职之日起两年内均负有竞业限制和保密义务。但结合已查明事实，何某在上海某食品有限公司、某食品股份有限公司的任职行为明显违反《竞业限制和保密协议》的约定，根据《限制性股票授予协议书》的约定，何某出现竞业协议中的禁止行为，HT 公司有权要求其返还因已解禁的限制性股票而获得的收益。何某因存在违反《竞业限制和保密协议》的行为，依约应向 HT 公司返还限制性股票的收益。何某上诉无须返还没有事实依据，二审法院不予采纳

除上述两个案例外,在前文提到的(2020)粤01民终4433号判决书中,广州市中级人民法院(二审法院)也对用人单位将股权激励作为竞业限制义务对价的做法予以支持,明确指出员工余某取得限制性股票的对价之一是要受《保密与不竞争协议》条款的限制。该案一审法院认为,若余某违反忠诚、勤勉、廉洁、职责等方面的约定或要求,其股票权益可能会被终止、限制或剥夺。这些约定不存在免除公司责任、加重参加人员责任或者排除参加人主要权利的情形,符合权利义务对等原则,亦符合激励制度的基本价值取向。

二、股权激励无法作为竞业限制义务对价的案例

股权激励无法作为竞业限制义务对价的案例见表7-5。

表7-5 股权激励无法作为竞业限制义务对价的案例

序号	案号	裁判日期	审理法院	法院观点
1	(2021)京01民终1751号	2021年4月29日	北京市第一中级人民法院	二审法院认为,双方签订的《保密与不竞争协议》不适当地扩大了竞业限制的范围,且没有证据证明在竞业限制期间高某入职的两家公司与某教育公司存在直接的竞争关系,因此,不能认定高某存在违反竞业限制协议的行为,某教育公司应当向高某给付竞业限制补偿。 劳动合同法明确规定竞业限制补偿的支付方式,目的在于解决劳动者因竞业限制造成的就业受限而可能带来的生活困难,为其生活提供持续的经济保障。而按月支付的方式,最有利于实现这一立法目的,因此,该规定属于强制性规定。但是,如果双方就补偿的支付方式和时间的约定,较上述强制性规定,对劳动者更为有利时,则没有必要将双方的约定评价为无效约定;如果双方的约定较上述强制性规定显

续表

序号	案号	裁判日期	审理法院	法院观点
				得对劳动者不利，则应将该约定认定为无效约定。 本案中，双方约定以发放股票期权的形式作为竞业限制的经济补偿。股票期权，是指买方在交付了期权费后即取得在合约规定的到期日或到期日以前按协议价买入或卖出一定数量相关股票的权利。因此，是否行使权利，很大程度上取决于在合约规定的行权期间，股票价格与购买期权的价格之间是否存在差价从而能够获得盈利。而某教育公司的母公司目前并未公开上市，因此，其股权并不存在一个各方接受的、确定的交易价格，高某能否因行权而盈利、盈利能否达到法定的竞业限制补偿的最低标准都是难以确定的。并且，因未公开上市，该股票期权无法像货币一样随时兑现，也就是欠缺流动性，这些特征使得，如果按照双方的约定，则相对于劳动合同法的强制性规定，对劳动者较为不利。因此，二审法院认定《保密与不竞争协议》第4条第1款的约定无效。在此情形下，应当视为未约定经济补偿
2	（2018）粤01民终619号	2018年4月2日	广东省广州市中级人民法院	《限制性股票单位激励协议》一方面约定限制性股票作为徐某遵守不竞争承诺的对价，另一方面又约定限制性股票是遵守规章制度、劳动纪律等的对价。而竞业限制补偿金是对劳动者在竞业限制期内因择业权利受到影响而造成的一定利益损失的补偿，它不属于劳动者的工资或者其他福利，

· 201 ·

续表

序号	案号	裁判日期	审理法院	法院观点
				也与劳动者在职期间有无违纪行为等无关,具有排他性,而且该补偿金也应该是确定的。但本案中授予限制性股票的单位不固定,且须在市场交易中实现价值,其收益也具有不确定性。由此可见,限制性股票是否作为徐某履行不竞争义务的对价以及该对价的具体金额处于约定不明的状态。法院对广州某科技公司关于限制性股票是徐某履行竞业限制义务的对价的主张不予支持

综上所述,目前法律法规并未明文禁止将股权激励作为竞业限制对价的约定,且已有法院案例支持了该做法,因此不应一概否认类似约定的效力。司法实践中究竟是否会认定该约定有效,主要应考虑以下因素:首先,需要考虑授予股权的类型以及兑现条件,如股票期权的具体行权条件和经济收益、限制性股票的解禁条件和禁售期届满期限,作出有利于保护劳动者的认定。其次,需要考虑劳动者对其享有的激励股权的实际控制程度,如果其已经通过行权获得股票期权或者其被授予的限制性股票已经实际过户并解除禁售,即员工在离职后可以完全自行掌控其被授予的激励股权,并且可以随时兑现,则在该等情况下获得法院支持的可能性较大;反之,如果劳动者无法实际控制激励股权,如在连续3个月甚至更长时间内无法将获授股权兑现,则法院将倾向于作出否认该等约定的判决。最后,还应考虑被授予的激励股权的变现价值,如果变现价值低于司法解释对竞业限制的经济补偿所规定的相应标准,则该等约定也可能被认定为无效。

第八章

股权激励的退出

第59问：激励对象在哪些情形下应当退出股权激励计划？

答：考虑到股权激励计划的对价性、激励股权的稀缺性、非上市公司股权的低流通性，同时为了最大限度减少纠纷，维护公司和激励对象的利益，在股权激励计划中设置完善的股权激励退出机制是十分必要的。一般而言，激励对象退出股权激励计划的情形可分为"过错退出"和"非过错退出"，涉及激励对象退出机制时，应充分考虑具体退出情形，并进行细化规定。

一、过错退出

过错退出，是指因激励对象自身存在过错，导致其被企业强制要求退出激励计划。一般情况下，包括但不限于下列情形：

（1）激励对象在服务期（锁定期）内单方面解除劳动合同，或不同意公司维持或提高劳动合同约定条件续签劳动合同；

（2）激励对象被开除而与公司解除劳动合同；

（3）激励对象因犯罪行为被依法追究刑事责任；

（4）激励对象违反法律法规、公司章程或公司内部规章制度的规定，或者发生劳动合同约定的失职、渎职行为，严重损害公司利益或声誉，或者给公司造成直接或间接经济损失，或者给公司经营或资本市场运作带来重大不利影响；

（5）激励对象在任职期间，存在受贿、索贿、贪污、盗窃、泄露经营和技术秘密等行为，或者存在其他违反诚实信用、职业道德的行为；

（6）激励对象未经公司事先书面同意，从事或通过其关联人员从事与公司相竞争的业务，或者在从事与公司相竞争业务的公司任职或领薪；

（7）激励对象违反与公司签订的任何协议（包括但不限于劳动合同、激励股权或期权授予协议、竞业禁止协议等）。

在实操中，也有公司为简化起见，过错退出的情形仅限于员工出现《劳动合同法》第39条规定的情形，即在该等情形下，公司可以单方解除劳动合同，相应地，要求激励对象必须退出公司也较为符合常理。

二、非过错退出

非过错退出，是指非因激励对象过错，但发生了其他特殊情况而需要退出激励计划。一般情况下，包括但不限于下列情形：

（1）激励对象在服务期（锁定期）届满后离职；

（2）激励对象与公司协商一致解除劳动合同；

（3）公司未完成经营业绩指标或激励对象工作表现未达到预期目标；

（4）激励对象退休、死亡或丧失劳动能力；

（5）公司发生重大变化，不适合继续实施股权激励计划。

需要特别说明的是，上述情形为我们根据实践经验列举的激励对象退出情形，公司可以根据自身及行业的情况，有选择地规定激励对象退出情形。

第 60 问：可以采取哪些方式令激励对象转回激励股权？

答： 激励对象如何退出股权激励计划是筹划阶段需要重点考量的问题。一般情形下，若激励对象直接持有激励股权，则将激励对象请出股权激励计划的主要方式为促使激励对象转让激励股权；若激励对象通过公司型员工持股平台间接持有激励股权，则将激励对象请出股权激励计划的主要方式为促使激励对象转让员工持股平台股权。但是坦率地讲，这两种方式都不是很好操作，因为股权转让的前提是必须取得股东的同意。

上述难点也正是绝大多数公司选择设立有限合伙形式的持股平台的重要原因。因为根据《合伙企业法》的相关规定，若激励对象是合伙型员工持股平台的合伙人，那么将激励对象请出股权激励计划的方式就可以包括促使激励对象转让员工持股平台的合伙份额、强制激励对象退伙、激励对象当然退伙等，要比公司型的持股平台的可选方案丰富得多。

一、激励对象直接持有激励股权、激励对象通过公司型员工持股平台间接持有激励股权的情形

这种情形下，一般来说，激励对象触发退出情形的，拟上市公司主要通过和激励对象达成协议促使其转让激励股权或员工持股平台股权，使之退出股权激励计划。这是因为除《公司法》的相关司法解释中规定了少量可以解除股东资格的特殊情形外，《公司法》等相关法律法规并未规定股东强制性退出公司的机制，这导致在一般情形下，无法直接"剥夺"激励对象所持公司股权。

此种情形下，激励对象的退出往往需要通过协商进行。为保障激励对象退出的顺利实施，公司在实施相关股权激励计划时，即应在相关协议文件中与激励对象明确约定相关激励股权的退出安排，例如，激励对象发生退出情形时，公司可以一定价格回购激励对象持有的激励股权，或者公司指定相关主体收购激励对象持有的激励股权。需要说明的是，即便有前述约定或安排，实际上公司在办理激励对象退出相关事宜时，仍可能需要激励对象的配合，例如公司需要激励对象签订相关股权转让协议，或者公司在办理相关工商变更登记程序时，可能需要相关激励对象的签字或确认。

为应对前述问题，公司或公司指定的收购主体可以考虑预先与激励对象签订相关附生效条件的股权转让协议、与工商主管部门进行事先沟通，并在激励对象触发退出情形时与其保持密切的沟通。

二、激励对象通过合伙型员工持股平台间接持有激励股权的情形

这种情形下，除可以通过和激励对象达成协议促使其转让员工持股平台的合伙份额外，还可以通过除名退伙机制、当然退伙机制促使激励对象从员工持股平台退伙，使之退出股权激励计划。这是因为《合伙企业法》第48条、第49条规定了当然退伙、除名退伙的合伙人退出机制，为公司办理相关激励对象退出提供了更为主动的手段，提高了公司管理相关员工持股平台或激励对象的主动性，这也正是很多拟上市公司设立员工持股平台时偏爱合伙型企业的原因之一。关于激励对象通过合伙型员工持股平台间接持有激励股权情形下相关退出方式的讨论，详见本书"第61问：可以采取哪些方式令激励对象退出合伙型持股平台？"所述。

除上述情形之外，激励对象发生特殊情形需要退出股权激励计划的，例如激励对象死亡或者被宣告死亡，根据《公司法》第90条、《合伙企业法》第50条规定，公司可以在公司章程、员工持股平台的章程或合伙协议中对激励对象继承人的继承权也进行排除，从而实现激励对象的退出。相关讨论详见本书"第54问：激励对象的继承人能否继承激励股权？"所述。

第61问：可以采取哪些方式令激励对象退出合伙型持股平台？

答：激励对象的退出，是指激励对象退出公司股权激励计划，具体表现为激励对象通过向公司或相关方转出其直接或间接持有的激励股权等方式，其不再继续持有激励股权。事实上，激励对象的退出是筹划股权激励计划时应当重点关注的事项，尤其是激励对象的退出方式、退出途径等。

由于合伙型员工持股平台存在当然退伙、除名退伙等退出途径，这恰恰是公司型员工持股平台所没有的，因此合伙型员工持股平台方案可以为公司管理相关激励对象提供更强的主动性，这也正是拟上市公司设立员工持股平台时偏爱合伙型的原因之一。激励对象退出合伙企业型员工持股平台的常见

方式包括当然退伙、除名退伙、转让有限合伙企业合伙份额三种，具体论述如下。

一、当然退伙

当然退伙是基于合伙人主观意愿之外的客观事实而产生的退伙。《合伙企业法》第 48 条第 1 款规定："合伙人有下列情形之一的，当然退伙：（一）作为合伙人的自然人死亡或者被依法宣告死亡；（二）个人丧失偿债能力；（三）作为合伙人的法人或者其他组织依法被吊销营业执照、责令关闭、撤销，或者被宣告破产；（四）法律规定或者合伙协议约定合伙人必须具有相关资格而丧失该资格；（五）合伙人在合伙企业中的全部财产份额被人民法院强制执行。"有关当然退伙的操作要点，详见本书"第 62 问：如何通过'当然退伙'令激励对象退出合伙平台？"所述。

二、除名退伙

除名退伙系当某一合伙人出现法定事由或者合伙协议约定的事由时，其他合伙人一致同意将该合伙人开除出合伙企业，而使其丧失合伙人资格。《合伙企业法》第 49 条规定："合伙人有下列情形之一的，经其他合伙人一致同意，可以决议将其除名：（一）未履行出资义务；（二）因故意或者重大过失给合伙企业造成损失；（三）执行合伙事务时有不正当行为；（四）发生合伙协议约定的事由。"有关除名退出的操作要点，详见本书"第 63 问：如何通过'除名退伙'令激励对象退出合伙平台？"所述。

需要注意的是，除名退伙与当然退伙都属于法定退伙的方式，但是在实际运用中，这两种退伙方式却经常被混用。与当然退伙相比，除名退伙更加侧重于被退伙合伙人的主观过错，在除名退伙的情形下合伙人意思自治的范畴较当然退伙更大；除名退伙虽然也可以排除某些合伙人，但需经过一定程序，即"经其他合伙人一致同意"，相对来讲没有当然退伙的作用直接，当然退伙更能起到自动退伙的效果。此外，《合伙企业法》等相关规定还赋予了被除名的合伙人明确的救济权利。

三、转让有限合伙企业合伙份额

合伙人通过将在合伙企业中的全部或部分份额转让来放弃或让渡合伙人资格，是实践中普遍采用的退出持股平台的方式。有关转让有限合伙企业合伙份额的操作要点，详见本书"第64问：如何通过'转让合伙份额'令激励对象退出合伙平台？"所述。

合伙人将其持有的财产份额转让给他人的行为虽然事实上构成退出合伙企业，但与《合伙企业法》中退伙的概念并不等同。退伙系依照《合伙企业法》的相关规定，按退伙时的合伙企业财产状况进行结算，扣除违约、债务清偿等成本，退还财产份额并分担亏损后，合伙人方可实现退出。若将合伙企业财产中的份额转让，转让方已经无须再履行上述结算手续，因此，仅转让合伙份额并不必然构成《合伙企业法》中的退伙。司法实践中部分法院也注意到了二者的不同，因此在适用法律上进行了严格的区分。

例如，在钱某与SHZZB股权投资管理合伙企业（有限合伙）退伙纠纷二审案〔(2017)兵08民终655号〕中，法院认为，按照《补充条款》第3条第2款如果激励对象有以上行为，必须将其持有的持股公司的限制性股权按照离职最近一期公司经过审计的每股净资产的价格转让给薛某1、薛某2、陶某或其指定主体的规定，上诉人应将其持有的限制性股权进行转让，但并无上诉人退伙情形的出现。ZB企业主张确认上诉人退伙，应符合《合伙企业法》关于退伙的规定才能确认退伙，而不应适用《合同法》（现已列入《民法典》）关于解除合同的规定，一审适用法律错误，二审法院予以纠正。

第 62 问：如何通过"当然退伙"令激励对象退出合伙平台？

答：《合伙企业法》明确规定了激励对象（有限合伙人）当然退伙的情形，结合股权激励计划的实际情况，主要包括自然人死亡或者被依法宣告死亡、合伙人不再具有相关资格、合伙人丧失偿债能力等三种法定情形。

对于自然人当然退伙的三种法定情形，"自然人死亡或者被依法宣告死亡"的情形相对明确，故不再赘述。但对于"不再具有相关资格"和"丧失偿债能力"的情形，实践中存在一定理解和适用标准上的模糊，在作为持股平台的合伙企业中如何界定和利用好这两种情形颇值得探讨。

一、认定激励对象不再具有相关资格

"具有相关资格"的内涵和外延在法律法规层面并没有明确规定。《合伙企业法》释义中指出"如果合伙人资格依照法律规定或者合伙协议约定是以合伙人具有相关资格为基础的，当合伙人丧失了相关资格，该基础不复存在，合伙人当然就同时丧失了合伙人资格"。据此，合伙型员工持股平台可以在合伙协议中明确约定当然退伙的情形，以便解决激励对象退出时可能产生的僵局。例如，在梁某与SXCDYS科技发展合伙企业（有限合伙）退伙纠纷案[（2022）陕03民终1443号]中，法院支持了"《合伙协议》明确约定有限合伙人离职，不再是DX公司或SL公司的正式在册员工的，当然退伙。原告作为有限合伙人不再具有DX公司或SL公司的员工身份时，即丧失了作为有限合伙人必须具有的资格，该有限合伙人当然退伙"。因此，合伙型员工持股平台可以在合伙协议中约定"与公司存在劳动合同关系"或者"在公司担任某些职务"等条件作为合伙人必须具有的相关资格，一旦激励对象离职或者不再担任某些重要岗位，其将当然退出合伙企业。

值得注意的是，在合伙协议中约定"相关资格"时，应特别注意相关表述的问题。例如，在GZXEX股权投资合伙企业、兰某某退伙纠纷案[（2018）粤01民终7204号]中，一审法院认为"涉案合伙协议的补充协议约定，有限合伙人在被投资公司或其子公司任职未满2年（自本协议签署之日起至批准离职日），有限合伙人应转让其持有的XEX企业的所有股份。该条约定涉及的是有限合伙人主动申请离职的情形，而本案中已有生效的法律文书认定兰某某与WZ公司之间的劳动关系属WZ公司违法解除，并非因兰某某自身原因申请离职，故并不适用该约定必须退伙的情形"。虽然二审法院撤销了一审判决，认为"虽未对合伙人被 XEX 企业投资公司或其子公司辞退的情形提供解决方案，但根据双方当事人的陈述及协议约定的内容分析，XEX 企业系为对员工实施股权激励计划而设立的持股平台。在兰某某已经与 WZ 公司解除劳动关系的情况下，兰某某不再是 XEX 企业投资公司或其子公司的员工，则不再是 XEX 企业实施员工股权激励计划的对象，应从 XEX 企业退伙"，但实践中为了避免类似歧义的发生，应事先注意合伙协议中表述的严谨性。

二、认定激励对象丧失偿债能力

现行规定并没有对如何判断偿债能力作出明确规定，实践中往往也很难轻易地认定合伙人丧失了偿债能力。例如，在顾某某与戴某某、曹某某等退伙纠纷案［（2017）苏 09 民终 1054 号］中，法院认为年龄与偿债能力并不等同，上诉人主张年事已高丧失偿债能力，因而要求退伙的请求无事实和法律依据。这说明，在判断合伙人是否丧失偿债能力时，需要通过多种因素进行综合分析，如该合伙人的劳动能力、信用情况、收入来源、财产状况、其他债务情况、是否涉及诉讼仲裁、是否存在被执行或失信情况等。在李某某、陈某、林某某合伙企业纠纷案［（2020）闽 0481 民初 1151 号］中，法院认为最高人民法院中国执行信息公开网显示，李某某的被强制执行信息 11 条，被执行金额 18,038,397 元，李某某欠下巨额债务，已丧失偿债能力，符合合伙企业法第 48 条第 1 款第 2 项规定的当然退伙的情形。因此，仅以年龄或收入等因素单独作为界定丧失偿债能力，缺乏事实依据，在司法实践中通常也难以获得认可。

合伙人若丧失了偿债能力，最终结果可能是利用该合伙人在合伙企业中的财产份额来清偿个人债务，这同样会使合伙人丧失其在合伙企业中的财产份额，理论上这有可能使不确定的第三方获得合伙企业的份额。这种情况对于极为注重人合性的员工持股平台而言几乎是不可接受的。因此，在员工持股平台的合伙协议中，应当特别约定：（1）当普通合伙人出现此种情形时，如何选任新的普通合伙人并承接前任的一些对激励对象进行管理的特殊职权，维持持股平台的稳定；（2）由于丧失偿债能力并非有限合伙人的法定退伙情形，因此如何尽可能避免外部人员因债务清偿而直接成为合伙人。

第 *63* 问：如何通过"除名退伙"令激励对象退出合伙平台？

答：《合伙企业法》明确规定了除名退伙的相关情形，结合股权激励计划的实际情况，激励对象（有限合伙人）存在"未履行出资义务""因故意或者重大过失给合伙企业造成损失"的情形时，经其他合伙人一致同意，可以决议将其除名。具体论证如下。

一、认定激励对象未履行出资义务

从广义上讲，未履行出资义务不仅包含完全未履行出资义务的情形，也包含仅履行部分出资义务的情形。对于仅履行了部分出资义务的激励对象，能否进行除名，在实践中较为容易产生纠纷。

不管是从激励对象本身所负担的法定、约定义务来说，还是从未来审核部门在上市审核时的要求来说，激励对象均应当完全履行向合伙企业出资的义务，否则理论上不应当享有合伙人的资格。经检索相关司法案例，鉴于除名退伙对合伙人会产生重大的影响，因此法院可能对未按期足额缴纳出资的合伙人能否直接除名较为谨慎。

例如，在 TJSLCHT 科技发展有限公司与 DSYX（TJ）文化传播合伙企业、张某某等合伙协议纠纷案［（2016）津 0116 民初 44 号］中，法院认为各合伙人均未完全按照合伙协议约定进行出资，在除名决议作出前原告已实际出资 70 万元，并非未出资，且其出资已用于电影的拍摄，而对合伙人的除名是一种身份上的解除，是在无其他缓和的解决的方式时才能使用的一种方法，以原告未履行出资义务为由将其除名不符合合伙协议约定。

因此，若合伙人已经缴纳了部分出资，在合伙协议没有明确约定的前提下，司法实践中通常不会将"未完全履行出资义务"作为其除名的法定事由，而是会先要求其按照《合伙企业法》第65条的规定承担补足义务和违约责任，除名则会作为最后的救济手段。若合伙企业希望达到除名的效果，其可以依据《合伙企业法》第49条第1款第4项的规定，在合伙协议中提前设置如不在约定期限内缴纳约定出资即发生除名退伙事由的约定，并且在相关文件的适当位置明确进行这样严格约定的合理商业逻辑（如对其他员工的公平性、未来上市审核时及时足额出资的重要性等），从而在合伙人拒绝退出持股平台但又存在未足额按期缴纳出资的情况时，赋予其他合伙人依照合伙协议约定的程序直接对其除名的权利。在周某某与许某某等合伙协议纠纷案［(2020)京03民终5328号］中，《合伙人协议书》约定"合伙人未履行出资义务，经其他合伙人一致同意，可以决议将其除名"；同时，在《合伙人协议书》违约责任部分亦约定"合伙人未按期缴纳或未缴足出资的，按退伙处理"，因此一审、二审法院均认定在周某某没有完全缴纳出资的情况下，朱某某等六人作出决议，将周某某按除名退伙处理并无不当。

二、认定激励对象因故意或者重大过失给合伙企业造成损失

该情形的认定需要满足"故意或者重大过失的行为"以及"给合伙企业造成损失"这两个要件，但是现行规定对于故意、重大过失以及何为损失都没有明确定义。经检索相关司法案例，鉴于除名退伙是多数合伙人对少数合伙人在合伙中的身份和权利的剥夺，法院通常对除名决议实行严格审查。例如张某、NBHFJL股权投资合伙企业（有限合伙）等退伙纠纷案［(2023)浙02民终2327号］、QDQJZC企业管理合伙企业、孟某某等合伙协议纠纷案［(2021)鲁02民终10944号］等案例中，法院均以无实质证据证实被退伙人存在故意或重大过失而造成合伙企业损失为由，没有支持除名退伙的主张。因此，只有合伙人存在必然产生损失或者已经产生重大损失的故意或重大过失行为，同时举证方充分地提供了相应证据证明前述情况，该合伙人的行为

才有可能被认定为构成法定除名事由。

结合合伙型员工持股平台的实际情况，一方面，员工持股平台本身并无实质业务；另一方面，激励对象大多系有限合伙人，亦通常不参与合伙事务。即便员工在任职期间因故意或重大过失对拟上市公司造成损失，但这种损失是否可以直接被认定为是给"合伙企业造成损失"，亦值得探讨。因此，该等法定除名事由对作为激励对象的员工而言，可适用的空间可能相对有限。加之员工若存在不当行为需要退伙，因其存在身份特征，可以直接适用当然退伙的规定，较之除名退伙更为直接、程序相对更为简便。

需要特别注意的是，部分合伙型员工持股平台中的激励对象可能并非全部是拟上市公司的员工（如外部顾问），其身份或资格可能不会明确记载于合伙协议中，针对该等人员可能很难适用当然退伙的方式使其离开持股平台。为了防范此类激励对象的争议，可以考虑对其适用除名退伙的方式。如前所述，要充分论证"故意或者重大过失的行为"以及"给合伙企业造成损失"，可能在实践中存在一定难度，应当结合该等主体的身份、获得激励份额的背景、其日常行为可能给合伙企业及其他合伙人带来的潜在风险等因素，仔细推敲相关条款的设计。

第64问：如何通过"转让合伙份额"令激励对象退出合伙平台？

答：转让合伙份额是激励对象将合伙企业中全部或部分合伙份额对外转让，以放弃或让渡合伙人资格，也是实践中普遍采用的激励对象退出员工持股平台的方式。通过"转让合伙份额"将相关激励对象请出合伙型员工持股平台应当注意以下几个方面，具体论述如下。

一、妥善进行条款设置

激励对象持有的合伙份额一般由执行事务合伙人或其指定方进行回购，

且不得擅自转让给其他人。约定由执行事务合伙人指定方进行收购，系考虑到若当时已经确定符合条件的受让对象，则可以将合伙份额直接转让给新的合伙人，从而更加便于实际操作。针对不同的激励对象离开企业的方式，仅直接约定转让合伙份额可能并非最佳方案，一方面，转让合伙份额方案对公司的资金统筹能力有一定考验；另一方面，根据激励对象的不同情形，也可能适用当然退伙和除名退伙的退出途径。

二、转让价格分类安排

对于正常原因的合伙份额转让，如工作调动、退休、因公受伤，转让价格上可以考虑在一定程度内给予补偿，以保障员工的相应权益，如以原始出资加相关利息或每股净资产评估值为准进行计算。JSKJ、YKR等上市公司就在其员工持股平台的管理办法或合伙协议中约定，正常离职或退伙的收购价格为该出资人的实缴出资额加上该实缴出资额按照同期银行定期存款基准利率计算的利息之和减去出资人从合伙企业获得的累计分红之和。

对于非正常原因的合伙份额转让，如被辞退、主动离职、损害公司利益，转让价格上可以考虑适当降低，以表现权利义务相统一的原则，如考虑按照净资产账面价值或原始出资孰低进行计算。例如，JSKJ、YPH、YKR等公司，在其员工持股平台的管理办法或合伙协议中约定，退伙合伙人转让财产份额价款按认购财产份额的原始成本或合伙企业净资产乘以其财产份额的比例，扣除应缴纳的税收、费用，两者孰低原则确定。

三、转让价款支付进度与员工离职后竞业及保密义务的整体考量

转让价款的支付进度可以与激励对象的竞业限制、保密义务等相关事项挂钩，一方面可以敦促退出员工持股平台的激励对象积极配合公司、员工持股平台完成转让合伙份额的相关事宜，另一方面也可以促使激励对象在退出以后继续维护拟上市公司的利益，避免对拟上市公司造成重大损失的风险。

例如，若员工离职后与公司约定了两年的竞业及保密期限，则员工离职

后相关股权激励份额转让款可以考虑在两年竞业及保密期限内分期支付，若出现员工违反竞业及保密义务造成公司损失，公司可以考虑从条款设计上安排优先从尚未支付的股权激励份额转让款中予以扣除损失金额或相应延长支付时间。

需要注意的是，如果在股权激励文件中存在员工的竞业义务、保密义务的相关安排，则相关条款的设计需要尤为谨慎，否则，在后续股权激励相关纠纷中可能会影响到相关纠纷的法律关系适用，即适用劳动争议法律关系还是合同法律关系。相较于侧重契约精神的以公司和激励对象双方自由协商为主的合同法律关系，若因为股权激励文件中存在员工的竞业义务、保密义务相关安排等因素导致后续股权激励相关纠纷适用劳动争议法律关系，则将侧重保护劳动者（激励对象）的合法权益，可能无法达到最初股权激励方案设计的目的。

此外，因为法律关系适用的差异引起的诸如对股权激励文件中约定竞业限制条款公司是否需要按照《劳动合同法》支付竞业补偿金，以及竞业期限约定可否突破两年等问题在实操中容易产生一定的争议，根据相关文件条款的不同、个案的区别，司法裁判机构在处理前述纠纷时可能也会有不同的理解。详见本书"第58问：股权激励计划是否可以与竞业禁止相衔接？"所述。

因此，若企业与作为激励对象的员工存在竞业及保密期限安排，在后续员工因离职等原因退出平台时可以考虑将激励份额转让价款支付进度和相关竞业及保密期限进行挂钩，但相关条款设计需要审慎把握。

第65问：拟上市公司股权激励回购价格如何确定？

答：从法律法规出发，并无任何规定明确拟上市公司的股权激励回购价格须如何确定。因此，实践中存在多种不同的确定回购价格的方式，主要包括以授予价格为标准、以净资产价格为标准、以公允价值为标准、以多种标准为标准，或以低于上述价格为标准等，以下我们逐个介绍。

一、以授予价格作为回购价格

以授予激励对象的激励股权价格作为回购价格标准,是实践中较为常见的做法。相关案例见表8-1。

表8-1 以授予价格作为回购价格的案例

公司名称	披露时间	公告相关内容
ZXJT（科创板）	2023年6月19日	如激励对象通过公司该考核期间的绩效考核,即可解除其持有的一定比例的限制性股权的处分限制,但仍应遵守本计划的限售期及减持安排;如未通过该考核期间的绩效考核、或在完成解除限制日前离职,员工持股平台普通合伙人或其指定的有限合伙人**按照授予价格回购该激励对象在该考核期间原可解除限制的股权**,激励对象应配合签署激励股权回购的相关文件
PTE（北交所）	2022年6月29日	转让限制激励对象应承诺,在直接或间接获授的公司股权完成工商变更登记后,在本公司全职工作的时间不少于约定的年限,其中MSHH 10名原合伙人约定的年限为3年,38名其他激励对象约定的年限为1年。如果不足3年或1年,公司有权**按照激励股权的授予价格回购并注销激励对象的全部股份**
MWSW（科创板）	2022年1月10日	如激励对象通过公司该考核期间的绩效考核,即可解除其持有的一定比例的限制性股权的处分限制,但仍应遵守本计划的限售期及减持安排;如未通过该考核期间的绩效考核、或在完成解除限制日前离职,员工持股平台普通合伙人或其指定的有限合伙人**按照授予价格回购**该激励对象在该考核期间原可解除限制的股权,激励对象应配合签署激励股权回购的相关文件

二、以净资产价格作为回购价格

以净资产价格作为回购价格的确定标准,在实践当中亦较为常见。相关案例见表8-2。

表 8-2 以净资产价格作为回购价格的案例

公司名称	披露时间	公告相关内容
HTNH （科创板）	2023年 5月10日	根据《HTNH 电子信息技术股份有限公司 2019 年股权激励方案》的相关规定，因激励对象本人主动提出离职或者其个人原因被 HTNH 解聘、解除劳动合同的，该激励对象取得的合伙份额对应股份应当在半年内由 HTNH 回购，**回购价格按 HTNH 上一年度审计后净资产对应的持股平台持股比例及激励对象合伙份额比例计算**，该激励对象取得回购价款后不再作为持股平台合伙人
KTGF （深交所主板）	2023年 2月6日	在激励对象以原始认购价格获得持股企业财产份额之日起 10 年后，如果 KTGF 未成功上市且激励对象离职或欲主动放弃持股企业财产份额，则激励对象在持股企业所持有的财产份额，全部由普通合伙人或其指定的第三方进行回购，**回购价格按照回购发生前 1 个月 KTGF 账面净资产核算**
JXGF （创业板）	2022年 3月23日	激励对象服务期届满前经公司批准离职，属于善意情形，善意情形下的回购依据"任职服务期规定"的约定进行；享有权益的部分，**上市前参考净资产协商回购**

三、以公允价值作为回购价格

实践中还会将公允价值作为回购价格的确定标准，但定价策略相对较为少见。相关案例见表 8-3。

表 8-3 以公允价值作为回购价格的案例

公司名称	披露时间	公告相关内容
LYDZ （创业板）	2022年 9月28日	若为因工原因造成激励对象丧失劳动能力而离职或死亡，则 QZZX 执行事务合伙人或其指定第三人有权以双方协商后的**公允价值予以回购员工在 QZZX 的全部出资**

续表

公司名称	披露时间	公告相关内容
BYJS（科创板）	2022年9月20日	2016年12月，《增资协议》约定公司上市或被整体并购前，激励对象根据本协议取得股份未经公司书面同意不得转让，且自本次增资完成之日起，LH、LJJ、LJ应在公司工作4年以上，如激励对象在上述期限内离职，公司有权回购激励对象依据本协议取得的股份，公司对本次设定服务期限制条件的股份支付，**参照最近一次增资价格确认公允价值为20.15元/股**
DAGF（创业板）	2021年12月14日	回购价格按照两部分分别计算，已任职年限对应的激励份额**按照公司股票的公允价值的8.5折计算或解禁后抛售该部分激励份额所对应股票时点的股票公允价值计算**，未任职的年限对应的激励份额按上述情况分为正面情形、中性情形、负面情形进行计算

四、以多种标准作为回购价格

在实践中，部分公司可能不会拘泥于上述某一种定价标准，还可能根据不同情况同时使用多种标准。相关案例见表8-4。

表8-4 以多种标准作为回购价格的案例

公司名称	披露时间	公告相关内容
GKSH（创业板）	2023年6月26日	回购价格为该等股权份额授予价格和GKSH最近一年度经审计每股净资产折算确定的价格孰低确定
NRLD（科创板）	2023年2月28日	参与员工股权激励的激励对象发生如下情形，对于其间接持有的公司股权对应的其持有的平台份额，董事会指定第三人强制性予以全部或部分回购，**回购价格为激励对象授予时之原始授予价格或公司最近一期经审计的公司净资产价格或对应公司股权当时的可比市场价这三种价格中之最低价**
LXGF（科创板）	2023年1月31日	锁定期内激励对象自行离职或被发行人辞退的，发行人或其实际控制人可以回购激励对象所持激励份额，**回购价为激励份额购买价和发行人上一年度末经审计的净资产份额孰高**

五、以低于上述价格作为回购价格

除上述定价策略之外，实践中还存在回购价格低于授予价格的情形，甚至在极端情况下，可以 1 元甚至 0 元作为回购价格。对于此种情况，详见本书"第 66 问：低价回购激励股权的约定是否有效"所述。

结合我们的实践经验，我们认为回购价格的设定不宜"走极端"，即不宜将价格设定过低或过高，这均存在潜在问题。若将价格设定过高，无论对于公司，还是对于激励股权的回购主体，均会形成较大的资金压力；若将价格设定过低，激励对象很可能不配合，甚至可能形成争议纠纷，为公司增加诉讼成本。

第 66 问：低价回购激励股权的约定是否有效？

答：股权激励计划中约定以低于授予价格或授予时的股权价值回购激励股权的，该约定是否有效？规则上，无论是《合伙企业法》还是《公司法》，对于激励股权或份额的回购价格均未作出规定。如本书"第 65 问：拟上市公司股权激励回购价格如何确定？"中所论述的，可通过授予价格或授予价格加上一定的合理收益等确定价格并进行回购。在案例方面，经检索，法院通常会尊重当事人的意思自治，认为回购价格的确定系当事人之间真实意思表示的结果，在双方意思表示真实的情况下关于低价回购激励股权的约定通常可以取得法院的认可。

一、相关规则

从规则层面看，《合伙企业法》《公司法》对于激励股权或份额的回购价格均未作出明确的规定和限制。因此，能否低价回购激励股权尚需结合司法实践进行探究。

二、相关案例

从司法案例层面分析，法院通常会尊重当事人的意思自治，认为回购价格的确定系当事人之间真实意思表示的结果。员工激励股权与一般投资者的股权交易存在差别，与公司内部员工激励制度存在密切的联系，因此可以不拘泥于通常投资者之间股权交易的作价方式，而应该尊重当事人的意思自治。

相关案例详细列示见表 8-5。

表 8-5　低价回购激励股权的约定的效力相关案例

序号	案号/裁判法院	基本案情	裁判要旨
1	（2021）京 03 民终 9443 号/北京市第三中级人民法院	周某（原告、上诉人）向一审法院起诉请求：撤销周某与徐某之间的股权赠与协议。 徐某（被告、上诉人）向一审法院反诉请求：周某以 50 万元的价格回购诉争的 TMBJ 科技股份有限公司（以下简称 TM 公司）1% 的股权。 周某与徐某签署《协议书》，主要内容为：甲方周某，乙方徐某。(1) 鉴于乙方 8 年来为 TM 公司的发展做出了巨大贡献，并为 TM 公司的持续发展承担重任，因此，经过公司股东会审议通过，**甲方作为 TM 公司控股大股东，同意将自有股份中的 70 万元占公司 1% 的股份无偿转让给乙方**。乙方自 2008 年度起，享有该 1% 股份的所有权及分红权。(2) 乙方无偿受让的 1% 股份不享有自有转	结合涉案协议书所体现的权利义务结构安排以及合同目的，回购价格系与徐某在 TM 公司的工作年限相关，在徐某工作满足约定年限后，离开 TM 公司时有权通过取得股权回购价款的方式获取相应回报，双方系在对徐某对公司所提供价值进行评估的基础上对回购价格作出了约定，周某对此价格不仅有所预期且存在明确认知……涉案协议所限定的**最高回购价格 50 万元亦低于周某在协议中自认涉案协议签订时的股权价值即 70 万元，即便以此作为回购价格亦不至于显失公平**。综上，法院认为依据徐某对于涉案协议的理解确定回购价格，更为符合合同约定本意，亦

续表

序号	案号 / 裁判法院	基本案情	裁判要旨
		让权，**若2年后乙方离开TM公司，该股份只能由甲方回购，回购金额不超过50万元**。若乙方2008年度离开TM公司，则该股份必须无偿退还甲方，并无权分享股份分红	使双方当事人的权利义务更为对等和平衡，故法院对其相关主张予以采纳，并据此**对徐某要求周某以50万元回购TM公司1%股权的上诉请求予以支持**
2	（2016）川民终761号 / 四川省高级人民法院	彭某某（原告、上诉人）向一审法院起诉请求：判令KF公司按1:1的比例强制回购彭某某股权的行为违法、无效；要求判令KF公司对彭某某所持股权投资额按1:2的比例支付股权折价补偿款。 KF公司制定了《关于股权回购及收回的办法》，第2条规定了股权回购及收回的办法：（1）其持有的**有限实股由（集体）公司无偿收回**；（2）其持有奖励的有限实股和该部分股权盈余公积转增后**一并转化的实股由（集体）公司按1:1的比例予以回购**；（3）其持有奖励的有限实股转化的实股和该部分股权盈余公积转增的实股一并由**（集体）公司按1:1的比例予以回购**；（4）其持有的货币购股、配送的实股、配送的有限实股转化的实股和该部分股权盈余公积转增的股权一并由**（集体）公司按1:1的比例予以回购**	KF公司《关于股权回购及收回的办法》于2011年9月26日经股东代表大会通过，彭某某作为股东代表参加了该次大会并投票表示同意，该办法关于对离职职工特定股权统一按1:1进行回购系公司与职工股东就特定股权回购价格形成的事前一致约定，既是利益各方的真实意思表示，也符合KF公司《章程》规定的内部治理决策要求，亦符合KF公司职工股权取得及管理的实际情形，且内容不违反法律、行政法规的强制性规定，应为有效，应当得到公司与股东的一致遵守

续表

序号	案号/裁判法院	基本案情	裁判要旨
3	（2021）川01民终9803号/四川省成都市中级人民法院	詹某（原告、上诉人）向一审法院起诉请求：判令姜某立即向詹某支付500,000元的股权转让款回购詹某委托姜某持有1.9%MQ科技中心的激励股权。2017年6月14日，詹某与GD公司法定代表人、实际控制人姜某就持股成员受让持股公司股权，以及之后各持股成员减持或出售等相关事宜达成协议，协议第4条"特殊调整或退出机制"项下约定："1.终止劳动合同……其应在收到目标公司出具同意其辞职的书面文件或出具终止劳动合同的相关通知之日（以较早者为准）起10个工作日之内，**以该持股成员所间接持有目标公司股权的注册资本折算价格为其股权转让价格，将其持有的持股公司股权转让给实际控制人或其指定的受让人。其他持股成员作为持股公司的原股东，如未被指定，同意该等股权转让并且同意放弃优先购买权。**"	本案双方争议的最终标的为有限责任公司股权，该标的不属于商品，而是具有产生利润潜力的有限责任公司资本的份额，未上市交易，没有相应的商品市场对其公平价格进行准确参照。不同的投资者对其交易估价具有较大的差异。并且**案涉股权属于员工激励股权，与公司内部员工激励制度存在密切的联系，与一般投资者的股权交易规则存在一定差异。故对本案股权转让对价的认定，必须严格坚持意思自治原则，以双方真实存在的一致意思表示事实作为认定依据，不宜按照交易时净资产价格评估值、资本市场估值等方法来进行补充解释确定或推定。**关于股权回购价款，合同约定已经明确，按詹某离职时所间接持有的目标公司（GD公司）股权的"注册资本"折算股权转让对价，即1,556,283元×（369,000元÷1,556,283元）×1.9%=7,011元

三、小结

从规则上看,无论是《合伙企业法》还是《公司法》,对于激励股权或份额的回购价格均未作出规定。

从案例上看,经检索,法院通常会尊重当事人的意思自治,认为回购价格的确定系当事人之间真实意思表示的结果,在双方意思表示真实的情况下,关于低价回购激励股权的约定通常可以取得法院的认可。

综上,我们认为,股权激励计划或相关文件中,在双方意思表示真实的情况下,约定以低于授予价格或授予时的股权价值回购激励股权的,通常来说该约定有效。

第 67 问:激励对象从员工持股平台中退伙,是否需要履行清算程序?

答:根据《合伙企业法》第 51 条、第 86 条的规定,退伙适用的程序为结算,合伙企业解散适用的程序为清算,结算与清算对应的是不同的情形。因此激励对象从员工持股平台中退伙时,履行的是"结算"而非"清算"程序。

一、相关规则

《合伙企业法》第 51 条规定:"合伙人退伙,其他合伙人应当与该退伙人按照退伙时的合伙企业财产状况进行结算,退还退伙人的财产份额。退伙人对给合伙企业造成的损失负有赔偿责任的,相应扣减其应当赔偿的数额。退伙时有未了结的合伙企业事务的,待该事务了结后进行结算。"同时,第 86 条第 1 款规定:"合伙企业解散,应当由清算人进行清算。"因此,退伙适用的程序为结算,合伙企业解散适用的程序为清算,结算与清算对应的是不同的情形。激励对象从员工持股平台中退伙时,激励对象退伙履行的是"结算"

而非"清算"程序。相关规则详细列示见表8-6。

表8-6 《合伙企业法》相关规则

序号	具体内容	备注
1	第51条：合伙人退伙，其他合伙人应当与该退伙人按照退伙时的合伙企业财产状况进行结算，退还退伙人的财产份额。退伙人对给合伙企业造成的损失负有赔偿责任的，相应扣减其应当赔偿的数额。退伙时有未了结的合伙企业事务的，待该事务了结后进行结算。第52条：退伙人在合伙企业中财产份额的退还办法，由合伙协议约定或者由全体合伙人决定，可以退还货币，也可以退还实物。	普通合伙企业合伙人的退伙程序
2	第60条：有限合伙企业及其合伙人适用本章规定；本章未作规定的，适用本法第二章第一节至第五节关于普通合伙企业及其合伙人的规定。	有限合伙企业合伙人的退伙程序适用普通合伙企业的相关规定
3	第86条第1款：合伙企业解散，应当由清算人进行清算。第90条：清算结束，清算人应当编制清算报告，经全体合伙人签名、盖章后，在十五日内向企业登记机关报送清算报告，申请办理合伙企业注销登记。	清算的情形和程序

二、相关案例

经检索相关司法案例，法院通常认可退伙适用的程序为结算，合伙企业解散适用的程序为清算，激励对象从员工持股平台退伙时，应当根据《合伙企业法》，持股平台相关《合伙协议》《管理办法》等的约定，按照退伙时的合伙企业财产状况进行结算，退还退伙人的财产份额，也即，激励对象退伙履行的是"结算"而非"清算"程序。相关案例详细列示见表8-7所示。

表8-7 激励对象退伙程序相判案例

序号	案号/ 裁判法院	裁判要旨
1	（2020）粤01民终7304号/广东省广州市中级人民法院	**关于龙某离职后合伙财产结算问题**。龙某离职退伙发生在KDGF公司对HY公司股权收购完成后的3年净利润承诺期内，也是《财产份额管理办法》约定的收购后锁定期内。根据《财产份额管理办法》第11条的规定，在收购后锁定期内，合伙人存在"正常离任"情形的，该合伙人应将其在合伙企业中的财产份额全部转让给财产份额受让方，财产份额的转让价格＝该合伙人取得合伙企业财产所支付的转让价款＋价款利息（价款利息＝该合伙人取得合伙企业财产份额所支付的转让价款×截至"正常离任"发生之日中国人民银行公布的1年期银行贷款利率×截至"正常离任"发生之日该合伙人所持合伙企业财产份额实际天数÷365天）。因此龙某退伙后，应将其合伙财产份额转让给YPZX指定的财产份额受让方，转让价款＝龙某所支付的转让价款（60万元）＋价款利息。 ……至于收益分配款利息，**YPZX已注销，注销前应该进行合伙财产清算**，所以YPZX最迟应于2018年12月28日前向龙某支付收益分配款。……**王某作为YPZX的普通合伙人，在未与龙某结算合伙财产的情形下注销YPZX，导致龙某上述财产损失，故其应对龙某的上述财产损失连带赔偿**
2	（2023）辽02民终4751号/辽宁省大连市中级人民法院	关于原告要求被告孙某某、王某某赔偿投资损失850,190元、对合伙期间的收益进行分红的诉讼请求，**因退伙时分割的合伙财产，应当包括合伙时投入的财产、合伙期间累计的财产，以及合伙期间的债权债务。合伙关系终止后，合伙人应当对合伙期间的债权、债务及合伙财产进行清算**，并按照协议约定或相关法律规定，承担亏损和分配合伙财产。现原告与被告孙某某、王某某未进行账务核算，合伙企业的盈亏与财产情况无法查清，故原告要求赔偿投资损失、进行收益分红没有事实和法律依据，一审法院不予支持

续表

序号	案号/裁判法院	裁判要旨
3	（2019）鲁01民终1778号/山东省济南市中级人民法院	本案中，根据王某某与SJ公司及其他合伙人所签订的《合伙协议》第20条的约定，在其2017年3月20日与SDJYHL软件股份有限公司解除劳动合同关系时，协议中当然退伙的条件业已成就。依据《合伙企业法》第51条第1款第1句的规定，合伙人退伙，其他合伙人应当与该退伙人按照退伙时的合伙企业财产状况进行结算，退还退伙人的财产份额。**合伙企业是由全体合伙人共同出资设立，在合伙企业存续期间发生了退伙，不论是基于什么原因，退伙人都有权要求对合伙企业的财产进行结算，并从中取回其在合伙企业中应有的财产份额。合伙企业有义务按该条规定为退伙人办理退伙结算**
4	（2012）娄中民二初字第7号/湖南省娄底市中级人民法院	《承诺书》中对挪用、侵占等行为以一罚十违约责任的约定无效，其他内容有效；**李某退伙后，GSWK作为合伙企业并未解散，依照合伙企业法的规定，不必要进行清算，只存在对李某入股金的结算问题**

三、小结

从规则上看，根据《合伙企业法》的相关规定，退伙适用的程序为结算，合伙企业解散适用的程序为清算，结算与清算对应的是不同的情形。激励对象从员工持股平台中退伙时，激励对象退伙履行的是"结算"而非"清算"程序。

从司法案例上看，法院通常认可激励对象从员工持股平台退伙时，应当根据《合伙企业法》，持股平台相关《合伙协议》《管理办法》等的约定，按照退伙时的合伙企业财产状况进行结算，而非履行清算程序。

综上，我们认为，通常情况下，激励对象从员工持股平台中退伙，涉及的是该激励对象个人的结算程序，而不是合伙企业的清算程序，因此无须履行清算程序。

第九章

股权激励的税务

第68问：激励对象直接持股如何计征个人所得税？

答：激励对象参与股权激励计划取得的收益，应当依法缴纳个人所得税。一般而言，激励对象在股权激励计划不同阶段可能获得的收益包括：授予或行权时以低于公允价值的价格取得激励股权、持有激励股权时取得的股息、红利、转让激励股权时产生的增值部分等。根据收益内容的不同，激励对象缴纳个人所得税时适用各异的纳税规定或政策，并对应不同的税率。经我们对股权激励计划中各阶段的个人所得税纳税规定、政策进行分析，对激励对象应缴纳个人所得税的收益内容及适用税率归纳见表9-1（具体条文可参见下文）。

表 9-1 激励对象直接持股应缴纳个人所得税

阶段	收益内容	适用税率
取得阶段（不适用递延纳税）	以低于市场公允价值的价格取得激励股权	3%~45%
持有阶段	股息、红利	20%
转让阶段	转让所得	20%

以下我们将根据股权激励计划的不同阶段，对个人所得税纳税规定、政策进行简要分析。

一、在获授激励股权阶段

激励对象以低于市场公允价格取得激励股权的，应在取得激励股权时，缴纳个人所得税。根据《股权激励所得税通知》的规定，经向主管税务机关备案符合相关条件的，可实行递延纳税政策，即激励对象在取得股权激励时可暂不纳税，递延至转让该股权时纳税。若激励对象不适用递延纳税的，其纳税时间及适用税率具体如下：

1. 纳税时间方面。纳税时间应为激励股权取得时间，不同激励方式下激励对象取得激励股权的时间存在区别。根据《股权激励所得税通知》第4条第1款之规定，"个人从任职受雇企业以低于公平市场价格取得股票（权）的，凡不符合递延纳税条件，应在获得股票（权）时，对实际出资额低于公平市场价格的差额，按照'工资、薪金所得'项目，参照《财政部 国家税务总局关于个人股票期权所得征收个人所得税问题的通知》（财税〔2005〕35号）有关规定计算缴纳个人所得税"。激励对象获授激励股权的，在获授时应缴纳个人所得税；激励对象获授股权期权的，在行权时应缴纳个人所得税。

2. 适用税率方面。激励对象以低于市场公允价格取得激励股权的，应在取得激励股权时，对实际支付款项低于公平市场价格的差额，根据《个人所得税法》第3条的规定，按照"工资、薪金所得"项目，适用3%至45%的超额累进税率。

二、在激励股权持有阶段

激励对象在持有激励股权时，可能取得公司分配的股息、红利，该部分收益应缴纳个人所得税。根据《个人所得税法》第3条的规定，股息、红利所得，适用比例税率，税率为20%。

三、在激励股权转让阶段

激励对象转让激励股权时，相关转让价款高于取得成本，该差额部分的增值收益应缴纳个人所得税。根据《个人所得税法》第 3 条的规定，财产转让所得适用比例税率，税率为 20%。企业上市后，激励对象作为原始股东转让上市公司限售流通股，根据《关于个人转让上市公司限售股所得征收个人所得税有关问题的通知》，按照"财产转让所得"，同样适用 20% 的比例税率征收个人所得税。

需要特别说明的是，激励对象不同的持股形式也适用不同的纳税政策。本问主要对激励对象直接持股情形下的个人所得税计征问题进行分析，激励对象间接持股情形下个人所得税计征问题，详见本书"第 69 问：公司型员工持股平台的激励对象如何计征个人所得税？""第 70 问：合伙型员工持股平台的激励对象如何计征个人所得税？"所述。此外，对于符合递延纳税条件的激励对象，在缴纳个人所得税时可以递延纳税，详见本书"第 72 问：激励对象如何才能享受递延纳税的优惠政策？"所述。

第 *69* 问：公司型员工持股平台的激励对象如何计征个人所得税？

答：激励对象通过公司型员工持股平台参与股权激励计划取得的收益，应当依法缴纳个人所得税。一般而言，激励对象在股权激励计划不同阶段可能获得的收益包括：授予或行权时以低于公允价值的价格间接取得激励股权、成为公司型员工持股平台股东时取得的股息红利、间接转让激励股权时产生的增值部分等。根据收益内容的不同，激励对象缴纳个人所得税时适用各异的纳税规定或政策，并对应不同的税率。我们对股权激励计划中各阶段的个人所得税纳税规定、政策进行分析，对激励对象应缴纳个人所得税的收益内容及适用税率归纳见表 9-2。

· 229 ·

表 9-2 公司型员工持股平台的激励对象应纳个人所得税

阶段	收益内容	适用税率
取得阶段（不适用递延纳税）	以低于市场公允价值的价格间接取得激励股权	3%~45%
持有阶段	股息、红利	20%
转让阶段	转让员工持股平台股权所得收益	20%
	通过员工持股平台间接转让激励股权所得收益	综合实际税率40%

如表 9-2 所示，公司型员工持股平台的激励对象，主要是在取得阶段、持有阶段和转让阶段涉及应缴纳个人所得税的情形。

一、取得阶段

激励对象以低于市场公允价格取得员工持股平台股权，从而间接取得激励股权的，应在取得激励股权时，缴纳个人所得税。对于公允价值的确定，依据《关于股权激励和技术入股所得税征管问题的公告》第 1 条第 4 款的规定："1.上市公司股票的公平市场价格，按照取得股票当日的收盘价确定。取得股票当日为非交易日的，按照上一个交易日收盘价确定。2.非上市公司股票（权）的公平市场价格，依次按照净资产法、类比法和其他合理方法确定。净资产法按照取得股票（权）的上年末净资产确定。"同时，根据《个人所得税法》第 3 条的规定，激励对象应对实际支付款项低于公平市场价格的差额，按照"工资、薪金所得"项目，适用 3% 至 45% 的超额累进税率。

根据我们的项目经验，关于激励对象通过持股平台间接持有公司股权的情形是否适用《股权激励所得税通知》的规定，从而享受递延纳税政策的问题，实践中存在不同的认识，详见本书"第 72 问：激励对象如何才能享受递延纳税的优惠政策？"所述。激励对象通过员工持股平台间接持有激励股权情形不适用递延纳税的，其在间接取得激励股权时即涉及个人所得税缴纳情形。

二、持有阶段

激励对象间接持有激励股权时，取得收益须经过两个步骤，步骤一为拟上市公司向公司型员工持股平台分配股息、分红；步骤二为公司型员工持股平台向激励对象分配股息、分红。以下我们分步骤分析纳税规定、政策。

步骤一中，根据《企业所得税法》第 4 条第 1 款的规定，企业所得税的税率是 25%，但是《企业所得税法》第 26 条、《企业所得税法实施条例》（国务院令第 714 号）第 83 条规定，符合条件的居民企业之间的股息、红利等权益性投资收益，以及在中国境内设立机构、场所的非居民企业从居民企业取得与该机构、场所有实际联系的股息、红利等权益性投资收益（不包括连续持有居民企业公开发行并上市流通的股票不足 12 个月取得的投资收益）属于免税收入。因此，公司型员工持股平台作为拟上市公司的股东，若符合上述要求，则其从拟上市公司取得的投资收益（股息、分红）免征企业所得税。

步骤二中，公司型员工持股平台向激励对象分配股息、分红时，根据《个人所得税法》第 3 条的规定，股息、红利所得，适用比例税率，税率为 20%。

三、转让阶段

激励对象转让激励股权包括两种方式，一是激励对象转让员工持股平台的股权，实现间接转让上市公司股权；二是激励对象通过员工持股平台转让拟上市公司的股权。以下我们分情况分析纳税规定、政策。

对于激励对象转让员工持股平台股权，根据《股权转让个税办法》第 4 条的规定，激励对象以股权转让收入减除股权原值和合理费用后的余额，按"财产转让所得"缴纳个人所得税，税率为 20%。

对于激励对象间接转让拟上市公司的股权，需经过两个步骤，步骤一为员工持股平台对外转让拟上市公司的股权或者减资；步骤二为员工持股平台以分红方式把股权转让所得分配给激励对象。步骤一中，按照《企业所得税法》的规定，员工持股平台转让激励股权所得收益属于"转让财产收入"，应一次性计入确认收入的年度计算缴纳企业所得税，税率为25%，相关企业享受企业所得税税收优惠政策的，如以高新技术企业取得股权转让所得，适用15%的优惠税率缴纳企业所得税。步骤二中，员工持股平台以分红方式把股权转让所得分配给激励对象，根据《个人所得税法》第3条的规定，按"利息、股息、红利所得"缴纳个人所得税，税率为20%。需要特别说明的是，该两步骤均涉及纳税的情形，因此激励对象间接转让员工持股平台持有的激励股权存在双重征税的情况，理论上实际纳税税率最高为40%。

第70问：合伙型员工持股平台的激励对象如何计征个人所得税？

答：激励对象通过合伙型员工持股平台参与股权激励计划取得的收益，应当依法缴纳个人所得税。一般而言，激励对象在股权激励计划不同阶段可能获得的收益包括：授予或行权时以低于公允价值的价格间接取得激励股权、成为合伙型员工持股平台合伙人时取得的分红、间接转让激励股权时产生的增值部分等。根据收益内容的不同，激励对象缴纳个人所得税时适用各异的纳税规定或政策，并对应不同的税率。经我们对股权激励计划中各阶段的个人所得税纳税规定、政策进行分析，对激励对象（为员工持股平台LP）应缴纳个人所得税的收益内容及适用税率归纳见表9-3。

表9-3　合伙型员工持股平台的激励对象应纳个人所得税

阶段	收益内容	适用税率
取得阶段（不适用递延纳税）	以低于市场公允价值的价格间接取得激励股权	3%~45%
持有阶段	股息、红利	20%

续表

阶段	收益内容	适用税率
转让阶段	转让员工持股平台合伙份额所得收益	无明确规定，各地方执行纳税政策不一，既有固定税率20%，也有五级超额累进税率5%~35%
	通过员工持股平台间接转让激励股权所得收益	无明确规定，各地方执行纳税政策不一，既有固定税率20%，也有五级超额累进税率5%~35%

如表9-3所示，合伙型员工持股平台的激励对象，主要是在取得阶段、持有阶段和转让阶段涉及应缴纳个人所得税的情形。

一、取得阶段

激励对象以低于市场公允价格取得员工持股平台合伙份额，从而间接取得激励股权的，应在取得激励股权时，缴纳个人所得税。根据《个人所得税法》第3条的规定，激励对象应对实际支付款项低于公平市场价格的差额，按照"工资、薪金所得"项目，适用3%至45%的超额累进税率。

根据我们的项目经验，关于激励对象通过持股平台间接持有激励股权的情形是否适用《股权激励所得税通知》的规定，从而享受递延纳税政策的问题，实践中存在不同的认识，具体详见本书"第72问：激励对象如何才能享受递延纳税的优惠政策？"所述。若激励对象通过员工持股平台间接持有激励股权情形不适用递延纳税政策的，其在间接取得激励股权时即涉及个人所得税缴纳情形。

二、持有阶段

激励对象间接持有激励股权时，取得收益须经过两个步骤，步骤一为拟上市公司向合伙型员工持股平台分配股息、分红，步骤二为合伙型员工持股平台向激励对象分配利润。以下我们分步骤分析纳税规定、政策。

步骤一中，根据国家税务总局《关于〈关于个人独资企业和合伙企业投资者征收个人所得税的规定〉执行口径的通知》(国税函〔2001〕84号),合伙企业对外投资分回的利息、股息、红利,该部分收入不并入合伙企业收入,而是根据"先分后税"原则,直接作为激励对象个人的利息、股息、红利所得,因此步骤一中合伙型员工持股平台不涉及纳税情形。

步骤二中,激励对象从合伙型员工持股平台获得股息、分红,根据《个人所得税法》第3条的规定,适用"利息、股息、红利"税目,按照20%的税率计算缴纳个人所得税。

具体到实际操作中,根据《个人所得税法》第9条的规定,个人所得税以所得人为纳税人,以支付所得的单位或者个人为扣缴义务人,以及《征收个人所得税若干问题的规定》(国家税务总局令第40号)第16条的规定,利息、股息、红利所得实行源泉扣缴的征收方式,其扣缴义务人应是直接向纳税义务人支付利息、股息、红利的单位。也就是说,拟上市公司分配给合伙企业的分红,个人合伙人应缴纳的股息红利所得个人所得税,应由直接向个人合伙人支付所得的合伙企业负责代扣代缴。合伙企业对外投资分回的利息、股息、红利,不并入企业的收入,而应单独作为合伙企业的投资者个人取得的利息、股息、红利所得,按"利息、股息、红利所得"应税项目计算缴纳个人所得税,由扣缴义务人办理个人所得税代扣代缴申报。

三、转让阶段

激励对象转让激励股权包括两种方式,一是激励对象转让员工持股平台的合伙份额,二是激励对象通过员工持股平台转让拟上市公司的股权。以下我们分情况分析纳税规定、政策。

对于激励对象转让员工持股平台合伙份额,《个人所得税法》等相关法律法规暂未对该情形下激励对象缴纳个人所得税事宜作出明确规定。根据我们的项目经验,实践中对于激励对象转让合伙型员工持股平台合伙份额所得收益的个人所得税缴纳存在不同的税务处理。常见的税务处理如下:第一,执行五级超额累进税率(5%~35%),该种税务处理即认为从合伙企业的层面,激励对象转让合伙份额本质应对合伙人进行退伙结算就其结算所得按照"生产经营所得"缴纳个人所得税,适用5%至35%的五级累进税率。第二,执行固定税率(20%),该种税务处理即认为从激励对象个人层面,激励对象转让合伙份额本质是财产转让,应按照"财产转让所得"征收个人所得税,即根据《股权转让个税办法》第4条的规定,激励对象以股权转让收入减除股权原值和合理费用后的余额,按"财产转让所得"缴纳个人所得税,税率为20%。

对于激励对象间接转让拟上市公司的股权,需经过两个步骤。步骤一为员工持股平台对外转让拟上市公司的股权或者减资;步骤二为员工持股平台以分红方式把股权转让所得分配给激励对象。根据国务院《关于个人独资企业和合伙企业征收所得税问题的通知》(国发〔2000〕16号)规定,"自2000年1月1日起,对个人独资企业和合伙企业停止征收企业所得税,其投资者的生产经营所得,比照个体工商户的生产、经营所得征收个人所得税",因此步骤一不会产生相应的纳税义务,但对于步骤二产生的个人所得税的纳税标准,理论与实践都存在不一致的理解。

第一种理解,根据《个体工商户个人所得税计税办法》(国家税务总局令第44号)第8条第1款的规定:"个体工商户从事生产经营以及与生产经营有关的活动(以下简称生产经营)取得的货币形式和非货币形式的各项收入,为收入总额。包括:销售货物收入、提供劳务收入、转让财产收入、利息收入、租金收入、接受捐赠收入、其他收入。"一般认为,股权转让收入属于财产转让收入,在该办法中,财产转让收入被划入个体工商户生产经营收入,而个体工商户生产经营所得适用5%至35%的五级累进税率。

第二种理解,根据国家税务总局出台的《股权转让个税办法》第2条"本办法所称股权是指自然人股东(以下简称个人)投资于在中国境内成立的企业或组织(以下统称被投资企业,不包括个人独资企业和合伙企业)的股权或股份"和第 4 条第 1 款"个人转让股权，以股权转让收入减除股权原值和合理费用后的余额为应纳税所得额，按'财产转让所得'缴纳个人所得税"规定，自然人股东转让股权按照"财产转让所得"缴纳个人所得税，而根据《个人所得税法》第 3 条的规定，"财产转让所得"的税率是 20%。根据《民法典》的规定，将个体工商户归类为自然人，即个体工商户转让股权的税率也应该是 20%。

因此，对于合伙企业转让股权个人所得税，无论是按照 20% 税率纳税还是按照最高 35% 税率纳税，在税法上都是有相关依据的。实践中，根据国家税务总局稽查局《关于 2018 年股权转让检查工作的指导意见》，各地方政府过去普遍实行的对有限合伙制基金征收 20% 所得税的政策，被认为违反了相关规定，应适用"个体工商户生产经营所得"项目缴纳个人所得税，所以目前更普遍的还是按照 5% 至 35% 的五级累进税率缴纳。

第71问：公司型与合伙型员工持股平台在税负成本上有何差异？

答：拟上市公司实施股权激励计划，选择设立公司型员工持股平台还是合伙型员工持股平台，激励对象承担的税负成本是重要考虑因素之一。关于公司型员工持股平台中激励对象承担的税负成本，详见本书"第 69 问：公司型员工持股平台的激励对象如何计征个人所得税？"所述；关于合伙型员工持股平台中激励对象承担的税负成本，详见本书"第 70 问：合伙型员工持股平台的激励对象如何计征个人所得税？"所述。根据我们对纳税规定、政策的分析，公司型与合伙型员工持股平台中激励对象的税负成本比较见表 9-4。

表 9-4　公司型与合伙型员工持股平台中激励对象的税负成本

阶段	收益内容	有限公司制	有限合伙制（激励对象为有限合伙人）
取得阶段（授予、行权）	以低于市场公允价值的价格间接取得激励股权	超额累进税率3%~45%	超额累进税率3%~45%
持有阶段	股息、红利（包括现金分红和股权分红）	20%	20%
转让阶段	激励对象转让员工持股平台权益所得收益	20%	无明确规定，实践中多按照财产转让所得按20%计税
	激励对象通过员工持股平台间接转让激励股权所得收益	存在双重征税，实际税率40%	无明确规定，各地方执行纳税政策不一，既有存在固定税率20%，也有五级超额累进税率5%~35%

对于员工持股平台的激励对象来说，虽在股权激励中存在多个纳税阶段，但激励对象缴纳个人所得税多集中于转让激励股权阶段，尤其是公司上市之后，激励对象主要是通过员工持股平台间接转让激励股权从而实现变现，即属于该阶段情形，因此该阶段的纳税情况应当进行重点考虑。

如表 9-4 所述，我们注意到，在转让标的公司股权的环节，公司型员工持股平台的激励对象可能需要双重征税，整体的税负高达40%。在实践中，若转让激励股权的金额较大，则采用公司型员工持股平台的公司的税负相对比较重。作为对比，若采用合伙型员工持股平台，对于激励对象转让激励份额所得收益应当如何缴纳个人所得税问题，则暂无明确的规定。实践中，各地执行纳税政策也不一致，既有按照"个体工商户生产、经营所得"项目适用 5% 至 35% 的超额累进税率，也有按照"利息、股息、红利所得"或"财产转让所得"项目适用20%的税率征税的情形。因此，在转让激励股权阶段，比较公司型与合伙型员工持股平台中激励对象的税负情况，合伙型员工持股平台相对占优。

需要特别说明的是，有限公司缴纳企业所得税可以在年终时统一汇算清缴，理论上公司型员工持股平台可能产生成本、费用或损失，导致其转让激励股权产生的收益与支出相抵消，致使员工持股平台本身不需要缴纳企业所得税，那么其实际承担的税率也达不到40%之多。但前述情况发生的可能性较小，这是因为，一方面，员工持股平台往往不实际开展业务，其产生大额的成本费用或损失并无合理的商业理由；另一方面，如果员工持股平台获得收益与其发生的支出相抵消，则员工持股平台不存在利润，难以通过利润分配、定向分红等方式将资金转给激励对象，员工持股平台以何种方式将相关资金转给激励对象亦是需要攻克的难题，操作难度不可谓不大。相比公司型员工持股平台，合伙型员工持股平台不存在前述双重征税的问题，因此合伙型员工持股平台可能是更优的解决方案。

第72问：激励对象如何才能享受递延纳税的优惠政策？

答：根据《股权激励所得税通知》的规定，享受递延纳税政策的非上市公司股权激励须同时满足的条件见表9-5。

表9-5 激励对象享受递延纳税政策的条件

要求事项	具体内容
适用范围	属于境内居民企业的股权激励计划
激励计划	股权激励计划经公司董事会、股东（大）会审议通过。未设股东（大）会的国有单位，经上级主管部门审核批准。股权激励计划应列明激励目的、对象、标的、有效期、各类价格的确定方法、激励对象获取权益的条件、程序等

续表

要求事项	具体内容
激励标的	激励标的应为境内居民企业的本公司股权。股权奖励的标的可以是技术成果投资入股到其他境内居民企业所取得的股权。激励标的股票（权）包括通过增发、大股东直接让渡以及法律法规允许的其他合理方式授予激励对象的股票（权）
激励对象	激励对象应为公司董事会或股东（大）会决定的技术骨干和高级管理人员，激励对象人数累计不得超过本公司最近6个月在职职工平均人数的30%
持有期限	股票（权）期权自授予日起应持有满3年，且自行权日起持有满1年；限制性股票自授予日起应持有满3年，且解禁后持有满1年；股权奖励自获得奖励之日起应持有满3年。上述时间条件须在股权激励计划中列明
行权期限	股票（权）期权自授予日至行权日的时间不得超过10年
行业限制	实施股权奖励的公司及其奖励股权标的公司所属行业均不属于《股权奖励税收优惠政策限制性行业目录》范围。公司所属行业按公司上一纳税年度主营业务收入占比最高的行业确定

经主管税务机关备案后，适用递延纳税政策的，激励对象在取得激励股权时并不需要立刻缴纳个人所得税，递延至激励股权转让时缴纳。对符合递延纳税条件所获得的激励股权，在转让时产生收益的，按照"财产转让所得"适用20%的税率计征个人所得税，相关收益内容及适用税率归纳见表9-6。

表9-6 相关收益内容及适用税率

阶段	收益内容	适用税率
取得阶段（适用递延纳税）	—	0
持有阶段	股息、红利	20%
转让阶段	转让所得	20%

对于递延纳税适用条件的理解，实践中可能存在不同的认识，具体情况如下所述。

·239·

其一，根据《股权激励所得税通知》规定，激励标的应为境内居民企业的本公司股权，从字面含义上理解，不应该包括激励对象通过员工持股平台间接持有的公司股权。然而，实践中，部分地区已有员工持股平台成功获得备案的案例，激励对象并借此享受递延纳税政策。因此，实践中税务部门对于递延纳税政策中激励标的范围可能存在不同的理解，关于激励标的理解，依赖于当地税务部门的指导。相关案例列举见表9-7。

表9-7 递延纳税政策中激励标的范围相关案例

公司名称	披露时间	持股方式	处理方式
TLKJ（创业板审核通过）	2023年8月4日	通过员工持股平台间接持有公司股份	员工持股平台现金增资，根据《股权激励所得税通知》的规定，非上市公司对该公司员工进行股权激励，符合规定条件的，经向主管税务机关备案，可实行递延纳税政策，即员工在取得股权激励时可暂不纳税，递延至转让该股权时按财产转让所得缴纳20%的个人所得税。ZSXZ、ZSWL已于2022年11月19日进行非上市公司股权激励个人所得税递延纳税备案登记，不涉及个税缴纳和代扣代缴义务
WSXC（深交所主板在审）	2023年7月5日	通过员工持股平台间接持有公司股份	公司已按照相关法律法规的要求向主管税务机关对所有通过员工持股平台获得股权激励的员工进行了非上市公司股权激励个人所得税递延纳税备案登记，相关手续完备，备案登记合法合规，不存在相关税务风险

其二，根据《股权激励所得税通知》的规定，股票（权）期权的持有期限为自授予日起应持有满3年，且自行权日起持有满1年；限制性股票自授予日起应持有满3年，且解禁后持有满1年；股权奖励自获得奖励之日起应持有满3年。持有期限认定中，关于授予日起满3年是否包含行权（解禁）日起满1年的问题，实践中存在不同理解：一是在计算自授予日起

满 3 年时，可以包含行权后持有满 1 年的要求，理论上最短 3 年即可满足；二是在满足自授予日起持有满 3 年后，行权后需要再持有满 1 年，理论上最短需要 4 年才能满足。因此，对于该问题的理解，同样依赖于当地税务部门的指导。

第 73 问：股份支付对公司上市计划有哪些影响？

答： 拟上市公司在实施股权激励计划时，为了增强激励效果，可能会以低于市场公允价值的优惠授予价格向激励对象授予激励股权，或为激励对象设置了较低的行权价格促使激励对象取得激励股权，而这部分"优惠"的金额则会成为公司的"额外成本"——股份支付费用。

"股份支付"主要源自《企业会计准则第 11 号——股份支付》第 2 条的规定，激励股权的公允价值与激励对象实际支付金额之间的差额，被认定为拟上市公司为了获取激励对象提供劳务或服务的对价，属于公司变相向激励对象支付了一定金额奖励，因此该差额应作为股份支付费用计入公司管理费用。股份支付对于公司上市计划的影响，主要集中在股份支付费用会直接影响公司利润、股份支付会计处理问题可能会引起审核部门关注两个方面。具体论述如下。

一、股份支付产生的原因

从规则层面看，根据《企业会计准则第 11 号——股份支付》第 2 条第 1 款的规定，股份支付是指企业为获取职工和其他方提供服务而授予权益工具或者承担以权益工具为基础确定的负债的交易。根据该规定，公司允许激励对象以低于市场公允价值取得相关激励股权，可以被认定为公司为获取职工和其他方提供服务而进行的交易。激励股权的公允价值与激励对象实际支付金额之间的差额，属于公司变相向激励对象支付了一定金额奖励，可以被认定为公司就前述交易支付的对价，因此该差额部分应当作为股份支付计入公司管理费用。

从案例层面看，部分上市公司在上市前实施股权激励计划的，也会披露股份支付成本产生的原因。相关案例见表9-8。

表9-8 上市公司上市前披露股份支付成本产生原因的相关案例

公司名称	披露时间	股份支付成本产生原因
KXTX（科创板）	2023年8月4日	公司为增强人才激励机制，实施了覆盖面较广的股权激励，报告期内产生较大金额的股份支付费用
OLXC（科创板审核通过）	2023年7月27日	报告期内，公司计入管理费用的股份支付金额分别为165.43万元、201.22万元和149.05万元，占比分别为10.51%、12.23%和7.22%，主要系公司针对管理人员实施的员工股权激励按照服务期分摊确认的股份支付金额
FEJ（创业板）	2023年7月26日	管理费用主要由人员薪酬费用和股份支付费用构成。2020年公司实施了股权激励计划，并将部分管理人员纳入激励范围，相应确认股份支付费用

二、股份支付对公司上市计划的影响

股权激励对于激励对象而言是一种变相的奖励，但对于拟上市企业而言，则会在相当程度上增加企业的成本。股份支付这一会计处理的应用，不仅直接影响公司利润，还是IPO审核中的关注重点。

首先，股份支付可能会直接影响拟上市公司的利润。根据《企业会计准则第11号——股份支付》第5条及第6条相关规定，以权益结算的股份支付的会计处理，其在减少当期损益的同时增加了资本公积，对于净利润则会有较大影响。因此，对于利润比较薄弱的拟上市公司而言，相关会计处理可能严重影响企业利润，甚至会导致拟上市公司不符合相关IPO发行条件。

经公开渠道查询，因股份支付导致利润受影响的案例列示见表9-9。

表 9-9　因股份支付导致利润受影响的案例

公司名称	披露时间	披露内容
AKGD（科创板）	2023 年 7 月 12 日	公司股改基准日为 2021 年 10 月 31 日，股改基准日未分配利润金额为 -684.54 万元，股改前形成累计亏损主要是由于公司结合科技型企业的员工薪酬体系特点，对核心的研发、业务及管理人员实施了股权激励，相应确认了大额的股份支付费用，以及研发费用较大所带来的经营亏损。未来，公司如果针对核心员工继续实施股权激励，以及受行业波动等因素的影响，就存在上市后未分配利润为负的风险
MBGD（创业板）	2023 年 7 月 31 日	因股权激励，报告期内公司分别确认股份支付 1016.72 万元和 1947.40 万元及 468.95 万元，不考虑股权激励计划对公司经营的正面影响，因会计处理确认的股份支付费用对公司上述年度的净利润有一定程度影响，但不影响公司经营现金流
HSGF（科创板）	2022 年 8 月 24 日	公司处于业务发展期，在产品技术研发方面投入了较多资金，同时对核心员工进行了股权激励，形成了较大金额的股份支付费用，前期产生的收入和利润未能覆盖成本和费用支出，因此在整体变更时存在一定的未弥补亏损

其次，股份支付问题还可能在 IPO 审核中引起审核部门的关注。根据我们的项目经验，IPO 审核部门主要关注的问题包括股份支付会计处理本身的合规性及合理性、股份支付相关会计处理涉及的税务合规等问题。

关于股份支付会计处理本身的合规性及合理性问题，根据《证券期货法律适用意见第 17 号》，要求保荐机构及申报会计师应对首发企业报告期内发生的股份变动是否适用《企业会计准则第 11 号——股份支付》重点事项进行核查。因此，若股份支付涉及相关会计处理不被监管部门接受，就可能会影响到公司上市计划。

根据公开渠道检索，部分案例被否原因之一可能为股份支付涉及相关会计处理不被监管部门接受，见表 9-10。

表 9-10　股份支付涉及相关会计处理不被监管部门接受相关案例

公司名称	被否时间	监管关注点
TDHB （科创板终止审核）	2021年9月3日	请发行人代表结合业务2018年、2019年在手订单及执行周期、2019年和2020年实现净利润情况说明：（1）于2019年6月实施员工股权激励的评估方法是否适当、**价格是否公允，是否涉及国有资产流失及股份支付**；（2）入股价格等相关事项确定程序是否符合国有控股混合所有制企业开展员工持股试点相关规定。请保荐代表人发表明确意见
WMS （深交所主板终止审核）	2020年8月13日	2017年6月发行人进行股权激励时确认股份支付费用采用的每股价格同2018年3月引入外部投资者的每股受让价格存在较大差异。请发行人代表：结合两次股份变动时的定价过程及期间的关键影响事件，说明转让价格与授予股份公允价值之间产生差异的合理性。请保荐代表人说明核查依据、过程，并发表明确核查意见
FSL （上交所主板终止审核）	2018年12月18日	报告期内发行人存在银行转贷、未确认股份支付、应收款项计提政策不恰当、期间费用跨期等事项。请发行人代表说明：（1）上述事项发生的原因，对各期财务状况和经营成果的影响；（2）相关会计差错更正履行的内部决策程序，是否按规定进行了充分的信息披露；（3）无真实交易背景的转贷行为是否属于重大违法违规行为，是否存在被处罚的风险；（4）针对上述行为的后续整改措施，相关内部控制制度建立及执行情况。请保荐代表人说明核查依据、过程并发表明确核查意见
LBHX （上交所主板终止审核）	2018年10月23日	2016年3月、10月，发行人创始股东ZSH与实际控制人HZH、控股股东LBJT以公司2015年年底经审计每股净资产1.72元/股的价格，先后对公司进行了两次增资。请发行人代表说明：（1）**两次增资行为履行的内部决策程序，价格的公允性和合理性，首次申报不确认股份支付的原因**；（2）本次对股东非同比例增资部分调整进行股份支付的计算依据，**是否符合企业会计准则的要求**；（3）该调整事项对发行人报告期财务状况和经营成果的影响，是否在招股说明书中充分披露，是否构成发行障碍。请保荐代表人说明核查依据、过程并发表明确核查意见

续表

公司名称	被否时间	监管关注点
JFMY（上交所主板终止审核）	2018年7月31日	发行人历史上因股权激励存在委托持股的情形，SHJZR股权也存在股权代持的情形。请发行人代表说明：（1）上述股权代持事项产生的背景及原因，是否存在规避或违反法律法规的情形；（2）**股权激励是否进行了股份支付会计处理，确定公允价值的依据是否符合会计准则的规定**

除此之外，财政部会计司于2021年5月18日公布了5个股份支付准则应用案例，为企业适用股份支付准则提供指导意见的同时，也为企业财会筹算提出了更高的要求。其中，第五个案例直接涉及了拟上市公司的股权激励问题，见表9-11。

表9-11 相关案例分析

示例	分析	分析依据
甲公司实际控制人设立员工持股平台（有限合伙企业）以实施一项股权激励计划。实际控制人作为该持股平台的普通合伙人将其持有的部分甲公司股份以名义价格转让给持股平台，甲公司员工作为该持股平台的有限合伙人以约定价格（认购价）认购持股平台份额，从而间接持有甲公司股份。该股权激励计划及合伙协议未对员工的具体服务期限作出专门约定，但明确约定如果自授予日至甲公司成功完	本例中，甲公司实际控制人通过持股平台将其持有的部分甲公司股份授予甲公司员工，属于企业集团内发生的股份支付交易。接受服务企业（甲公司）没有结算义务，应当将该交易作为权益结算的股份支付处理。根据该股权激励计划的约定，甲公司员工须服务至甲公司成功完成首次公开募股，否则其持有的股份将以原认购价回售给实际控制人。该约定表明，甲公司员工须完成规定的服务期限方可从股权激励计划中获益，属于可行权条件中的服务期限条件，而甲公司成功完成首次公开募股属于可行权条件中业绩条件的非市场条件。甲公司应当合理估计未来成功完成首次公开募股的可能性及完成时点，将授予日至该	《企业会计准则第11号——股份支付》第5条和第6条等相关规定；《企业会计准则解释第4号》第7部分相关规定；《企业会计准则讲解2010》第187页至第189页相关内容

续表

示例	分析	分析依据
成首次公开募股时员工主动离职,员工不得继续持有持股平台份额,实际控制人将以自有资金按照员工认购价回购员工持有的持股平台份额,回购股份是否再次授予其他员工由实际控制人自行决定	时点的期间作为等待期,并在等待期内每个资产负债表日对预计可行权数量作出估计,确认相应的股权激励费用。等待期内甲公司估计其成功完成首次公开募股的时点发生变化的,应当根据重估时点确定等待期,截至当期累计应确认的股权激励费用扣减前期累计已确认金额,作为当期应确认的股权激励费用	

该应用案例中,对于拟上市公司而言,最直接的挑战为其确认股份支付费用可能从一次性确认变成分期多次确认。毋庸讳言,实践中部分企业可能会将股权激励计划实施时间定在报告期之前,以期在报告期外一次性确认股份支付费用,将股份支付费用对其利润的影响降到最低。该应用案例的出台,可能颠覆了前述计划的可行性,若企业在股权激励计划中设定了相应考核条件,并与回购安排挂钩,就可能需要在报告期内多次确认股份支付费用的要求,那么其在报告期外一次性确认股份支付费用的想法就难以实现。客观上,该应用案例的出台,给企业适用股份支付费用政策提出了更高的要求。有关股份支付费用一次性分摊和按期分摊的具体分析,可以详见本书"第74问:股份支付一次性分摊和按期分摊,界限在哪?"所述。

第74问:股份支付一次性分摊和按期分摊,界限在哪?

答: 对于股份支付费用应当一次性计提还是按期分摊的问题,以2019年为分界线,实践中的理解存在一定的差异。2019年以前,各个公司对该问题的理解各异,其在具体会计处理上不尽相同。在2019年后,这个问题的理解在实践中逐渐统一,这主要归功于相关审核问答政策的出台。

一、股份支付分摊的主要规定

股份支付是指企业为获取职工和其他方提供服务而授予权益工具或者承担以权益工具为基础确定的负债的交易。股份支付的原理是将激励股权的公允价值与激励对象实际支付金额之间的差额视为企业换取员工服务的对价，计入企业的期间费用。如果股权激励计划设定了一年以上的等待期，等待期内员工分期行权，则只有待等待期结束后，激励对象方能取得全部激励股权。如果在等待期内员工提供的服务持续地换取了企业给予的股权价格上的优惠，企业就应当分期持续地将激励股权的公允价值与激励对象实际支付金额之间的差额摊销。

关于股份支付计提的主要相关规定和案例见表9-12。

表 9-12　股份支付计提相关规定和案例

规则名称	主要相关规定
《企业会计准则第11号——股份支付》	第6条第1款：完成等待期内的服务或达到规定业绩条件才可行权的换取职工服务的以权益结算的股份支付，**在等待期内的每个资产负债表日**，应当以对可行权权益工具数量的最佳估计为基础，按照权益工具授予日的公允价值，**将当期取得的服务计入相关成本或费用和资本公积**。 等待期，是指可行权条件得到满足的期间。 对于可行权条件为规定服务期间的股份支付，等待期为授予日至可行权日的期间；对于可行权条件为规定业绩的股份支付，应当在授予日根据最可能的业绩结果预计等待期的长度。 可行权日，是指可行权条件得到满足、职工和其他方具有从企业取得权益工具或现金的权利的日期
《〈企业会计准则第11号——股份支付〉应用指南》（财会〔2006〕18号）	等待期内**每个资产负债表日**，企业应将取得的职工提供的服务计入成本费用，计入成本费用的金额应当按照权益工具的公允价值计量

续表

规则名称	主要相关规定
《股份支付准则应用案例——授予限制性股票》	第一类限制性股票：**在等待期内的每个资产负债表日**，甲公司应当以对可行权的股权数量的最佳估计为基础，按照授予日授予股份的公允价值，将当期取得的服务计入相关成本或费用和资本公积。 第二类限制性股票：**在等待期内的每个资产负债表日**，甲公司应当以对可行权的股票期权数量的最佳估计为基础，按照授予日股票期权的公允价值，计算当期需确认的股份支付费用，计入相关成本或费用和资本公积

二、一次性计提和按期分摊的界限

在 2019 年以前，对于股份支付费用应当一次性计提还是按期分摊，实践中存在不同的理解，各个公司在具体会计处理上不尽相同。这个问题在 2019 年后逐渐得到了统一，这主要归功于相关审核问答政策的出台。2019 年 3 月发布的旧《首发审核问答（二）》问题 1 规定："确认股份支付费用时，对增资或受让的股份立即授予或转让完成且没有明确约定服务期等限制条件的，原则上应当一次性计入发生当期，并作为偶发事项计入非经常性损益。对设定服务期等限制条件的股份支付，股份支付费用可采用恰当的方法在服务期内进行分摊，并计入经常性损益。"之后 2023 年 2 月出台的《监管规则适用指引——发行类第 5 号》也延续了上述规定。

实践中也有案例，很生动地体现了有关股份支付费用分摊政策的理解变化，如 JFMY 案例。该企业在 2016 年首次申请 IPO，但在 2018 年被否决，2019 年公司再度申请科创板 IPO，在首轮问询中被监管部门关注本次申报和前次申报的信息披露差异情况，会计调整事项是否符合《企业会计准则》的规定。根据公司的回复，其前次申报将股份支付作为非经常性损益列式；在本次申报时，将存在服务期条件并在服务期内平均分摊确认的股份支付，更正为经常性损益。其前后股份支付费用调整情况见表 9-13。

表 9-13 JFMY 前后申报及变动原因

前次申报	后次申报	变动原因
2016 年度："其他符合非经常性损益定义的损益项目"金额为 −13,256,085.47元，"所得税影响额"金额为 411,078.42元，"合计"金额为 −2,329,444.40元	2016 年度："其他符合非经常性损益定义的损益项目"金额为 −9,160,841.01元，"所得税影响额"金额为 −203,208.25元，"合计"金额为 1,151,513.39元	2016 年度变动原因：在前次申报时，公司将股权激励确认的股份支付均作为非经常性损益列式。在后次申报时，公司将存在服务期条件并在服务期内平均分摊确认的股份支付，更正为经常性损益。本次申报"其他符合非经常性损益定义的损益项目"增加 4,095,244.46 元，减少"所得税影响额"614,286.67 元

综上所述，关于股份支付费用的定性和分摊政策已经日渐趋于统一，即设定服务期条件的股权激励，股份支付费用需要在服务期内每个资产负债表日进行分摊，并计入经常性损益；可以立即行权的股权激励，股份支付费用一次性确认，计入非经常性损益。企业股份支付费用分期摊销可以用图 9-1 表示。

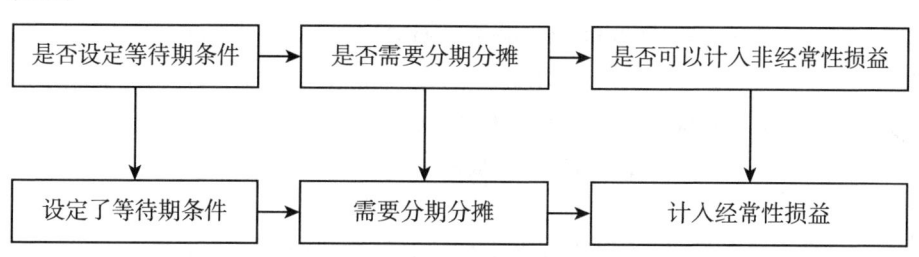

图 9-1 企业股份支付费用分期摊销

三、一次性计提和按期分摊对企业的财务有何影响

在 2021 年以前，市场上虽然已经对上述做法达成共识，但对"服务期限""等待期"概念存在不同理解，有一定争议。表 9-14 中的案例反映了对"等待期"概念的争议。

表 9-14 DTKJ 反映的对"等待期"概念的争议

发行人	DTKJ（科创板）
审核关注重点	根据 2012 年和 2014 年股权激励方案的约定，上述授予的股份自上市之日**起 3 年后开始解锁，分 2 年解锁，每年解锁 50%。公司按与公司股票上市时间挂钩的期限分期摊销确认股份支付费用**。公司预计 2017 年年底实现上市，因此，2012 年股权激励确定的摊销期限分别为 50% 按 97 个月、50% 按 109 个月，2014 年股权激励确定的摊销期限分别为 50% 按 73 个月、50% 按 85 个月；根据 2018 年股权激励方案中员工持股平台合伙协议约定，合伙企业处置所持有公司股份时应遵循以下条件：各合伙人应当自首次签订合伙协议之日（入伙之日）起，保证在 DTKJ 或其子公司至少服务 7 年，其中至少服务 5 年方能处置其所持合伙企业份额，若服务期限未满 5 年即离职，需将所持份额转让给公司实际控制人 LHJ 或其指定的第三人，**转让价格包含出资成本和相应利息**。 请发行人说明：（1）2012 年及 2014 年股权激励方案中，除锁定期外，**股权激励方案未明确约定具体服务期，以锁定期代替服务期确定摊销期限的会计处理是否准确**，是否符合企业会计准则的规定……（3）2018 年股份支付未按照服务期摊销是否符合企业会计准则的规定
具体回复	（1）**以锁定期代替服务期确定摊销期限**的会计处理的合理性 ①尽管合伙协议没有明确服务期约定，但公司结合合伙协议中"锁定期及离职退伙"的条款，**实质构成服务期**，且公司在 2015 年申报时能够合理估计上市时间，并以此作为股份支付的分摊期限进行分期摊销。 ②在 2016 年年末出现较大亏损，摊销期限无法合理估计的情况下，公司将尚未摊销完毕的股份支付余额一次性确认计入了 2016 年损益。 ③上述历史年度相关股份支付的会计处理是在当时未颁布旧《首发审核问答（二）》的监管环境下作出的，判断并无不妥，符合会计准则的相关规定。 ④若追溯调整到股份授予当期一次性处理，会增加报告期的净利润，**不够谨慎**，因此公司保留了历史的会计处理方式，符合谨慎性原则。 （2）2018 年股份支付未按照服务期摊销是否符合企业会计准则的规定 合伙人只有在满足入伙满 5 年且公司股票挂牌交易满 3 年的情况下才可以按公司股票的市价退伙转让，**否则需要接受合伙协议约定的指定价格退伙，无法享有被授予股份的全部市场收益**。因此，合伙人除需要遵守"至少

续表

发行人	DTKJ（科创板）
	服务 7 年"的约束外，**还受公司上市时间的影响，故服务期限实质上同时受前述双重条件的约束**，所以 2018 年股权激励方案对应的服务期限并不明确。**公司认为，2018 年股权激励方案的服务期限有双重条件约束，较为复杂，合理估计存在一定难度**，且属于旧《首发审核问答（二）》明确规定的"没有明确约定服务期"的情形。因此，公司在参考了上交所科创板申报公司关于类似股权激励事项的相关案例之后，选择采用将股份支付费用一次性计入 2018 年度费用。**一次性确认是目前科创板主流处理方式，相对谨慎**，符合旧《首发审核问答（二）》的监管精神和企业会计准则的相关规定。综上，公司将 2018 年股份支付费用一次性计入发生当期，具备合理性，符合旧《首发审核问答（二）》和企业会计准则的相关规定

上述案例表明，如果股权激励计划规定的服务期限条件较短，但激励对象在服务期限届满后、公司首发上市之前，激励对象不能以公允价值退出的，公司首发上市之前的期间仍实质上可能构成等待期，但并不明确。

2021 年 5 月 18 日，财政部会计司公布了 5 个股份支付准则应用案例，其中，《股份支付准则应用案例——以首次公开募股成功为可行权条件》直接涉及了拟上市公司的股权激励问题，为上述争议提供了解决之道，见表 9-11。

该应用案例明确，"如果自授予日至甲公司成功完成首次公开募股时员工主动离职，员工不得继续持有持股平台份额，实际控制人将以自有资金按照员工认购价回购员工持有的持股平台份额"，首次公开募股将构成非市场条件。即使激励对象的服务期已经结束，但激励对象在 IPO 以前离职的，必须转回持股平台份额，且只能按照出资额及一定利息，以远低于公允价值的价格获得转让价款，则 IPO 以前的期间仍然实质上为等待期，企业应在等待期内分摊股份支付费用，并计入经常性损益。

前述应用案例一经发布，即为众多企业解决股份支付费用的分摊问题提供了指导，部分拟上市企业也结合规定进行了会计差错更正，举例见表 9-15。

表 9-15　CQKJ 案例

发行人	CQKJ（科创板）
审核关注重点	根据招股书及交易所问询回复，发行人报告期各期计提的股份支付费用，**均归集为管理费用并均认定为非经常性损益**。请发行人说明对报告期内的股份支付费用均认定为非经常性损益的合理合规性
具体回复	发行人两次股权激励主要系对老员工历史贡献的回报，均未限制激励对象在特定服务期完成后才能行使权利，也未设定业绩要求作为行权条件。其中关于自授予日起继续为公司提供服务不低于 5 年（含 5 年）的要求，主要目的在于稳定管理团队和业务骨干。激励对象若正常离职，在持有合伙份额不满 5 年或发行人未实现首次公开发行并上市的情况下，激励对象可将所持合伙份额转让给实际控制人，**并取得原始出资加算 6%/ 年（复利）利息收益**。考虑到上述情况，发行人在首次申报时将两次股权激励认定为**在授予日立即可行权的股份支付**，公司在 2018 年和 2019 年分别一次性确认股份支付，计入当期管理费用和资本公积。 2021 年 5 月 18 日，财政部发布了股份支付准则应用案例。根据案例，发行人激励对象离职时，转让对象指定为实际控制人，若未完成 5 年服务期，**其仅能获取原支付对价相应的利息收益，无法按照市场公允价格取得合伙份额转让收益**，因此难以认定激励对象已取得从发行人获取权益工具的权利，需要将 5 年视为行权的服务期限条件。同时，公司预计从股权激励授予日至成功完成首次公开募股的时间将少于 5 年。综上，**发行人股权激励的行权等待期确定为 5 年**。 公司基于审慎原则，结合上述股份支付准则应用案例，于 2021 年 9 月 26 日董事会决议通过更正议案：对 2018 年和 2019 年股权激励业务，由在授予日一次性确认更正为在等待期内每个资产负债表日对预计可行权数量作出估计，并按照授予日授予股份的公允价值确认相应的股份支付费用，并采用追溯重述法进行了更正，发行人基于审慎原则，对股份支付确认方式进行了**会计差错更正**，由在授予日一次性确认更正为在等待期内每个资产负债表日对预计可行权数量作出估计，并按照授予日授予股份的公允价值确认相应的股份支付费用。本次股份支付确认方式更正主要系公司基于审慎原则，结合财政部 2021 年 5 月 18 日发布的股份支付准则应用案例要求所致

四、2021年后审核部门对股份支付分摊问题的问询

毋庸讳言，企业选择将股份支付费用分期分摊还是一次性计提，客观上存在调节利润的可能性，因此监管机构历来对此均十分重视。如果股份支付费用分期分摊，股份支付费用就属于非经常性损益，企业可以相对提高扣除非经常性损益后的企业净利润。如果股份支付费用一次性计提，那么企业可以在报告期外或报告期首年一次性解决股份支付费用，避免股份支付影响报告期尤其是报告期后期的财务数据。

2021年后，审核部门对股份支付费用分摊问题的问询列示见表9-16。

表9-16 审核部门对股份支付费用分摊问题的问询

公司名称	披露时间	审核关注重点	具体回复
SZDZ（科创板终止审核）	2023年4月21日	根据申报文件，部分人员存在服务期，部分人员一次性确认股份支付费用。请结合股权激励协议与合伙企业协议相关条款，**分析不同人员一次性确认股份支付费用和服务期确定的依据**；结合报告期历次股权激励决策程序、估值的准确性等分析授予日与公允价值的确定依据	（1）一次性确认股份支付费用的授予对象，系因其与公司签订的股权激励相关协议与合伙企业协议中未明确约定服务期等限制条件，公司将上述股份支付费用一次性计入发生年度的当期损益，作为非经常性损益列示，并相应增加资本公积。 （2）在授予日公司作出合理预估，预计公司上市时间为2023年12月31日，即该类授予对象的服务期限为授予日至2023年12月31日。LY不是公司员工。经核查《财产份额转让协议》《关于SHQY投资管理中心（有限合伙）之关于财产份额转让协议之补充协议》及SHQY合伙协议，未约定服务期等限制条件。因此，公司将LY股份对应的股份支付费用一次性计入发生年度的当期损益，并作为非经常性损益列示

续表

公司名称	披露时间	审核关注重点	具体回复
KXTX（科创板）	2023年4月18日	根据公司与激励对象签署的股权激励框架协议，**部分股权激励的锁定期为公司上市后3年且约定激励对象若离职公司应按照离职时每股估值的70%进行回购，部分则未约定；对于约定了比例回购的部分，70%部分一次性计入非经常性损益，剩余30%部分分摊计入经常性损益**。请发行人列示各批次限制性股票激励计划、各批次期权激励计划摊销期限及确认依据、授予价格、授予日公允价值及依据、确认的股份支付及报告期各期摊销费用计算过程等；**申报表大额股份支付费用调整的原因、依据及合理性**	（1）**发行人早期阶段（2014年10月至2016年7月）的股权激励**：该阶段激励协议已对员工的服务期限和解锁数量有明确的约定，发行人该阶段的股份支付分摊期限的**依据为激励协议中明确约定的服务期**，股份支付费用在该期限内进行摊销，符合企业会计准则的相关规定。 （2）**少量无偿奖励股且约定员工离职公司按"固定价格＋每年5%的利息金额进行回购"的股权激励**：该部分股权激励与《股份支付准则应用案例——以首次公开募股成功为可行权条件》中列示的类似，**可认定为回购价格非公允价格**，故参照该应用案例，认定是**包含隐含服务期**的股份支付。 发行人将股权授予时点至股份解禁日视为隐含的实际服务期，以此时间作为等待期分摊确认股份支付费用，并计入经常性损益，符合企业会计准则的相关规定。 （3）**激励协议约定员工离职时公司按照"每股估值的70%进行回购"的股权激励**：该部分股权激励在授予员工后，即使员工离职，其中股权70%部分对应的公允价值，已能够通过回购直接获得该部分收益，因此该部分股权激励，认定是授予后立即可行权的股份支付，一次性确认为当期费用，并计入非经常性损益。

续表

公司名称	披露时间	审核关注重点	具体回复
			对于股权30%部分对应的公允价值，在公司上市前及上市后3年内即上市解禁日前若员工离职，无法获得股权30%部分对应公允价值的收益，该部分股权激励与《股份支付准则应用案例——以首次公开募股成功为可行权条件》中列示的类似，即公司上市并解禁属于可行权条件中业绩条件的非市场条件，应当合理估计未来成功上市并解禁的可能性及完成时点，将授予日至该时点的期间作为等待期，并在等待期内每个资产负债表日对预计可行权数量作出估计，确认相应的股权激励费用。 （4）**关于预计上市日的确定及调整情况：**由于发行人预计申报时间的变更，相应地将限制性股票的股份支付金额摊销期限调整为授予日至2026年9月末。发行人根据前述《股份支付准则应用案例——以首次公开募股成功为可行权条件》基于等待期变动的要求，将截至2022年6月30日累计应确认的股权激励费用扣减前期累计已确认金额，作为当期应确认的股权激励费用
MCKJ（创业板终止审核）	2022年7月5日	结合持股平台的历史沿革、份额转让的定价方式等说明签署员工持股平台涉及股权激励的具体情	（1）发行人/中介机构结合境内及境外持股平台的历史沿革，逐笔说明其权益变动涉及的投资单价。 （2）2020年6月及9月，GHB将从离职员工处受让的出资额陆续转让给其他员工。**本次股权激励的服务期为3年，**

续表

公司名称	披露时间	审核关注重点	具体回复
		况，股权激励计划的基本内容，涉及股份支付费用的会计处理等，股份公允价值的确定方式及合理性	工作满 1 年释放激励股权的 50%，满 2 年释放激励股权的 75%，满 3 年释放全部激励股权。本次股份支付总额为 3255.72 万元，按照一次授予、分期行权的方式在服务期内分摊。 （3）2016 年 10 月，TJDT 自 JYH、ZX、JXTZ 受让 MCYX 合计 2.4% 的股权。授予日 MCKJ 公允价值按照公司 2016 年 12 月融资投后估值确定。据此计算，发行人因 TJTD 股权激励需确认的股份支付总额为 3791.22 万元。 （4）根据《股权激励协议》及合伙协议约定，本次限制性股票激励授予对象的服务期为 4 年，自受雇日起每年等额行权。但相关协议又明确规定了"首次公开发行（IPO）前的转让或退伙必须以固定价格转让"，而固定价格远低于其公允价值。根据《企业会计准则第 11 号——股份支付》第 6 条和财政部发布的《股份支付准则应用案例——以首次公开募股成功为可行权条件》，IPO 构成可行权条件中业绩条件的非市场条件，故等待期的结束日为 IPO 与服务期结束孰晚之日。因此，公司在等待期内每个资产负债表日对预计可行权数量作出估计，确认相应的股份支付费用

第九章 股权激励的税务

续表

公司名称	披露时间	审核关注重点	具体回复
ZZKJ（科创板）	2021年8月24日	**发行人将股份支付费用确认为当期非经常性损益。** 请发行人说明并披露：股权激励是否存在服务期约定、是否设置行权条件，股份支付费用确认为非经常性损益的相关依据	公司股权激励计划不存在对于持股主体服务期限的要求，亦未约定行权条件。根据《企业会计准则第11号——股份支付》第5条第1款，"授予后立即可行权的换取职工服务的以权益结算的股份支付，应当在授予日按照权益工具的公允价值计入相关成本或费用，相应增加资本公积"。公司2020年度两次股权激励计划均未约定服务期及行权条件，属于授予后立即可行权的股份支付，公**司于2020年度一次性确认股份支付费用，并作为偶发事项计入非经常性损益**。公司股权激励会计处理符合《企业会计准则第11号——股份支付》规定
WJCX（科创板）	2021年8月23日	关于股份支付。根据招股说明书及保荐工作报告，2018年及2020年，发行人分别确认股份支付费用12,842.32万元和76,322.55万元。保荐工作报告中说明了报告期各期股份支付相关会计处理情况。请发行人**披露：2020年度实施股票期权激励计划**	（1）**2021年7月至2024年**，公司预计因实施股票期权激励计划将分别确认股份支付费用4980.68万元、7530.51万元、3974.40万元和1266.16万元，按照被授予对象的岗位职责及工作内容分摊进营业成本、销售费用、管理费用及研发费用。上述股份支付费用将减少公司未来期间营业利润及净利润，并划分为**经常性损益**。 （2）相关股权激励计划对员工离职、退伙的原因分为"好的"（或"主动"）和"坏的"（或"被动"）两种，其中"坏的"是指"因合伙人故意不履行职责义务、故意或严重过失导致公司业务财务或声誉受到严重损害、触犯刑事法律、同业

续表

公司名称	披露时间	审核关注重点	具体回复
		的股份支付费用对未来期间的影响。请发行人说明：（1）股份支付计入不同期间费用的具体依据，是否存在同一人的股份支付费用计入不同费用的情形及原因；（2）股份支付在经常性损益和非经常性损益的划分情况及依据	竞争等原因损害发行人利益，与发行人解除劳动关系或终止顾问关系的"等特殊情形，其他情况为"好的"情形。对于"坏的"情形，上市前退伙转让价格为该合伙人的实际出资额作为定价，扣除该合伙人应承担的 BJYY 的运营管理费用及该合伙人给发行人造成的损失。对于"好的"情形，上市后退伙转让价格参照二级市场确定，上市前退伙转让价格为最近一期经审计的合并报表每股净资产值。股权激励计划未约定服务期。发行人及中介机构认为，上述股权激励计划定**未对 BJYY 各合伙人约定明确的服务期等限制条件**。自入伙开始，BJYY 各合伙人即已从股权激励获授的权益工具中开始承担作为发行人间接股东的相关风险及收益。根据发行人是否完成上市，约定**以每股净资产、二级市场的股票价格**分别作为合理的股份价值参考，各激励对象自入伙开始即可自净资产的增长、股价的上涨中获取发行人经营利润积累的相关收益，同时，亦承担因发行人经营不善可能导致的净资产下降或股票价格下跌的风险。**相关股份支付费用均应在授予日一次性计入发生当期**，并作为偶发事项，分别计入 2018 年度和 2020 年度的非经常性损益

根据上述案例，股份支付费用是否分期分摊是 IPO 审核过程中的常见问题。监管机构关注主要包括两个方面：其一，股权激励安排是否设定了服务期或等待期；其二，如果设定了服务期或等待期，是否按照规定将其计入经常性损益。

五、小结

综上，第一，关于一次性计提与按期分摊的界限。设定服务期条件的股权激励，股份支付费用需要在服务期内每个资产负债表日进行分摊，并计入经常性损益；可以立即行权的股权激励，股份支付费用一次性确认，计入非经常性损益。

第二，若公司以首次公开募股成功为可行权条件，即使激励对象的服务期已经结束，但激励对象在 IPO 以前离职的，必须转回持股平台份额，且只能按照出资额及一定利息，以远低于公允价值的价格获得转让价款，则 IPO 以前的期间仍然实质上为等待期，企业应在等待期内分摊股份支付费用，并计入经常性损益。

第三，股份支付费用分期分摊的监管机构关注要点，主要围绕在股权激励安排是否设定了服务期或等待期；设定了服务期或等待期的，是否按照规定将其计入经常性损益等方面。

第 75 问：预留份额对于股份支付、收益处理有什么影响？

答：我们已经在本书"第 37 问：股权激励时'预留股权'是否可行？"中介绍了在股权激励计划中是否可以预留股权的问题。在上市前实施股权激励，预留一定的股权，由公司指定的名义持有人暂时持有，不存在法律上的障碍；但在临上市的节点中，原则上预留股权需要进行清理，以满足上市条件中关于股份清晰的要求。相应地，在公司的不同阶段，对预留股权的会计处理也存在区别。

一、股权激励计划执行阶段，由公司指定的名义持有人暂时持有股权，不构成股份支付

从股份支付的原理来看，股份支付是指企业通过授予权益性工具，换取服务对象服务对价的行为，并因服务对象的服务对价而需要计提相应的股份支付费用。由公司指定的名义持有人暂时持有股权至少在如下两个方面不符合股份支付的定义。

第一，服务对象不明。因为公司指定的名义持有人并非激励股权的最终所有人，股份支付所涉及的对象暂时不能确定。

第二，并非为了换取服务对价。由公司指定的名义持有人暂时持有，无论名义持有人是否是公司的实际控制人，都不是为了换取该名义持有人为公司提供的服务，而是预留用于以后向员工授予激励股权。甚至严格来说，该名义持有人并不一定要是公司的员工。

从财政部股份支付案例看，财政部于2021年5月18日发布了"股份支付准则应用案例——实际控制人受让股份是否构成新的股份支付"。

上市公司甲公司设立员工持股平台（有限合伙企业）用于实施股权激励计划，甲公司实际控制人为持股平台的普通合伙人，该实际控制人同时为甲公司核心高级管理人员，除实际控制人以外的其他激励对象为有限合伙人。20×1年4月，持股平台合伙人以5元/股的价格认购甲公司向该平台增发的股份，股份设有3年限售期。协议约定，自授予日起，持股平台合伙人为公司服务满3年后可一次性解锁股份；有限合伙人于限售期内离职的，应当以6元/股的价格将其持有股份转让给普通合伙人，普通合伙人受让有限合伙人股份后，不享有受让股份对应的投票权和股利分配等受益权，普通合伙人须在股权激励计划3年限售期内将受让股份以6元/股的价格再次分配给员工持股平台的其他有限合伙人。

普通合伙人受让有限合伙人股份后，不享有受让股份对应的投票权和股利分配等受益权，且其必须在约定的时间（3年限售期内）、以受让价格（6

元/股）将受让股份再次分配给员工持股平台的合伙人，上述事实表明普通合伙人未从受让股份中获得收益，仅以代持身份暂时持有受让股份，该交易不符合股份支付的定义，不构成新的股份支付。实务中，判断普通合伙人受让股份属于代持行为通常需要考虑下列证据：（1）受让前应当明确约定受让股份将再次授予其他激励对象；（2）对再次授予其他激励对象有明确合理的时间安排；（3）在再次授予其他激励对象之前的持有期间，受让股份所形成合伙份额相关的利益安排（如股利等）与代持未形成明显的冲突。

相关法律依据为《企业会计准则第 11 号——股份支付》第 2 条、第 5 条等相关规定。《企业会计准则讲解 2010——股份支付》第十二章"股份支付"。

该案例明确，在激励对象离职时，将激励股权转回给实际控制人，形成预留股权，不明确实际受益人，实际控制人不能以明显高于受让价格的对价再次授予激励股权的，一般情况下不构成股份支付，因为"普通合伙人未从受让股份中获得收益，仅以代持身份暂时持有受让股份，该交易不符合股份支付的定义"。

二、股权激励计划收尾阶段，尚未授予的激励股权归属名义持有人的，构成股份支付

当前 IPO 实践中拟上市公司在申报前选择完成激励股权的授予工作，以达到股权结构清晰的要求，如抓紧时间确定激励对象并完成授予、减资、归属名义持有人等方案。如果确定激励对象并完成授予，其股份支付处理与一般授予激励股权相同，就按照公允价值与实际成本的差值确定股份支付费用；如果采用减资方案，则不涉及股份支付。

如果发行人根据股权激励计划履行相应程序，并决定尚未完成授予的激励股权直接归属名义持有人，虽然激励股权无须再做股权变动的程序，但如果名义持有人为公司提供服务且获得该等股权的对价低于股权的公允价值，该归属符合股份支付的定义，须进行股份支付处理。

三、与预留股份会计处理相关的IPO案例

从有关IPO案例看,在股权激励实施过程中,对预留股权不做股份支付处理的情形较为普遍,也不乏在临上市前全部确认股份支付费用的案例,股份支付费用确认政策的差异界限主要在于相关预留股份是直接归属名义持有人,还是留待未来继续实施股权激励。具体案例情况见表9-17。

表9-17 与预留股份会计处理相关的IPO案例

公司名称	披露时间	问询问题	回复要点	归纳总结
MKGF（创业板审核通过）	2022年9月16日	激励对象因个人原因离职或退出股权激励计划的,实际控制人按实际出资额回购激励对象所持有的股权,并按授予日权益工具的公允价值一次性计入管理费用。请发行人说明股权激励转让条款情况及价格确定方式,转让及退出的实际情况,回购股份的后续处理方式,会计处理是否符合相关规定	报告期内,9名公司员工因个人原因离职,触发了授予协议的退出情形二,实际控制人WLB先生、WYC先生按实际出资额回购,**回购股份归其所有、不再授予其他员工**,符合授予协议定价机制的相关规定。由于股权激励方案未对实际控制人设置服务期限,**故将股份支付费用一次性计入管理费用**,会计处理符合相关规定	实际控制人回购的股权不再授予其他员工,需计提股份支付费用

续表

公司名称	披露时间	问询问题	回复要点	归纳总结
SLGF（创业板）	2022年5月27日	请结合发行人是否获取部分员工的服务说明第一次股权激励不构成股份支付的依据及合理性，结合财政部发布的股份支付准则应用案例对企业股份支付处理的参考案例情况，说明发行人报告期内股份支付会计处理是否符合企业会计准则的规定	（1）2019年2月，AN受让离职员工的股份，**系明确安排其短暂持有后于2019年5月即重新授予其他激励对象**，其受让的目的是再次授予其他激励对象并在短期内实施完毕，**因此AN受让离职员工YZJ持股平台出资份额不构成股份支付**，符合股份支付准则应用案例的相关规定。（2）2021年4月，AN受让离职员工的股份，此次受让股份发行人并未约定在合理的时间内将再次授予其他激励对象，AN作为普通合伙人受让股份并不属于代持行为，而是重新授予。故发行人自2021年4月起，按6年服务期摊销确认股份支付费用，符合企业会计准则的规定和股份支付准则应用案例的相关规定	（1）在股权激励实施过程中受让股权，又授予其他激励对象，不构成股份支付。（2）股权激励计划即将执行完毕，并未约定再授予其他激励对象，构成股份支付

续表

公司名称	披露时间	问询问题	回复要点	归纳总结
YWXX（科创板在审）	2023年4月26日	预留股份的具体变动及其股份支付费用确认情况，相关会计处理是否符合企业会计准则等有关规定，目前是否仍存在预留股份及后续安排	（1）2017年4月，公司实际控制人LGH作为普通合伙人发起设立WHNC作为员工持股平台，明确约定LGH暂时持有50万股，作为预留股份以后年度分配给其他被激励对象。**预留股份不是以获取职工或其他方服务为目的的交易，该交易不符合股份支付的定义，不构成股份支付。**（2）2021年12月，发行人明确WHNC员工持股平台普通合伙人LGH剩余持有的2.71万股不再授予其他激励对象，全部由其本人持有。**因此，发行人将LGH剩余2.71万股持股份额按照其取得成本与2021年12月对应股权的公允价值差额一次性确认股份支付费用**，上述会计处理符合相关企业会计准则要求。综上，发行人不存在预留股份，亦没有后续安排	（1）明确约定实控人暂时持有股权，作为预留股份以后年度分配给其他被激励对象，不是以获取职工或其他方服务为目的的交易，不构成股份支付。（2）明确实控人持有的股权不再授予其他激励对象，需计提股份支付费用

第九章 股权激励的税务

续表

公司名称	披露时间	问询问题	回复要点	归纳总结
WCKJ（创业板审核通过）	2022年10月11日	请发行人说明历次增资、股份转让及持股平台份额变动过程中是否属于股权激励事项，是否需按股份支付规定处理，涉及的对象、股份数量、授予价格，相应的股份支付费用公允价值的确定依据，公允价格对应的股份授予日当年的市盈率和上年的市盈率，股份支付相关会计处理是否符合企业会计准则的规定	（1）报告期内，员工持股平台曾发生合伙份额转让情形，其原因主要有为实施股权激励而由实际控制人WB将所持部分合伙份额转让给激励对象、个别员工自公司离职而将所持合伙份额转让给WB或WX。**除个别员工自公司离职而将所持合伙份额转让给实际控制人WB之外，其余股权转让均属于股权激励，涉及股份支付。**（2）发行人上述出资份额转让系出资人辞职，**按合伙协议及股权激励协议规定转让给实际控制人WB，WB受让的离职人员出资份额系预留份额**，不涉及发行人的新增股份，不是以获取职工或其他方服务为目的的交易。因此，**发行人持股平台份额变动中，WB受让的离职人员出资份额不涉及股份支付的会计处理。**（3）参考《股份支付准则应用案例——实际控制人	员工从公司离职而将所持合伙份额转让给实际控制人，该份额系预留份额，实际控制人不享有分红权等权利的，不涉及股份支付

续表

公司名称	披露时间	问询问题	回复要点	归纳总结
			受让股份是否构成新的股份支付》相关指引，发行人报告期WB持有的出资份额系为未来股权激励对象的预留份额，《员工持股计划实施细则》中规定了受让股份将再次授予其他激励对象，规定了对再次授予其他激励对象有明确合理的时间安排，规定了实际控制人WB在再次授予其他激励对象之前的持有期间，对其所持有的预留份额不享有对应的投票权和股利分配等受益权。故报告期实际控制人WB持有的出资份额系WB为未来激励对象持有的股份，实际控制人WB未从受让股份中获得收益，**该交易不符合股份支付的定义，不涉及股份支付相关会计处理**	

四、小结

综合上述规则、《股份支付准则应用案例——实际控制人受让股份是否构成新的股份支付》和IPO案例，实际控制人的激励股权有明确的授予其他激励对象的安排，且不实质上享有分红权、股权增值的收益权或其他股东权利的，构成预留股权，其持有股权不符合股份支付的定义，可以不计提股份支付费用。

第76问：股份支付费用是否可以计入研发成本？

答：无论是从规则层面还是从案例层面论证，将涉及研发人员的股份支付费用计入研发费用均无法律障碍。我们将上市审核中研发人员相关的股份支付费用的监管要点和享受税前加计扣除政策相关问题梳理如下。

一、股份支付费用计入研发成本的可行性论证

（一）相关规则

根据《企业会计准则第11号——股份支付》第8条规定，以权益结算的股份支付换取其他方服务的，应当按照其他服务的公允价值/权益工具的公允价值，计入相关成本或费用，相应增加所有者权益。从上市的角度，根据《监管规则适用指引——发行类第5号》"5-1 增资或转让股份形成的股份支付"相关规定，发行人向职工（含持股平台）转让股份，发行人应进行相应会计处理，同时保荐机构及申报会计师应对发行人的股份变动是否适用《企业会计准则第11号——股份支付》进行核查，并对发行人股份支付相关会计处理是否符合规定等发表明确意见。

根据上述规定，《企业会计准则第11号——股份支付》第8条虽然并未直接规定股份支付费用可以计入研发成本，但公司研发费用也是成本的一种；涉及研发人员的股份支付费用可以计入研发费用是有规则依据的。

（二）相关案例

从案例层面来看，实践中并不乏拟上市公司将因向研发人员进行股权激励产生的股份支付费用计入研发费用的实操先例，如 XTYW、BDYY、JCGF、HZDZ、TWDZ 等案例。

综上所述，企业将涉及研发人员的股份支付费用计入研发费用均无法律障碍，完全是可行的。

二、将股份支付费用计入研发费用的关注要点

（一）股份支付形成的研发费用占研发总费用的比例

从案例层面来看，经统计48家科创板上市公司/申报公司，股份支付形成的研发费用占报告期3年研发费用累计金额的比例通常在20%以下。其中有1家占比较高为78.18%，有3家介于30%~40%，有4家介于20%~30%，有11家介于10%~20%，有24家介于1%~10%，有5家介于0~1%。

相关案例情况见表9-18。

表9-18 相关案例情况

序号	公司简称	3年研发费用累计金额/万元	其中：股份支付/万元	股份支付费用占3年研发费用累计金额比例/%
1	SHYZ	20,706.82	16,188.68	78.18
2	ZKWZ	10,756.26	3770.59	35.05
3	WDNM	8535.10	2991.80	35.05
4	WDXX	2930.93	931.30	31.77
5	QYSW	19,477.59	5657.41	29.05
6	PRGF	5750.81	1224.79	21.30
7	YSCX	15,929.92	3382.60	21.23
8	JCGF	18,033.62	3660.26	20.30
9	CYKJ	6476.77	1223.94	18.90
10	SZXB	114,012.13	18,852.20	16.54
11	KED	6809.64	1124.24	16.51
12	MWSW	63,945.40	9501.60	14.86

续表

序号	公司简称	3年研发费用累计金额/万元	其中：股份支付/万元	股份支付费用占3年研发费用累计金额比例/%
13	FYGF	8106.99	1151.54	14.20
14	STKJ	41,568.87	5839.48	14.05
15	XQWZ	5344.85	664.98	12.44
16	SRP	14,276.89	1753.68	12.28
17	LTGX	6553.53	733.29	11.19
18	KTYL	2306.39	241.29	10.46
19	HESW	29,459.28	3081.07	10.46
20	HQWL	14,291.74	1367.13	9.57
21	TZH	14,079.26	1215.62	8.63
22	JHGS	53,150.12	3889.67	7.32
23	ZHGY	61,132.69	3715.81	6.08
24	YST	2227.08	123.68	5.55
25	JMKJ	17,711.34	917.29	5.18
26	GKW	82,190.82	4256.59	5.18
27	SXSW	10,227.54	523.64	5.12
28	HRKJ	45,341.75	2249.04	4.96
29	HZJK	3494.98	173.15	4.95
30	STXCL	5261.67	238.50	4.53
31	BQS	8489.61	376.26	4.43
32	KXN	33,322.58	1397.92	4.20
33	XJDQ	7072.55	293.55	4.15

续表

序号	公司简称	3年研发费用累计金额/万元	其中：股份支付/万元	股份支付费用占3年研发费用累计金额比例/%
34	FNKJ	43,100.14	1735.20	4.03
35	AWDZ	29,067.87	909.79	3.13
36	HTXG	6692.38	157.54	2.35
37	BAT	141,470.81	2539.90	1.80
38	WSYL	5896.78	93.13	1.58
39	HXSW	17,247.07	267.07	1.55
40	NTSW	10,124.15	148.99	1.47
41	SSWK	48,471.06	599.90	1.24
42	ALD	3729.93	40.73	1.09
43	BKGF	10,162.41	106.70	1.05
44	JSSW	175,958.62	1665.19	0.95
45	XYGF	110,409.34	917.05	0.83
46	GYKJ	22,587.22	140.59	0.62
47	HDZZ	84,191.72	453.59	0.54
48	THGN	72,190.62	87.45	0.12

（二）IPO审核中有关股份支付费用计入研发费用的关注要点

在上市审核问询中，出于研发费用的归集，对于计入研发费用的股份支付，监管机构会重点关注股份支付费用分摊至研发费用的依据、研发人员划分是否清晰、是否存在其他人员计入研发人员的问题。对此，发行人通常主要围绕股份支付费用计入研发成本费用的合理性、准确性等方面展开陈述。相关案例情况见表9-19。

表 9-19 相关案例情况

序号	公司名称	披露时间	监管问询要点	回复情况
1	XTYW（创业板审核通过）	2022年5月20日	请发行人说明：股权激励公允价值的确定方法，**发行人股份支付费用的计算过程，分摊至管理费用和研发费用的依据，是否存在同一员工的股权激励费用在管理费用和研发费用分摊的情形**	公司将被激励对象按工作或服务内容划分为不同部门，按部门职能归集股份支付费用，将其服务类别分别划分为管理工作和研发工作，按照权益工具授予日的公允价值，分别将当期取得的员工服务成本计入管理费用和研发费用。其中研发部门所属人员的股权激励费用计入研发费用，其他人员的股权激励费用计入管理费用，**不存在将同一员工的股权激励费用在管理费用和研发费用分摊的情形**
2	BDYY（科创板）	2022年2月17日	请发行人说明：**股份支付费用计入管理费用、销售费用和研发费用等的依据和方式**	公司基于谨慎性原则，结合**授予股份对象的所属部门、职务性质及岗位职责**，将股份支付费用分配至销售费用、管理费用和研发费用，具体分配依据为：从事销售及物流工作的人员对应的股份支付费用分配至销售费用；**从事公司研发工作的人员对应的股份支付费用分配至研发费用**；行政、财务和人力资源部等职能部门的管理人员对应的股份支付费用分配至管理费用，该处理符合企业会计准则要求

续表

序号	公司名称	披露时间	监管问询要点	回复情况
3	ZDYS（科创板退市）	2020年3月23日	报告期内是否严格按照研发开支用途、性质据实列明研发支出，**是否存在将与研发无关的费用在研发支出中核算的情形**	公司制定了"研发费用核算管理办法"，已明确研发支出开支范围和标准，研发支出开发范围包括工资薪金、折旧摊销、差旅费用、租赁费用、**股份支付**、其他费用等。公司按直接归属的费用和无法直接归属的费用分别进行处理，并在报告期内保持一致。 报告期内，公司严格按照研发开支用途、性质据实列明研发支出，不存在将与研发无关的费用在研发支出中核算的情形
4	HZDZ（创业板终止审核）	2021年9月23日	说明报告期内历次股份变动是否涉及股份支付，相关公允价值确认依据，**部分股份支付费用计入研发费用的原因**，是否符合企业会计准则的规定	公司**结合激励对象的职务性质及岗位职责，将股权激励费用分配至销售费用、管理费用和研发费用**，具体分配标准为：专职从事销售工作的人员对应的股份支付费用分配至销售费用；**专职从事公司研发项目管理工作的研发人员和核心技术人员对应的股份支付费用分配至研发费用**；其余的激励对象对应的股份支付费用分配至管理费用
5	TWDZ（科创板）	2020年12月29日	结合具体人员说明股份支付费用在销售费用、管理费用以及研发费用中的分配依据	公司基于谨慎性原则，**结合激励对象的职务性质及岗位职责，将股权激励费用分配至销售费用、管理费用和研发费用**，具体分配标准为：专职从事销售工作的人员对应的股份支付费用分配至销

续表

序号	公司名称	披露时间	监管问询要点	回复情况
				售费用；专职从事公司研发项目管理工作的研发人员和核心技术人员对应的股份支付费用分配至研发费用；其余的激励对象对应的股份支付费用分配至管理费用
6	ZZGF（科创板终止审核）	2022年9月30日	请发行人说明：（1）报告期内研发费用的股份支付具体授予对象、职务、对公司的贡献……（8）结合《科创板审核问答》，论证股份支付作为研发投入的合理性	2019年与2020年归属公司研发费用的股份支付授予对象均与公司签订了劳动（务）合同，均指导公司研发活动或参与公司日常研发活动及主要研发项目，为公司的核心技术发展，科技创新均作出重要贡献。公司结合激励对象的职务性质及岗位职责，按激励对象的所属部门及具体职能归集股份支付费用，将其部门职能及具体职能分别划分为管理、销售、研发和生产工作，按照权益工具授予日的公允价值，分别将取得的员工服务成本计入管理费用、销售费用、研发费用和主营业务成本。其中，公司专门从事公司研发活动和技术开发的研发人员和核心技术人员对应的股份支付费用分配至研发费用

第77问：计入研发费用的股份支付是否可以适用研发费用税前加计扣除政策？

答：对于计入研发费用的股份支付是否可以适用研发费用税前加计扣除政策的问题，我们认为需要分情况讨论。第一，股权激励计划实行后立即可以行权的，计入研发费用的股份支付可以享受加计扣除的优惠政策；第二，股权激励计划实行后有等待期的，在等待期内尚未行权的期权股份支付费用不能加计扣除，在行权后方可享受加计扣除的政策。具体分析如下所述。

一、相关规则

根据财政部、国家税务总局、科技部《关于完善研究开发费用税前加计扣除政策的通知》的规定，直接从事研发活动人员的工资薪金可以按照本年度实际发生额的50%，从本年度应纳税所得额中扣除。国家税务总局《关于研发费用税前加计扣除归集范围有关问题的公告》进一步明确"工资薪金包括按规定可以在税前扣除的对研发人员股权激励的支出"。但是上述规则并未明确是否所有的计入研发费用的股份支付费用都可以作为工资薪金进行扣除。

根据《关于我国居民企业实行股权激励计划有关企业所得税处理问题的公告》的规定，股权激励计划实行后立即可以行权的，计入研发费用的股份支付可以享受加计扣除的优惠政策；股权激励计划实行后有等待期的，在等待期内尚未行权的期权股份支付费用不能加计扣除，在行权后方可享受加计扣除的政策。同时，该公告明确了非上市公司比照《上市公司股权激励管理办法（试行）》的规定建立职工股权激励计划的，且在企业会计处理上，也按我国会计准则的有关规定处理的，其股权激励计划有关企业所得税处理问题，可以按照上述规定执行。

二、相关案例

从案例检索的情况来看，监管机构一般会关注研发费用加计扣除的准确性和合规性、税务部门的认定情况、报告期列报的研发费用与申请所得税加计扣除的研发费用之间是否存在差异及其原因。相关案例见表9-20。

表 9-20　相关案例

序号	公司名称	披露时间	监管问询要点	回复情况
1	SZDZ（科创板终止审核）	2023年4月21日	请发行人说明：报告期内申请研发费用加计扣除的情况，与账面研发费用的差异及原因	报告期内，境内经营主体研发费用和申请研发费用加计扣除的差异主要集中在股份支付费用、折旧与摊销费用、技术咨询服务费。根据国家税务总局相关规定，**股份支付费用应在激励对象行权时给予扣除，未行权时，不得申请研发费用加计扣除**。因此，账面研发费用中的股份支付费用，不得税前加计扣除
2	GHKJ（科创板）	2022年10月19日	请发行人说明：研发费用加计扣除数与研发费用的匹配性	发行人向税务机关申请研发费用加计扣除优惠政策的研发费用金额与发行人实际发生的研发费用金额之间的差异主要系核算口径差异。具体差异情况包括尚未行权的股权激励费用，公司研发费用中包含股权激励费用，根据国家税务总局相关规定，该类费用**应在激励对象行权时给予扣除，未行权时，不得申请研发费用加计扣除**

续表

序号	公司名称	披露时间	监管问询要点	回复情况
3	GKW（科创板）	2020年9月15日	请发行人说明：研发费用加计扣除的准确性、合规性及税务部门的认定情况，报告期内研发费用加计扣除数与研发费用差异、原因	发行人对该类费用在会计口径下核算了包含职工薪酬费用及股份支付费用。发行人仅就实际发放的薪酬费用申请了研发费用加计扣除；股份支付费用主要包含了员工股份支付的摊销金额，根据国家税务总局相关规定，该类费用，应在激励对象行权时给予扣除，未行权时，不得申请研发费用加计扣除

但需要特别提示的是，是否可以加计扣除会影响企业纳税金额，主管税务机关通常也会非常关注。对此问题，建议企业提早与主管税务机关沟通，并明确哪些计入研发费用的股份支付费用可以在税前加计扣除，以实现既能满足税务机关的监管要求，也能满足上市审核要求。

综上所述，股份支付费用可以根据实际情况分摊至研发费用，上市监管机构会重点关注股份支付费用分摊至研发费用的依据及合理性等。同时，计入研发费用的股份支付费用可以享受税前加计扣除的税收优惠政策，但由于涉及企业纳税数额的问题，需要与主管税务机关做好沟通，以实现既能满足税务机关的监管要求，也能满足上市审核要求。

第78问：激励对象离职后将激励股权转让其他合伙人，是否需要再次确认股份支付费用？

答：激励对象离职后将激励股权转让其他合伙人，是否需要再次确认股份支付费用，可以分情况进行讨论。第一，直接作为失效股权激励处理，转让给预留股份持有人，该种情形下需要按照股权激励失效的方式，削减相应的股份支付费用，如果之后再进行股权激励，需要按照新的股权激励重新确认股份支付费用；第二，仍作为股权激励份额，直接转让给其他有限合伙人，该情形下，需要根据激励对象受让价格与公允价值的差额确认股份支付费用。具体分析如下所述。

一、规则层面

判断是否需要进行股份支付费用调整首先要明确股份支付的范围，根据《企业会计准则第 11 号——股份支付》第 2 条第 1 款的规定，股份支付是指企业为获取职工和其他方提供服务而授予权益工具或者承担以权益工具为基础确定的负债的交易。其次，《企业会计准则第 11 号——股份支付》第 5 条规定股份支付费用应当在授予日，即股份支付协议批准之日，按照股份公允价值进行会计处理。

参照《股份支付准则应用案例——以首次公开募股成功为可行权条件》，股份支付费用应当在授予日至未来成功首发之日分期进行股份支付费用会计处理。股份支付节点发生变化的，股权激励费用应当根据当期累计应确认的股权激励费用扣减前期累计已确认金额进行处理。

参照《股份支付准则应用案例——实际控制人受让股份是否构成新的股份支付》，如果持股平台合伙人因离职将激励合伙份额转让给普通合伙人，并且上述普通合伙人未从受让股份中获得收益，仅以代持身份暂时持有受让股份，今后仍将相应的股份转让给其他激励对象，则该交易不符合股份支付的定义，不构成新的股份支付，无须再次确认股份支付费用。

相关规则见表 9–21。

表 9-21　相关规则

序号	规则名称	具体规定
1	《企业会计准则第11号——股份支付》	**第2条第1款**　股份支付，是指企业为获取职工和其他方提供服务而授予权益工具或者承担以权益工具为基础确定的负债的交易。 **第5条**　授予后立即可行权的换取职工服务的以权益结算的股份支付，应当在授予日按照权益工具的公允价值计入相关成本或费用，相应增加资本公积。 授予日，是指股份支付协议获得批准的日期
2	《股份支付准则应用案例——以首次公开募股成功为可行权条件》	公司应当合理估计未来成功完成首次公开募股的可能性及完成时点，将授予日至该时点的期间作为等待期，并在等待期内每个资产负债表日对预计可行权数量作出估计，确认相应的股权激励费用。等待期内甲公司估计其成功完成首次公开募股的时点发生变化的，应当根据重估时点确定等待期，截至当期累计应确认的股权激励费用扣减前期累计已确认金额，作为当期应确认的股权激励费用
3	《股份支付准则应用案例——实际控制人受让股份是否构成新的股份支付》	事实表明普通合伙人未从受让股份中获得收益，仅以代持身份暂时持有受让股份，该交易不符合股份支付的定义，不构成新的股份支付。实务中，判断普通合伙人受让股份属于代持行为通常需要考虑下列证据：(1) 受让前应当明确约定受让股份将再次授予其他激励对象；(2) 对再次授予其他激励对象有明确合理的时间安排；(3) 在再次授予其他激励对象之前的持有期间，受让股份所形成合伙份额相关的利益安排（如股利等）与代持未形成明显的冲突
4	《监管规则适用指引——发行类第5号》	**一、具体适用情形** 发行人向职工（含持股平台）、顾问、客户、供应商及其他利益相关方等新增股份，以及主要股东及其关联方向职工（含持股平台）、客户、供应商及其他利益相关方等转让股份，发行人应根据重要性水平，依据实质重于形式原则，对相关协议、交易安排及实际执行情况进行综合判断，并进行相应会计处理。有充分证据支持属于同一次股权激励方案、决策程序、相关协议而实施的股份支付，原则上一并考虑适用

二、案例层面

从案例层面来看，持股平台的合伙人离职并将激励份额直接或间接转让给其他合伙人的作为股权激励的，应按照受让价格与公允价值的差额确认股份支付费用并分摊。如果持股平台的合伙人离职并将激励份额转让给普通合伙人，并确定由普通合伙人择机将该部分份额转让给其他激励对象，则无须再次确认股份支付费用。

相关案例见表9-22。

表9-22 相关案例

序号	公司名称	披露时间	离职后激励股份处理方式	股份支付费用处理方式
1	RYGF（创业板审核通过）	2023年5月15日	激励对象离职后转让激励份额，发行人将其作为失效的股权激励计划处理，冲回前期已经确认的股份支付费用，并在受让人获得新的合伙份额时，作为新的股权激励补充确认股份支付费用	在离职时点，发行人将其作为失效的股权激励计划处理，冲回前期已确认的股份支付费用；同时，发行人在受让人YZJ获得新的合伙份额时，作为新的股权激励按照新授予日的相关权益工具公允价值（每股29.92元）和员工入股成本价（每股4.28元）的差额在等待期内分期确认股份支付费用
2	HBYT（创业板）	2022年4月6日	发行人有6名员工离职，已将合伙平台中的全部权益转让给其他员工	发行人共计6名员工离职并再次转让份额，由于上述转让份额的价格客观上低于外部融资的价格，因此，再次转让构成股份支付，根据受让价格与公允价值的差额确认股份支付费用

续表

序号	公司名称	披露时间	离职后激励股份处理方式	股份支付费用处理方式
3	GKSH（创业板）	2022年9月29日	WX原系发行人员工，并在员工持股平台持有股权，YDZX法定代表人CDQ有权以原授权购买价格回购其所持有的平台股权；2021年1月，CDQ完成上述WX所持有的股权的回购。CDQ因履行协议约定所回购的股权（包括WX）在其后均转让给了平台内员工或者新引进平台的员工	公司员工持股平台关于股权的流转机制以及实际控制人的持股实际变化情况属于财政部发布的《股份支付准则应用案例——实际控制人受让股份是否构成新的股份支付》（2021年5月）中"未从受让股份中获得收益，仅以代持身份暂时持有受让股份，该交易不符合股份支付的定义，**不构成新的股份支付**"的情形
4	LXGF（科创板）	2022年9月14日	因员工离职，实际控制人F收回的持股平台份额已于2021年1月再次向员工进行激励	依据财政部会计司会计准则应用案例《股份支付准则应用案例——实际控制人受让股份是否构成新的股份支付》的具体适用情形规定，不属于应当确认股份支付的情形。公司将员工离职时转让所持份额给其他员工按照股份支付准则进行处理，公司将员工离职时实际控制人回购离职员工所持份额不视为构成新的股份支付，上述处理符合企业会计准则和财政部会计司会计准则应用案例的规定

三、小结

激励对象离职后将激励股权转让其他合伙人，从实践中主要分为以下两种处理方式：（1）直接作为失效股权激励处理，转让给预留份额持有人；（2）仍作为股权激励份额，直接转让给其他有限合伙人。

对于第一种情况，需要按照股权激励失效的方式，削减相应的股份支付费用，如果之后再进行股权激励，需要按照新的股权激励重新确认股份支付费用；对于第二种情况，需要根据激励对象受让价格与公允价值的差额确认股份支付费用。

总之，无论原有的员工离职，通过何种形式将激励股份退回，只要之后涉及将激励股份转让给其他激励对象进行股权激励的，就需要进行股份支付费用的重新确认。

第十章

股权激励计划与上市计划的衔接

第 79 问：激励对象获授股权临近公司申报 IPO 的，如何确定锁定期？

答：一般而言，激励对象取得激励股权的时间，并不必然会影响激励股权的锁定期限，若激励对象在拟上市公司 IPO 申报前 6 至 12 个月之内，通过增资或转让老股成为发行人的新股东，或者通过增资或转让老股额外取得发行人股权，则其可能被认定为"突击入股"情形，导致相关激励股权锁定期延长。激励对象取得激励股权的方式、时间与相关锁定期要求的对应关系见表 10-1。

表 10-1 激励对象取得激励股权的方式、时间与相关锁定期要求的对应关系

入股方式		入股时间	锁定要求
获授股权并成为发行人新股东	通过增资方式，成为发行人新股东	IPO 申报前 12 个月	自取得股权之日起锁定 36 个月
	通过受让控股股东或实际控制人股权，成为发行人新股东	IPO 申报前 6 个月	自公司上市之日起锁定 36 个月
		IPO 申报前 7~12 个月	自取得股权之日起锁定 36 个月
	通过受让其他股东股权，成为发行人新股东	IPO 申报前 12 个月	自取得股权之日起锁定 36 个月

续表

入股方式		入股时间	锁定要求
激励对象已经是发行人股东，增加持股	通过增资方式增加持股	IPO 申报前 6 个月	自取得股权之日起锁定 36 个月
		IPO 申报前 7~12 个月	—
	通过受让控股股东或实际控制人股权，增加持股	IPO 申报前 6 个月	（新取得的股权）自公司上市之日起锁定 36 个月
		IPO 申报前 7~12 个月	—
	通过受让其他股东股权，增加持股	IPO 申报前 12 个月	—

"突击入股"对应的"锁定期"要求，最早主要散见于主板、创业板、科创板等板块的相关 IPO 审核规则或窗口指导意见中。各板块 IPO 审核规则或窗口指导意见，对于"突击入股"的监管要求，也发生着"存异"到"求同"的演变。2021 年 2 月 9 日，中国证监会发布了《监管规则适用指引——关于申请首发上市企业股东信息披露》，对"突击入股"的监管要求进行统一，属于发行人提交申请前 12 个月内新增股东的，应当自取得之日起 36 个月内不得转让。2023 年 2 月，《证券期货法律适用意见第 17 号》基本覆盖了原先各板块审核问答的范围，但也作了一些特殊性的规定，如针对发行人在申报前 6 个月内增资扩股的，新增股份持有人应当自增资扩股工商变更登记手续之日起锁定 36 个月；若属于从控股股东或者实际控制人处受让的股份，应当比照控股股东或者实际控制人所持股份进行锁定。

关于《监管规则适用指引——关于申请首发上市企业股东信息披露》和《证券期货法律适用意见第 17 号》之间的差异，《监管规则适用指引——关于申请首发上市企业股东信息披露》主要针对的是"新增股东"的情形，而《证券期货法律适用意见第 17 号》主要针对的是"新增股份"的情形。

现行规定具体情况见表 10-2。

表 10-2　现行规定

上市板块	规定名称	实施日期	相关规定
全板块	《监管规则适用指引——关于申请首发上市企业股东信息披露》	2021年2月9日	三、发行人提交申请前12个月内新增股东的，应当在招股说明书中充分披露新增股东的基本情况、入股原因、入股价格及定价依据，新股东与发行人其他股东、董事、监事、高级管理人员是否存在关联关系，新股东与本次发行的中介机构及其负责人、高级管理人员、经办人员是否存在关联关系，新增股东是否存在股份代持情形。上述新增股东应当承诺所持新增股份自取得之日起36个月内不得转让
全板块	《证券期货法律适用意见第17号》	2023年2月17日	发行人申报前六个月内进行增资扩股的，新增股份的持有人应当承诺新增股份自发行人完成增资扩股工商变更登记手续之日起锁定三十六个月。在申报前六个月内从控股股东或者实际控制人处受让的股份，应当比照控股股东或者实际控制人所持股份进行锁定。相关股东刻意规避股份锁定期要求的，应当按照相关规定进行股份锁定
深交所主板、创业板	《深交所发行上市审核动态（2023年第3期，总第33期）》	—	发行人申报前六个月内以及在审期间资本公积转增股本，新增的股份是否需要锁定三十六个月？答：申报前六个月内资本公积转增股本，适用《证券期货法律适用意见第17号》规定的"发行人申报前六个月内进行增资扩股"情形，新增股份自完成工商变更登记手续之日起锁定三十六个月；在审期间出现该类情形亦比照适用

我们整理了部分拟上市公司激励方案中锁定期安排相关案例，见表10-3，供读者参考。

表 10–3　拟上市公司激励方案中锁定期案例

公司名称	披露时间	锁定期安排的情况
ZCKJ（上交所主板）	2023年6月15日	为进一步实现对员工的股权激励，发行人提交申请前最近一年内存在通过员工持股平台新增间接股东的情形。上述新增间接股东均系发行人以股权激励为目的所设立的员工持股平台内的合伙人，入伙时均为发行人在职员工，不属于发行人申报前"突击入股"的直接股东。上述新增间接股东所在员工持股平台上海 DC、上海 YC（增资入股）已作出承诺：自发行人首次公开发行股票上市之日起 36 个月内，不转让或者委托他人管理本企业直接或间接持有的首发前股份，也不提议由发行人回购该部分股份。 同时，上述间接股东已作出承诺：自发行人上市之日起 36 个月内，除发生员工持股事项承诺相关情形，本人按照承诺将所持合伙份额转让给其普通合伙人或指定第三方外，本人不转让或委托他人管理本人持有的员工持股平台合伙份额、间接持有的发行人首次公开发行前已发行的股份，也不由发行人回购该部分股份
DFKJ（创业板）	2023年8月10日	最近一年新增股东中，HP 管理（增资入股）为公司员工持股平台，其执行事务合伙人为公司董事、总经理 LJ（非控股股东、实际控制人）。HP 管理承诺：自发行人股票上市之日起 36 个月内，本企业不转让或者委托他人管理本企业直接或间接持有的发行人在首次公开发行股票前已发行的股份，也不由发行人回购该部分股份
DZFC（创业板在审）	2023年7月20日	XBX 系本次专门为公司实施股权激励设立的员工持股平台，执行事务合伙人为 LB，为公司原董事、董事长、总经理，非实际控制人／控股股东。2022 年 1 月，GD 有限召开股东会会议，同意股东 DZJG（发行人控股股东）以人民币 405 万元对价，将其所持公司 4% 股权转让给 XBX，转让价格为 1.3 元／单位注册资本，其他股东放弃优先购买权。 XBX 作出承诺，自发行人股票上市之日起 36 个月内，不转让或者委托他人管理本次发行前本企业直接持有或间接持有的发行人股份，也不得提议由发行人回购该部分股份，且本企业持有的发行人股份在锁定期满后 12 个月内减持不超过 50%

第80问：实际控制人作为持股平台的GP，如何影响锁定期？

答：一般而言，拟上市公司在筹划设立合伙型员工持股平台时，需要重点注意普通合伙人（GP）的选择，因为这将对相关激励股权的锁定期造成直接的影响。

实操中，若控股股东、实际控制人作为合伙型员工持股平台的普通合伙人，很可能被认为对该员工持股平台具有控制关系，则员工持股平台持有的激励股权的锁定期，往往参照控股股东、实际控制人的锁定期要求执行，即锁定期为自上市之日起36个月。若合伙型员工持股平台的普通合伙人不是控股股东、实际控制人，且员工持股平台不是控股股东、实际控制人的一致行动人，则相关激励股权的锁定期不受36个月的限制。

从规则层面来看，关于锁定期的要求散见于《公司法》及相关上市规则中，《公司法》（2018年修正）第141条第1款曾规定，发起人持有的本公司股份，自公司成立之日起一年内不得转让。公司公开发行股份前已发行的股份，自公司股票在证券交易所上市交易之日起一年内不得转让。但《公司法》（2023年修订）第160条取消了"发起人持有的本公司股份，自公司成立之日起一年内不得转让"的要求，并为上市公司锁定期预留"接口"，改为："公司公开发行股份前已发行的股份，自公司股票在证券交易所上市交易之日起一年内不得转让。法律、行政法规或者国务院证券监督管理机构对上市公司的股东、实际控制人转让其所持有的本公司股份另有规定的，从其规定。"鉴于《深交所上市规则》《上交所上市规则》《创业板上市规则》《科创板上市规则》有关控股股东、实际控制人在IPO前持有股份的锁定期规定基本相同，以下不再分别赘述，暂以《上交所上市规则》举例。《上交所上市规则》第3.1.10条第1款规定："发行人向本所申请其首次公开发行股票上市时，其控股股东和实际控制人应当承诺：自发行人股票上市之日起36个月内,不转让或者委托他人管理其直接和间接持有的发行人首次公开发行股票前已发行的股份,也不由发行人回购该部分股份……"

根据检索的案例情况,我们注意到,若合伙型员工持股平台的普通合伙人为拟上市公司的控股股东、实际控制人,则员工持股平台往往需要在公司上市时承诺其持有的激励股权锁定36个月。相关案例见表10-4。

表10-4 36个月锁定期案例

公司名称	披露时间	锁定安排	备注
WMS (创业板)	2023年 7月25日	员工持股平台BTE、TPS和STE承诺锁定期为36个月	员工持股平台的GP为实际控制人、控股股东
GGKJ (科创板)	2023年 7月21日	员工持股平台GGY、GGH承诺锁定期为36个月	员工持股平台的GP为公司实际控制人、控股股东
PGZN (创业板)	2023年 7月24日	员工持股平台QDKT投资企业(有限合伙)承诺锁定期为36个月	员工持股平台的GP为公司实际控制人、控股股东
JCZ (科创板)	2022年 10月25日	员工持股平台JCZ承诺锁定期为36个月	员工持股平台的GP为公司实际控制人、控股股东

若合伙型员工持股平台的普通合伙人不是控股股东、实际控制人,且员工持股平台不是控股股东、实际控制人的一致行动人,则相关激励股权的锁定期可以不受36个月的限制,在实操中通常以12个月锁定期为主,也有部分拟上市公司选择24个月的锁定期。相关案例见表10-5。

表 10-5　12 个月锁定期案例

公司名称	披露时间	锁定安排	备注
DLKP（创业板）	2023 年 7 月 28 日	员工持股平台 GCKP 承诺锁定 12 个月	GCKP 的 GP 非为公司控股股东、实际控制人，在公司担任董事长兼总经理
TLJK（深交所主板终止审核）	2023 年 6 月 21 日	员工持股平台 XHZB 承诺锁定 12 个月	XHZB 的 GP 非为公司控股股东、实际控制人
MXKJ（创业板审核通过）	2023 年 7 月 28 日	发行人历次股权激励共包括 XYCTZ、XTDTZ、TDTZ、TYTZ、MTTZ、BSTZ、YYTZ 7 个员工持股平台，其激励对象均为公司员工不包括公司实际控制人及其近亲属，公司员工持股平台的锁定期均为上市之日起 12 个月	员工持股平台的 GP 非为公司控股股东、实际控制人
DPYL（上交所主板）	2021 年 5 月 14 日	DPYD、DPZY、DPZY 为员工持股平台，承诺锁定 24 个月	（1）DPYD 的 GP 为公司控股股东、实际控制人外的普通职工。（2）员工持股平台的表决权由其 GP 以执行事务合伙人身份行使，LMQ（发行人实际控制人）作为有限合伙人并未控制上述持股平台对应表决权。DPYD 的 GP 与发行人实际控制人未签署一致行动协议，不存在一致行动关系

根据上述规定及案例，控股股东、实际控制人作为合伙型员工持股平台的普通合伙人，可能会对相关激励股权的锁定期造成影响。

第81问：特殊身份的激励对象通过员工持股平台间接持股，是否需要遵守锁定期的要求？

答：《公司法》第160条及相关上市规则，主要规定了拟上市公司直接股东的锁定期要求，并未明确规定间接股东的锁定期要求，即在公司上市时，作为直接股东的员工持股平台需要遵守相关锁定期要求，但员工持股平台中的激励对象是否需要遵守锁定期要求，规则上暂不明确，实践中往往需要相关主体作出承诺。

根据IPO审核实践情况，拟上市公司申请IPO时，激励对象是否需要承诺间接锁定其持有的合伙企业份额（或者公司型持股平台的股权），与激励对象的具体身份有关。实践中存在员工持股平台的激励对象主动作出承诺，在激励股权锁定期内不会转让其直接或间接持有的激励股权的案例。具体来说：（1）激励对象为发行人的控股股东或实际控制人的，如果控股股东或实际控制人担任员工持股平台的GP，则往往需遵循36个月的锁定期；（2）若激励对象为发行人的董监高，则锁定期通常为12个月；（3）若激励对象为普通员工，则可以不进行锁定期或减持相关的承诺；（4）此外，我们亦关注到，在部分案例中，实际控制人/控股股东的亲属作为股权激励的对象，主动作出了36个月锁定期的承诺。

相关案例见表10-6。

表10-6 特殊身份的激励对象的锁定期案例

公司名称	披露时间	锁定承诺情况
DLKP（创业板）	2023年7月28日	GCKP系发行人员工持股平台，董事、高级管理人员LXB、YGX、WDW为持股平台合伙人。员工持股平台承诺锁定12个月；持有公司股份的董事、高级管理人员LXB、YGX、WDW承诺锁定12个月；员工持股平台的其他激励对象并未单独作出锁定期承诺

续表

公司名称	披露时间	锁定承诺情况
TLJK（深交所主板终止审核）	2023年6月21日	XHZB系公司员工持股平台。 员工持股平台承诺锁定12个月；通过员工持股平台间接持有公司股份的高级管理人员HZY、LLD及监事CZT、LJQ、ZY承诺锁定12个月；通过员工持股平台间接持有公司股份的高级管理人员兼实际控制人亲属PH（PXW的兄弟）、CSH（CSH的配偶和PXW的配偶系表姐妹关系）和PCF（PXW与PCF的父亲为堂兄弟关系）承诺锁定36个月；员工持股平台的其他激励对象并未单独作出锁定期承诺
WMS（科创板）	2023年7月25日	BTE、TPS和STE系公司员工持股平台。 实控人、控股股东为员工持股平台的GP，员工持股平台BTE、TPS和STE承诺锁定期为36个月；公司直接或间接持股的董事、高级管理人员LJ、FYY、YS先生，CHS、LYY、HYJ和LRH及监事ZCC、FRW和TCL承诺锁定12个月，核心技术人员LJ、XJZ和ZBW承诺锁定12个月；员工持股平台的其他激励对象并未单独作出锁定期承诺
GGKJ（科创板）	2023年7月21日	GGY、GGH系公司员工持股平台。 实控人、控股股东为员工持股平台的GP，员工持股平台承诺锁定期为36个月；间接持有公司股份的董事、高级管理人员ZSL、CKX，高级管理人员ZM，监事ZL、LQ承诺锁定期为36个月；员工持股平台的其他激励对象并未单独作出锁定期承诺

根据上述规定及案例，虽然规则层面并未明确规定员工持股平台需要遵守相关锁定期安排，但是实践中也存在相关激励对象主动作出遵守相关锁定期安排的承诺。

第82问：董监高通过员工持股平台间接持股，是否需要遵守董监高锁定期及减持要求？

答：从规则层面说，现行法律、法规、规范性文件对于董监高持股的锁定期及减持要求，主要针对其直接持股部分，并未涉及其间接持股部分。但这不意味着董监高通过员工持股平台间接持股，就不受限于相关锁定期及减持规则。实践中，董监高往往会在上市申报文中公开承诺其间接持股部分也会遵守董监高锁定期及减持要求。

一、上市公司董监高持股的相关规定

根据《公司法》、《证券法》、《上市公司股东、董监高减持股份的若干规定》（中国证监会公告〔2017〕9号）以及上交所、深交所发布的《股票上市规则》、《上市公司股东及董事、监事、高级管理人员减持股份实施细则》的规定，董监高的减持要求见表10-7。

表10-7　董监高减持要求

序号	董监高的减持要求
1	公司股票上市交易之日起一年内不得转让公司股份
2	任职期间每年转让的股份不得超过其所持有本公司股份总数的25%*
3	离职后半年内，不得转让其所持有的本公司股份
4	董监高在任职届满前离职的，应当在其就任时确定的任期和任期届满后6个月内，继续遵守第1、2项的规定
5	投资者减持因股权激励获得的股份，不适用《上市公司股东及董事、监事、高级管理人员减持股份实施细则》关于特定减持的限制，但投资者担任公司董监高的，仍需遵守《上市公司股东及董事、监事、高级管理人员减持股份实施细则》关于董监高减持的规定〔上述第2、3、4项的规定〕

· 291 ·

续表

序号	董监高的减持要求
6	董监高在《上市公司股东及董事、监事、高级管理人员减持股份实施细则》发布前离职的，离职后的减持行为不适用《上市公司股东及董事、监事、高级管理人员减持股份实施细则》有关董监高减持的规定，但仍为大股东或者持有特定股份的，应当遵守《上市公司股东及董事、监事、高级管理人员减持股份实施细则》的相关规定

* 《公司法》第160条明确，此处的"百分之二十五"是指"在就任时确定的任职期间每年转让的股份不得超过其所持有本公司股份总数的百分之二十五"，并非指当年年初所持公司全部股份的25%。我们预计中国证监会、证券交易所的相关规定也将同步作出调整。

此外，依据《上市公司董事、监事和高级管理人员所持本公司股份及其变动管理规则》及中国证监会的解释，上市公司董监高所持本公司股份，是指登记在其名下的所有本公司股份，不包括间接持有或其他控制方式。

从上述规则来看，上述现行有效的董监高锁定期及减持要求并未明确是否包含间接持股部分，这需要结合案例等其他情况综合来看。

二、交易所的相关窗口指导意见

关于董监高间接持股的减持问题，深交所曾分别在2019年、2020年的咨询中予以回复，具体回复内容如下。

（一）2019年咨询回复

问：高级管理人员在任期间离职，其间接持有的公司首发前限售股在原定任期内和任期届满6个月内是否受减持新规定每年转让不得超过25%的限制。

答：关于上市公司高级管理人员减持间接持股无禁止性规定，但高级管理人员或直接持股股东作出其他承诺的，还应按承诺履行。

（二）2020年咨询回复

问：董监高为合伙企业LP（合伙企业属于特定股东），在职期间减持合伙企业所持公司股份，是否需要遵守如下规定：（1）是否需要遵守每年不超过25%（每年不超过25%，是否包含间接持股部分）；（2）是否需要预披露。

答：目前没有规定要求该合伙企业减持遵守每年不超过25%及预披露的要求，需要核实相关董监高是否在招股说明书等文件中就间接持股部分作出减持比例、预披露等相关承诺。

从深交所的窗口指导意见来看，董监高减持间接持有的上市公司股份并无相关禁止性规定，间接持股的减持要求主要依据其自身作出的相关承诺。

三、首次公开发行中间接持股的董监高锁定期承诺及履行情况

经检索上市公司的招股说明书及相关减持计划公告，实践中董监高作出的股份锁定承诺通常包括其直接及间接持有的全部公司股份。

部分案例情况见表10-8。

表10-8 相关案例

公司简称	披露时间	减持承诺情况	承诺后续履行情况
CTWY（创业板）	2023年4月25日	董监高在职期间，股份锁定承诺期间届满后，每年将向公司申报所直接或者间接持有的公司股份及其变动情况；每年转让的股份不超过本人直接或者间接所持有公司股份总数的25%；离职后半年内，不转让其直接或者间接所持有的公司股份	ZYB、WQL、LYM已经履行完毕。其他董监高正常履行
PLT（深交所主板）	2023年4月20日	在其任职期间每年转让的股份不超过其所持发行人股份总数的25%，离职后6个月内，不转让其所持有的发行人股份	严格履行中

续表

公司简称	披露时间	减持承诺情况	承诺后续履行情况
SACG（创业板）	2023年1月16日	上述人员离任后，股份变动将继续遵守《证券法》《深交所上市规则》《深圳证券交易所上市公司自律监管指引第2号——创业板上市公司规范运作》《上市公司股东、董监高减持股份的若干规定》《深圳证券交易所上市公司股东及董事、监事、高级管理人员减持股份实施细则》等相关法律、法规、规范性文件的规定	LHQ先生及QK先生在担任公司董事长及高级管理人员期间不存在应当履行而未履行的承诺事项，任期届满后将继续遵守其作出的相关承诺，相关股份减持仍需遵守《公司法》《深圳证券交易所上市公司股东及董事、监事、高级管理人员减持股份实施细则》等相关法律、法规、规范性文件对于离任董事股份管理的相关规定
DBYL（深交所主板）	2022年8月24日	本人担任发行人董事、监事、高级管理人员期间，每年转让发行人股份不超过本人直接或间接所持有股份总数的25%；在离职后半年内不转让其所持有的发行人股份。若因本人/本公司未履行上述承诺而获得收入，则所得收入归发行人所有，本人/本公司将在获得收入的5日内将上述收入支付给发行人指定账户。因本人/本公司未履行上述承诺给发行人或者其他投资者造成损失的，本人/本公司将向发行人或其他投资者依法承担赔偿责任	正在履行

从上述案例来看，即使目前现有规则仅对董监高直接持股的锁定限售问题作出明确要求，但实践中董监高通常会对直接及间接持有的公司股份都作出并遵守相同锁定限售安排。

四、违反承诺的间接减持相关监管案例

尽管相关规则并未直接要求间接持股是否需要遵循相关锁定要求，但如果董监高间接持股违反限售承诺，则会遭受相应的监管措施甚至是行政处罚，相关部分案例见表10-9。

表10-9 违反承诺的间接减持相关监管案例

公司简称	披露时间	具体处罚原因
RHRJ（创业板）	2019年12月31日	2019年8月7日，ZHW、YN及其共同控制的RHTZ分别将持有的公司1100万股、500万股、1900万股通过协议转让方式转让给服务贸易创新发展引导基金（有限合伙），分别占公司总股本的1.41%、0.64%、2.44%。2019年1月1日至2019年10月8日，RHTZ因可交换公司债券换股而累计被动减持公司股份29,374,998股，占公司总股本的3.77%。ZHW、YN通过协议转让、可交换公司债券换股等形式，减持RHRJ的股票比例超过间接持有股份总数的25%，违反了在RHRJ《首次公开发行股票并在创业板上市招股说明书》中的相关承诺。中国证监会江苏证监局对ZHW、YN采取了出具警示函的行政监管措施
HLKJ（创业板）	2017年7月22日	2017年5月，董监高持股平台HMTZ减持公司股份27.31万股，根据该持股平台中部分监事、高级管理人员的股权比例计算，该等监事、高级管理人员本次间接减持的公司股份均占各自所持公司的60.16%，与公司首次公开发行作出的"本人在HLKJ任职期间每年转让的股份不超过本人直接或者间接持有的好利来科技股份总数的25%"承诺相违背。对此，中国证监会厦门证监局认为其存在违反所做限售承诺情形，并对该等监事、高级管理人员采取了出具警示函的行政监管措施

续表

公司简称	披露时间	具体处罚原因
NXGF（深交所主板）	2016年9月26日	CJL先生于2014年2月10日至2016年5月10日任公司副董事长、董事并于2016年5月11日离职；截至2016年7月5日，CJL先生通过JNTZ间接持有公司股票276,791股。2016年7月6日，JNTZ将CJL先生间接持有的上述公司股票减持完毕。对此，中国证监会广东证监局认为其违反了《首次公开发行股票招股说明书》中作出的"离职后6个月内，不转让所有的发行人股份"的承诺，故对其采取出具警示函的行政监管措施

综上，虽然目前现有规则仅对董监高直接持股的锁定限售问题作出明确要求，但从市场案例来看，很多在员工持股平台持股的董监高在公司上市时仍会比照直接持股的情形作出相关锁定、减持承诺，并在公司上市后比照直接持股情形严格遵守相关减持承诺。承诺一旦作出，如违反承诺，则存在遭受监管措施的风险。

第83问：公司上市后，激励对象如何减持？

答：激励对象在公司上市后减持激励股权的，具体减持方式根据其直接还是间接的持股方式而有所不同。

对于激励对象直接持有激励股权的，在相关激励股权锁定期届满后，在不违反中国证监会、证券交易所关于减持的相关规定以及公司关于股权激励计划相关约定的前提下，激励对象可以自行在二级市场上减持激励股权。

对于激励对象通过员工持股平台间接持有激励股权的，在相关激励股权锁定期届满后，在不违反中国证监会、上交所、深交所关于减持的相关规定以及公司关于股权激励计划相关约定的前提下，激励对象需要通过两个步骤减持激励股权：一是员工持股平台在二级市场上减持激励股权，二是员工持股平台通过定向分配、定向减资、退伙等合法途径将相关款项支付给激励对象。

根据我们的项目经验，激励对象在公司上市后减持激励股权时，在实际操作中应当重点关注以下问题。

第一，激励对象减持激励股权时，应当注意相关减持规则的适用。根据中国证监会《上市公司股东、董监高减持股份的若干规定》《上海证券交易所上市公司股东及董事、监事、高级管理人员减持股份实施细则》《深圳证券交易所上市公司股东及董事、监事、高级管理人员减持股份实施细则》等相关规定，激励对象直接或间接持有的激励股权往往属于公司首次公开发行前发行的股份，同时激励对象亦可能属于在公司担任董事、监事、高级管理人员的员工，或者激励对象所在的员工持股平台可能属于持股 5% 以上的股东，因此激励对象减持激励股权时，应当遵照前述减持规则实施。以上交所的规则为例，具体来说，两种不同的情况下，其减持股份需遵循不同的要求，见表 10-10。

表 10-10　两种不同情况下的要求

项目	当激励对象为董监高时	当激励对象为持股 5% 以上股东时
信息披露义务	相同：（1）通过集中竞价交易减持股份的，应当在首次卖出股份的 15 个交易日前向交易所报告备案减持计划，并予以公告；（2）在减持时间区间内，在减持数量过半或减持时间过半时，应当披露减持进展情况；（3）通过交易所集中竞价交易减持股份的，应当在股份减持计划实施完毕或者披露的减持时间区间届满后的 2 个交易日内公告具体减持情况。不同：持股 5% 以上股东的股权被质押的，该股东应当在该事实发生之日起 2 日内通知上市公司，并按交易所有关股东股份质押事项的披露要求予以公告	

· 297 ·

续表

项目	当激励对象为董监高时	当激励对象为持股 5% 以上股东时
特殊规定	董监高在任期届满前离职的，应当在其就任时确定的任期内和任期届满后 6 个月内，遵守下列限制性规定： （1）每年转让的股份不得超过其所持有本公司股份总数的 25%； （2）离职后半年内，不得转让其所持本公司股份； （3）法律、行政法规、部门规章、规范性文件以及交易所业务规则对董监高股份转让的其他规定	（1）采取集中竞价交易方式减持的，在任意连续 90 日内，减持股份的总数不得超过公司股份总数的 1%； （2）采取大宗交易方式的，在任意连续 90 日内，减持股份的总数不得超过公司股份总数的 2%； （3）采取协议转让方式的，单个受让方的受让比例不得低于公司股份总数的 5%，转让价格下限比照大宗交易的规定执行，另有规定的除外

第二，激励对象通过员工持股平台减持激励股权的，应当妥善约定相关款项支付给激励对象的分配规则。激励对象通过员工持股平台间接持有激励股权的，其减持股权应当经过两个步骤，一是员工持股平台在二级市场上减持激励股权，二是员工持股平台通过定向分配、定向减资、退伙等合法途径将相关款项支付给激励对象。其中，第二个步骤中员工持股平台通过何种途径将相关减持款项定向分配给激励对象，是值得注意的问题。因为无论是公司型或是合伙型的员工持股平台，均主要通过分红程序向激励对象支付相关款项，原则上员工持股平台应当按照出资比例向激励对象进行分红，虽然规则层面上并未排除其他分配方法，但需要提前有所约定。

根据《公司法》第 210 条第 4 款的规定，全体股东有约定的，可以不按照出资比例分配利润。根据《合伙企业法》第 69 条规定，有限合伙企业不得将全部利润分配给部分合伙人，但是合伙协议另有约定的除外。该等规定为员工持股平台向激励对象进行定向分配提供了规则依据，同时该等规定亦要求员工持股平台应存在关于不按照出资比例进行分红的约定。因此，公司在筹划股权激励计划时，即应当在员工持股平台的公司章程、合伙协议或激励对象协议中明确约定相关分红规则，为上市后的激励对象减持激励股权提供规则支持。

第三，还需特别注意，中国证监会于2023年8月27日在其网站上发布《证监会进一步规范股份减持行为》，上海证券交易所、深圳证券交易所分别于2023年9月26日发布《关于进一步规范股份减持行为有关事项的通知》，前述通知要求"上市公司存在破发、破净情形，或者最近三年未进行现金分红、累计现金分红金额低于最近三年年均净利润30%（以下统称分红不达标）的，控股股东、实际控制人不得通过二级市场减持本公司股份"，且"控股股东、实际控制人的一致行动人减持股份比照本通知执行；上市公司披露为无控股股东、实际控制人的，第一大股东及其实际控制人、一致行动人减持股份比照本通知执行"。因此我们理解，前述通知生效期间，若持股平台属于控股股东、实际控制人的一致行动人的，应按通知规定执行。

第84问：员工持股平台如何进行穿透核查？

答：对于员工持股平台的穿透核查事宜，早期的实践是处于"摸石头过河"状态，从最早的"一视同仁、一穿到底"，再到科创板"闭环原则"之下的适当放宽，再到标志性的新修订的《证券法》于2020年3月1日正式实施，有关员工持股平台穿透核查事项，才在实践中逐渐达成共识。

一、新《证券法》发布前后员工持股平台穿透核查规则的对比

2019年，新《证券法》颁布，并于次年初实施。这次修订对员工持股平台的穿透核查产生了根本性影响，对于采取持股平台形式进行股权激励的拟上市公司来说，也是一个大好消息。在《证券法》修订实施之前，拟上市

公司在上市前实施员工持股计划多有制约，即参与员工持股计划的激励对象人数与现有股东穿透至最终出资人的总人数不适宜超过200人，否则可能构成公开发行之情形。但是新《证券法》的实施改变了这一情况，见表10-11。

表10-11 《证券法》条文对照

原《证券法》	新《证券法》
第10条：公开发行证券，必须符合法律、行政法规规定的条件，并依法报经国务院证券监督管理机构或者国务院授权的部门核准；未经依法核准，任何单位和个人不得公开发行证券。 有下列情形之一的，为公开发行： （一）向不特定对象发行证券的； （二）**向特定对象发行证券累计超过二百人的；** （三）法律、行政法规规定的其他发行行为。 非公开发行证券，不得采用广告、公开劝诱和变相公开方式	第9条：公开发行证券，必须符合法律、行政法规规定的条件，并依法报经国务院证券监督管理机构或者国务院授权的部门注册。未经依法注册，任何单位和个人不得公开发行证券。证券发行注册制的具体范围、实施步骤，由国务院规定。 有下列情形之一的，为公开发行： （一）向不特定对象发行证券； （二）向特定对象发行证券累计超过二百人，**但依法实施员工持股计划的员工人数不计算在内；** （三）法律、行政法规规定的其他发行行为。 非公开发行证券，不得采用广告、公开劝诱和变相公开方式

由上述变更情况可知，在新《证券法》发布实施后，员工持股平台可以按照1名投资者进行计算，即无须对激励对象进行穿透计算最终出资人。

二、新旧《首发审核问答》、《证券期货法律适用意见第17号》发布前后员工持股平台穿透核查规则的对比

与新《证券法》对于公开发行相关新规定呼应，2020年发布的新《首发审核问答》亦增加了有关"上市前实施员工持股计划的核查要求"。全面注册制正式实施后，新出台的《证券期货法律适用意见第17号》亦延续了前述规定。具体情况见表10-12。

表10-12 员工持股平台穿透核查规则的对比

新《首发审核问答》（2020年修订，已失效）	《证券期货法律适用意见第17号》[①]
（二）员工持股计划计算股东人数的原则 1. 依法以公司制企业、合伙制企业、资产管理计划等持股平台实施的员工持股计划，在计算公司股东人数时，按一名股东计算。 2. 参与员工持股计划时为公司员工，离职后按照员工持股计划章程或协议约定等仍持有员工持股计划权益的人员，可不视为外部人员。 3. 新《证券法》施行之前（2020年3月1日之前）设立的员工持股计划，参与人包括少量外部人员的，可不做清理，在计算公司股东人数时，公司员工部分按照一名股东计算，外部人员按实际人数穿透计算	2. 员工持股计划计算股东人数的原则 （1）依法以公司制企业、合伙制企业、资产管理计划等持股平台实施的员工持股计划，在计算公司股东人数时，员工人数不计算在内； （2）参与员工持股计划时为公司员工，离职后按照员工持股计划章程或者协议约定等仍持有员工持股计划权益的人员，可不视为外部人员； （3）新《证券法》施行之前（2020年3月1日之前）设立的员工持股计划，参与人包括少量外部人员的，可不做清理。在计算公司股东人数时，公司员工人数不计算在内，外部人员按实际人数穿透计算

注：①自2023年注册制全面铺开后，《首发审核问答》也被废止，其内容现散见于数个新出台的规定当中，就持股计划的相关内容而言，主要见于《证券期货法律适用意见第17号》，其内容与旧《首发审核问答》基本一致，故特此说明。

此外，在新《证券法》颁布实施之前，《科创板审核问答》已提及了"首发申报前实施员工持股计划应当符合的要求"，并规定了所谓的"闭环原则"①。不过考虑到注册制全面铺开后该等规定皆被废止，并统一适用《证券期货法律适用意见第17号》，因此本文在此对"闭环原则"的相关内容不再赘述。

根据《证券期货法律适用意见第17号》对于持股平台的规定，我们可以得出以下两点结论。

其一，根据新《证券法》施行时间设置"新老划断"的灵活安排，即新《证券法》施行之前设立的员工持股计划，可以不清理外部人员，且在穿透计算最终出资人时，公司员工与外部人员分别计算。若新《证券法》施行之后设立的员工持股计划存在外部人员，则原则上应当进行清理，否则相关持股平台将无法认定为员工持股平台，需要整体穿透计算最终出资人数量。

其二，明确规定了参与员工持股计划时是公司员工的，但在公司上市前、上市过程中已离职的，可以不算为外部人员，即允许员工持股计划中存在已离职的激励对象，且不会影响公司股东人数的计算。

第85问：战略配售与股权激励之间如何选择？

答：自2019年上交所设立科创板并试点注册制以来，《上海证券交易所科创板股票发行与承销实施办法》（已被《上海证券交易所首次公开发行证券发行与承销业务实施细则》废止）即提出发行人的高级管理人员与核心员工可设立资产管理计划参与发行人战略配售；而随后创业板及北交所注册制改

---

① 《科创板审核问答》第11条规定："发行人在首发申报前实施员工持股计划的，信息披露有哪些要求？中介机构应当如何进行核查？答：……（二）员工持股计划穿透计算的'闭环原则'：员工持股计划符合以下要求之一的，在计算公司股东人数时，按一名股东计算；符合下列要求的，在计算公司股东人数时，穿透计算持股计划的权益持有人数。1. 员工持股计划遵循'闭环原则'。员工持股计划不在公司首次公开发行股票时转让股份，并承诺自上市之日起至少36个月的锁定期。发行人上市前及上市后的锁定期内，员工所持相关权益拟转让退出的，只能向员工持股计划内员工或其他符合条件的员工转让。锁定期后，员工所持相关权益拟转让退出的，按照员工持股计划章程或有关协议的约定处理。2. 员工持股计划未按照'闭环原则'运行的，员工持股计划应由公司员工持有，依法设立、规范运行，且已经在基金业协会依法依规备案……"

革亦对员工参与战略配售作出相关规定,明确了高级管理人员及核心技术人员可以设立专项资管计划在企业首次公开发行股票时参与战略配售,员工参与战略配售的情形目前已并不罕见。

时至今日,在全面注册制正式实施的背景下,《证券发行与承销管理办法》《上海证券交易所首次公开发行证券发行与承销业务实施细则》《深圳证券交易所首次公开发行证券发行与承销业务实施细则》延续了前述相关规定,允许发行人的高级管理人员与核心员工可设立资产管理计划参与发行人战略配售,且不受具体上市板块的约束。

一、战略配售与股权激励优劣势比较

相较于企业 IPO 前进行的股权激励,参与战略配售虽然认购价格可能不如 IPO 前的股权激励更为优惠,但考虑企业 IPO 存在一定不确定性,设立资产管理计划在企业上市时参与战略配售对部分员工可能更有吸引力,两种方式应该说各有优劣,见表 10-13。

表 10-13　战略配售与股权激励优劣势比较

事项	员工股权激励	员工战略配售
激励时间	可以在企业发展各个阶级分别考虑实施,由企业结合自身发展考虑	仅在 IPO 战略配售时参与
激励对象	限于公司全体员工,范围更广	限于公司高管和核心员工,范围更窄,且需要满足合格投资人要求
激励价格	结合企业财务情况和 IPO 进展,可以综合考虑激励价格,对于最低激励价格原则上没有禁止性限制	按照战略配售价格
激励平台	搭建公司型或合伙型员工持股平台等主要系出于税务方面和控制权考虑,企业自治	仅限于专项资产管理计划

续表

事项	员工股权激励	员工战略配售
激励比例	企业自治，5%~20% 均比较常见	不得超过首次公开发行股票数量的 10%
激励效果	IPO 前股权激励员工享受上市红利与否存在不确定性	IPO 成功时参与，认购意愿更强

二、参与员工战略配售的约束性条件

当前规则层面虽然允许员工参与 IPO 战略配售，但该等战略配售事宜仍然存在一定主体范围、锁定期及比例限制。根据《证券发行与承销管理办法》第 23 条规定："发行人的高级管理人员与核心员工可以通过设立资产管理计划参与战略配售。前述资产管理计划获配的证券数量不得超过本次公开发行证券数量的百分之十。发行人的高级管理人员与核心员工按照前款规定参与战略配售的，应当经发行人董事会审议通过，并在招股说明书中披露参与人员的姓名、担任职务、参与比例等事项。"

以 2023 年科创板上市的 KXTX 为例，其披露了员工参与战略配售的情况见表 10-14。

表 10-14　KXTX 案例

事项	战略配售内容	备注
投资主体	发行人高级管理人员与核心员工参与本次战略配售设立的专项资产管理计划为 ZSZG KXTX 员工参与科创板战略配售集合资产管理计划	专项资管计划作为投资主体
参与规模及主体	本次公开发行规模的 9.26%，系公司高级管理人员与核心员工 19 名	参与人员仅限于高管和核心员工

续表

事项	战略配售内容	备注
限售期限	KXTX 员工战配资管计划承诺本次配售的股票限售期限为自发行人首次公开发行并上市之日起 12 个月。限售期届满后，参与战略配售的投资者对获配股份的减持适用中国证监会和上交所关于股份减持的有关规定	限售期至少 12 个月
资管计划情况	募集资金规模：6,190.00 万元；管理人：ZSZQ 资产管理有限公司；集合计划托管人：ZS 银行股份有限公司；产品备案信息：产品编码为 SB7274，备案日期为 2023 年 7 月 25 日	参与战略配售前需要完成资管计划设立及备案

考虑到目前规则层面仅允许高管及核心人员设立资管计划作为投资主体，因此，对于资管计划的设立及搭建需要提前布局。需要注意的是，根据《证券期货经营机构私募资产管理计划运作管理规定》第 3 条的规定："资产管理计划应当向合格投资者非公开募集……（一）具有 2 年以上投资经历，且满足下列三项条件之一的自然人：家庭金融净资产不低于 300 万元，家庭金融资产不低于 500 万元，或者近 3 年本人年均收入不低于 40 万元……"因此，参与设立资管计划的主体人员可能存在合格投资者的门槛限制。

根据《证券发行与承销管理办法》第 10 条："主承销商应当对参与战略配售的投资者的选取标准、配售资格等进行核查，要求发行人、参与战略配售的投资者就核查事项出具承诺函，并聘请律师事务所出具法律意见书。"因此，中介机构也需要对 IPO 企业员工战略配售过程及合格投资适格性事宜进行专项核查，见表 10-15。

表 10-15 中介机构对 IPO 企业员工战略配售过程
及合格投资适格性事宜的专项核查

公司名称	披露时间	合格投资者核查内容
ALNY（科创板）	2023 年 12 月 21 日	该资管计划为权益类资管计划，认购门槛为 100 万元，成立规模不低于 1000 万元，符合《关于规范金融机构资产管理业务的指导意见》《证券期货经营机构私募资产管理业务管理办法》《证券期货经营机构私募资产管理计划运作管理规定》等的监管要求
AKGD（科创板）	2023 年 7 月 5 日	ZSZGAKGD 员工参与科创板战略配售集合资产管理计划的所有投资者均为符合《关于规范金融机构资产管理业务的指导意见》《证券期货经营机构私募资产管理业务管理办法》《证券期货经营机构私募资产管理计划运作管理规定》等监管要求的合格投资者。该资管计划为权益类资管计划，认购门槛为 100 万元，成立规模不低于 1000 万元，符合《关于规范金融机构资产管理业务的指导意见》《证券期货经营机构私募资产管理业务管理办法》《证券期货经营机构私募资产管理计划运作管理规定》等的监管要求
QZKJ（科创板）	2023 年 4 月 6 日	参与 QZKJ 专项资管计划均为发行人的高级管理人员与核心员工，且均符合《证券期货经营机构私募资产管理计划运作管理规定》的合格投资者

此外，需要注意的是，若企业员工拟设立资管计划参与战略配售，可能需要提前部署和规划，避免因平台搭建时间等问题导致战略配售目的无法实现。例如，北交所上市公司 GYZB 在 2021 年 7 月精选层挂牌前发布了《关于取消高级管理人员参与精选层战略配售的公告》，因未能及时完成高级管理人员参与战略配售平台的设立程序，故取消本次高级管理人员参与精选层战略配售的计划。

第十一章

上市前制订上市后实施的期权激励计划的特殊性问题

第86问：上市前制定上市后实施的期权激励计划与拟上市公司股权激励计划有什么区别？

答：虽然理论上上市前制定、上市后实施的期权激励计划也包含在拟上市公司股权激励计划这一概念下，但是如前文所述，上市前制订、上市后实施的期权激励计划，无论是其依据的规则，还是从其实施的时间、实施的方式来看，其本质依然是上市公司股权激励计划范畴，参照适用上市公司股权激励相关规定。因此，我们对此二种方式进行区分，并在本问当中对二者的区别进行简要分析。

一、适用规则不同

《注册管理办法》第44条规定："发行人存在申报前制定、上市后实施的期权激励计划的，应当符合中国证监会和交易所的规定，并充分披露有关信息。"《证券期货法律适用意见第17号》也表明"激励计划的必备内容与基本要求，激励工具的定义与权利限制，行权安排，回购或者终止行权，实施程序等内容，应当参考《上市公司股权激励管理办法》的相关规定执行"。

由此可见，上市前制订上市后实施的期权激励计划，基本参考《上市公司股权激励管理办法》施行，且考虑到其在上市后才予以正式实施，因此在实质上与上市公司的期权激励计划方案内容上并无本质差别。

相关规定见表 11-1。

表 11-1　相关规定

法规名称	具体内容
《上市公司股权激励管理办法》	第 28 条第 1 款：本办法所称股票期权是指上市公司授予激励对象在未来一定期限内以预先确定的条件购买本公司一定数量股份的权利
《注册管理办法》	第 44 条：发行人存在申报前制定、上市后实施的期权激励计划的，应当符合中国证监会和交易所的规定，并充分披露有关信息
《证券期货法律适用意见第 17 号》	五、关于《首次公开发行股票注册管理办法》第四十四条规定的"期权激励计划"的理解与适用 《首次公开发行股票注册管理办法》第四十四条规定"发行人存在申报前制定、上市后实施的期权激励计划的，应当符合中国证监会和交易所的规定，并充分披露有关信息"。现提出如下适用意见： （一）首发申报前制定、上市后实施的期权激励计划 1. 发行人首发申报前制定、上市后实施的期权激励计划应当符合的要求 发行人存在首发申报前制定、上市后实施的期权激励计划的，应当体现增强公司凝聚力、维护公司长期稳定发展的导向。 期权激励计划原则上应当符合下列要求： （1）激励对象应当符合相关上市板块的规定； （2）激励计划的必备内容与基本要求，激励工具的定义与权利限制，行权安排，回购或者终止行权，实施程序等内容，应当参考《上市公司股权激励管理办法》的相关规定执行； （3）期权的行权价格由股东自行商定确定，但原则上不应低于最近一年经审计的净资产或者评估值； （4）发行人全部在有效期内的期权激励计划所对应股票数量占上市前总股本的比例原则上不得超过百分之十五，且不得设置预留权益；

续表

法规名称	具体内容
	（5）在审期间，发行人不应新增期权激励计划，相关激励对象不得行权；最近一期末资产负债表日后行权的，申报前须增加一期审计； （6）在制定期权激励计划时应当充分考虑实际控制人稳定，避免上市后期权行权导致实际控制人发生变化； （7）激励对象在发行人上市后行权认购的股票，应当承诺自行权日起三十六个月内不减持，同时承诺上述期限届满后比照董事、监事及高级管理人员的相关减持规定执行。 2．发行人信息披露要求 发行人应当在招股说明书中充分披露期权激励计划的有关信息： （1）期权激励计划的基本内容、制订计划履行的决策程序、目前的执行情况； （2）期权行权价格的确定原则，以及和最近一年经审计的净资产或者评估值的差异与原因； （3）期权激励计划对公司经营状况、财务状况、控制权变化等方面的影响； （4）涉及股份支付费用的会计处理等。 3．中介机构核查要求 保荐机构及申报会计师应当对下述事项进行核查并发表核查意见： （1）期权激励计划的制定和执行情况是否符合以上要求； （2）发行人是否在招股说明书中充分披露期权激励计划的有关信息； （3）股份支付相关权益工具公允价值的计量方法及结果是否合理； （4）发行人报告期内股份支付相关会计处理是否符合《企业会计准则》相关规定

但对于拟上市公司或非上市公司来说，并无规定对其实施股权激励予以明确规制，因此其实施主要参照《公司法》《证券法》《合伙企业法》等法律法规。这确实在操作空间上提供了较多的灵活性。但是，对于拟上市公司来

说，如若处理不当，则很可能会影响到后续上市计划的顺利进行，因此还需在制订激励计划的过程当中，仍然需要参照部分上市相关规定，确保拟上市公司的股权激励计划在可控范围内实施，以防止影响到上市的顺利进行。

二、激励对象不同

《上市公司股权激励管理办法》第8条第1款规定："激励对象可以包括上市公司的董事、高级管理人员、核心技术人员或者核心业务人员，以及公司认为应当激励的对公司经营业绩和未来发展有直接影响的其他员工，**但不应当包括独立董事和监事**。在境内工作的外籍员工任职上市公司董事、高级管理人员、核心技术人员或者核心业务人员的，可以成为激励对象。"鉴于上市前制订上市后实施的期权激励计划需要参照《上市公司股权激励管理办法》实施，其激励对象范围亦需要遵照该规定执行，特别是独立董事、监事不能参与股权激励。

但是拟上市公司的激励对象更为灵活。根据检索案例的情况来看，拟上市公司将监事作为激励对象并不鲜见，独立董事是否可以作为激励对象也可以进一步讨论。对于此等问题的讨论，详见前文第三章"股权激励对象"部分。

三、激励方式不同

《上市公司股权激励管理办法》第28条第1款规定："本办法所称股票期权是指上市公司授予激励对象在未来一定期限内以预先确定的条件购买本公司一定数量股份的权利。"通俗来说，激励对象并未立即取得股权，而是要看其是否满足公司设置的条件而确定未来是否可以获得股权。并且，上市后实施的期权激励计划，在激励对象满足行权条件之后系由其直接持有。

拟上市公司的激励方式则多种多样，从持股方式来看，可以设置为直接持股或间接持股，无须拘泥于某一种模式；从权利安排上来看，可以设置为虚拟股或实体股；就间接持股的方式来看，可以分别通过公司型员工持股平台、有限合伙型员工持股平台、资管计划型员工持股平台等形式实施股权激励。具体见前文第一章"股权激励方式"部分。

四、股权激励的数量不同

《上市公司股权激励管理办法》第14条第2款明确规定："上市公司全部在有效期内的股权激励计划所涉及的标的股票**总数累计不得超过公司股本总额的10%**。非经股东大会特别决议批准，任何**一名激励对象**通过全部在有效期内的股权激励计划获授的本公司股票，累计**不得超过公司股本总额的1%**。"

对于拟上市公司来说，《公司法》《证券法》等法律法规并未对激励数量予以明确规定。从对于公开案例的检索来看，拟上市公司股权激励的授予数量比较灵活，多者可超过总股本的20%。就单个激励对象的授予数量来说，实践中存在单个激励对象持有拟上市公司股份超过总股本4%（HESW/科创板）的情况。具体情况，详见前文第五章"股权激励的来源与数量"部分。

五、股权激励的价格不同

上市前制订上市后实施的期权激励计划，其行权价格虽然可由股东自行协商，但一般存在"底线"。《证券期货法律适用意见第17号》规定，上市前制订上市后实施的期权激励计划，相应期权的行权价格由股东自行商定确定，但原则上不应低于最近1年经审计的净资产或者评估值。

就拟上市公司来说，激励股份授予价格的确定更为灵活，可以通过参考公司估值、公司净资产、注册资本金额等进行定价，更加体现意思自治。具体情况详见前文第六章"股权激励的价格"部分。

六、实施程序不同

上市后实施的期权激励计划需严格遵循相关实施程序，对此《上市公司股权激励管理办法》第五章做出了详细的规定。例如，董事会、股东大会均需对股权激励计划进行表决审议；独立董事及监事会应就其是否有利于上市公司的持续发展,是否存在明显损害上市公司及全体股东利益的情形发表意见;上市公司须聘请律师事务所对股权激励计划出具法律意见书等,对其实施程序进行了详细的规定。

但无论是《公司法》《证券法》还是相关上市规则均未对拟上市公司股权激励计划的审批程序作出规定。当然,这并不意味着拟上市公司若计划实施股权激励,就不需要安排相关程序进行审批,没有明确的规定意味着拟上市公司可以进行更为灵活的操作,而非放任自流,导致后续在上市过程当中面临难以解决的棘手问题。对于拟上市公司股权激励计划的实施程序安排,详见前文第七章"股权激励的实施管理"部分。

第87问:哪些上市公司可以设置上市后实施的期权激励计划?

答: 截至目前,拟上市公司设置上市后实施的期权激励计划,在其上市板块、行业领域、市值、业绩等方面,均无明确的限制。实际上,哪些拟上市公司可以设置上市后实施的期权激励计划的问题,也是与股票发行注册制试点到全面实行股票发行注册制的历程息息相关。最开始股票发行注册制试点、科创板问世,拟上市公司设置上市后实施的期权激励计划是科创板上市公司的专属;之后主板、创业板也跟进了相关制度,打破了科创板的"垄断";再往后全面实行股票发行注册制,各板块在上市前制订上市后实施的期权激励计划方面就没有实质区别了。

一、规则层面

(一)全面实行股票发行注册制前

在全面实行股票发行注册制之前,根据中国证监会、上交所及深交所发布的文件,该等文件中关于首发申报前制定、上市后实施的期权激励计划的规定在实质内容上基本一致,应体现增强公司凝聚力、维护公司长期稳定发展的导向。相关规定包括《科创板审核问答》《首发审核问答》《创业板审核

第十一章 ‖ 上市前制订上市后实施的期权激励计划的特殊性问题

问答》等,其中以《创业板审核问答》为例,其主要规定见表11-2。

表 11-2　全面注册制前主要规定

法规名称	规定内容
《创业板审核问答》	23. 发行人存在首发申报前制定的期权激励计划,并准备在上市后实施的,信息披露有哪些要求?中介机构应当如何进行核查? 答:(一)发行人首发申报前制定、上市后实施的期权激励计划应当符合的要求 发行人存在首发申报前制定、上市后实施的期权激励计划的,应体现增强公司凝聚力、维护公司长期稳定发展的导向。原则上应符合下列要求: 1. 激励对象应当符合《上市规则》相关规定; 2. 激励计划的必备内容与基本要求,激励工具的定义与权利限制,行权安排,回购或终止行权,实施程序等内容,应参考《上市公司股权激励管理办法》的相关规定予以执行; 3. 期权的行权价格由股东自行商定确定,但原则上不应低于最近一年经审计的净资产或评估值; 4. 发行人全部在有效期内的期权激励计划所对应股票数量占上市前总股本的比例原则上不得超过15%,且不得设置预留权益; 5. 在审期间,发行人不应新增期权激励计划,相关激励对象不得行权;最近一期末资产负债表日后行权的,申报前须增加一期审计; 6. 在制定期权激励计划时应充分考虑实际控制人稳定,避免上市后期权行权导致实际控制人发生变化; 7. 激励对象在发行人上市后行权认购的股票,应承诺自行权日起三年内不减持,同时承诺上述期限届满后比照董事、监事及高级管理人员的相关减持规定执行

(二)全面实行股票发行注册制后

2023年2月17日中国证监会发布的《注册管理办法》第44条规定,发行人存在申报前制定、上市后实施的期权激励计划的,应当符合中国证监会和交易所的规定,并充分披露有关信息。相较而言,全面实行股票发行注册制关于期权激励的相关规定承袭了以往的要求，但是在行权规定部分增加了"最近一期末资产负债表日后行权的，申报前须增加一期审计"。

同时，《注册管理办法》明确规定，上海证券交易所、深圳证券交易所上市的股票的发行注册，适用该办法。该规定统一了沪深交易所各个板块关于在申报前制定、上市后实施的期权激励计划的政策，均适用新办法，相关规定见表11-3。

表 11-3 全面注册制后主要规定

序号	法规名称	规定内容
1	《注册管理办法》	第44条 发行人存在申报前制定、上市后实施的期权激励计划的，应当符合中国证监会和交易所的规定，并充分披露有关信息。 第45条 发行人应当在招股说明书中披露公开发行股份前已发行股份的锁定期安排，特别是尚未盈利情况下发行人控股股东、实际控制人、董事、监事、高级管理人员股份的锁定期安排。 发行人控股股东和实际控制人及其亲属应当披露所持股份自发行人股票上市之日起三十六个月不得转让的锁定安排。 首次公开发行股票并在科创板上市的，还应当披露核心技术人员股份的锁定期安排。 保荐人和发行人律师应当就本条事项是否符合有关规定发表专业意见
2	《证券期货法律适用意见第17号》	五、关于《首次公开发行股票注册管理办法》第四十四条规定的"期权激励计划"的理解与适用： 《首次公开发行股票注册管理办法》第四十四条规定"发行人存在申报前制定、上市后实施的期权激励计划的，应当符合中国证监会和交易所的规定，并充分披露有关信息"。现提出如下适用意见： （一）首发申报前制定、上市后实施的期权激励计划 1. 发行人首发申报前制定、上市后实施的期权激励计划应当符合的要求 发行人存在首发申报前制定、上市后实施的期权激励计划的，应当体现增强公司凝聚力、维护公司长期稳定发展的导向。 期权激励计划原则上应当符合下列要求：

续表

序号	法规名称	规定内容	
		激励对象	激励对象应当符合相关上市板块的规定。 激励对象在发行人上市后行权认购的股票，应当承诺自行权日起三十六个月内不减持，同时承诺上述期限届满后比照董事、监事及高级管理人员的相关减持规定执行
		激励计划	激励计划的必备内容与基本要求，激励工具的定义与权利限制，行权安排，回购或者终止行权，实施程序等内容，应当参考《上市公司股权激励管理办法》的相关规定执行； 在制定期权激励计划时应当充分考虑实际控制人稳定，避免上市后期权行权导致实际控制人发生变化
		行权价格	期权的行权价格由股东自行商定确定，但原则上不应低于最近一年经审计的净资产或者评估值
		股权比例	发行人全部在有效期内的期权激励计划所对应股票数量占上市前总股本的比例原则上不得超过百分之十五，且不得设置预留权益
		行权	在审期间，发行人不应新增期权激励计划，相关激励对象不得行权；最近一期末资产负债表日后行权的，申报前须增加一期审计

二、案例层面

截至检索日（2023年4月24日），笔者检索到14家过会企业在首发申报前制订期权激励计划并在上市后实施。我们注意到，相关拟上市公司制定期权激励计划并在上市后实施，并不必然与其行业属性相关，具体案例见表11-4。

表11-4 具体案例

序号	公司	板块	行权价格	激励份额	制定时间	行业
1	HGCY	科创板	由最近一次投资者增资硅产业集团的交易价格确定，并且不低于按照国有资产评估管理规定经有关部门、机构核准或者备案的每股评估价格	—	2019年4月10日	计算机、通信和其他电子设备制造业
2	JSSW	科创板	9.2元/股	60.23万份	2018年	医药制造业
3	TZH	科创板	5元/股	1882万份	2019年4月20日	专用设备制造业
4	XYGF	科创板	1元/股	1760.24万股	2019年6月	软件和信息技术服务业
5	ZKJS	科创板	12元/股	1200万股	2019年9月	智能制造产品和解决方案
6	QYKJ	科创板	100元/股	177.3108万份	2020年3月16日	云计算
7	BZJG	科创板	4.16元/股	1101万股	2020年6月10日	智能装备制造
8	GKW	科创板	上市后行权的期权的行权价格原则上不低于发行人2019年经审计的净资产或评估值，并于发行人与激励对象签署的股份期权协议中予以约定	1248.65405万股	2020年6月26日	计算机、通信和其他电子设备制造业

续表

序号	公司	板块	行权价格	激励份额	制定时间	行业
9	SMSH	科创板	依据最近一次投资者增资 SMBDT 的交易价格确定，行权价格为每股 13 元。SMBDT 在授予时最近一年经审计的净资产为 0.66 元/股，最近一期经评估的价值为 3.52 元/股。据此，激励计划不低于最近一年经审计的净资产或评估值	56.775 万份	2019 年 12 月 31 日	专用设备制造（半导体）
10	GLB	创业板	9 元/股	2550.8127 万份	2020 年 12 月 10 日	园林机械
11	DML	上交所主板	10 元/股	12.745 万份	2020 年 9 月 11 日	计算机、通信和其他电子设备制造业
12	XDW	科创板	于上市后行权的期权的行权价格原则上不低于授予日最近一年经审计的净资产，并于发行人与激励对象签署的股份期权协议中予以约定	3556.28 万股	2021 年 2 月 24 日	软件和信息技术服务业
13	DZYY	科创板	1.26 元/股	1260 万股	2020 年 12 月 15 日	医药制造业
14	SYZN	科创板	2 元/股	5931.00 万股	2021 年 1 月 12 日	电气机械和器材制造业

三、小结

综上，股票发行注册制新规后，沪深交易所各个板块拟上市公司均可以按照要求设置上市后实施的期权激励计划，并不存在单独的市值指标或行业限制。但需要注意的是，根据《注册管理办法》《证券期货法律适用意见第17号》的相关规定，在制定期权激励计划时应当充分考虑实际控制人稳定，避免上市后期权行权导致实际控制人发生变化。因此，实际控制人控制的表决权比例较低的拟上市公司在设置上市后实施的期权激励计划时需要充分考虑其对实际控制人控制地位影响。

第88问：上市后实施的期权激励计划，什么时候完成期权的授予？

答：上市后实施的期权激励计划完成期权授予的时间，目前尚无具体规定，但在实践中多采用股东大会/董事会决议之日与股权转让协议签订之日两种方式。

一、规则层面

对于上市后实施的期权激励计划完成期权授予的时间，《公司法》《证券法》《注册管理办法》等相关法律法规、规范性文件，没有明确做出具体规定，我们理解尚需要结合实践案例进一步判断。

二、案例层面

对于上市后实施的期权激励计划，完成期权的授予并没有规定具体的授予时间，实践中大概有两种情况：一是以股东大会或董事会通过之日为授权日；二是以交易协议签订之日为准。

（一）股东大会/董事会决议之日

该种确定的方式较为常见，具体案例见表 11-5。

表 11-5　决议之日相关案例

序号	公司	披露时间	授予时间	确定授权日程序
1	GLB（创业板）	2023 年 2 月 8 日	激励计划的有效期为 8 年，自股东大会批准计划并确定授予之日起计算。确定授予日为 2020 年 12 月 10 日	2020 年 11 月 25 日，公司董事会审议通过了《GLB（江苏）股份有限公司股票期权激励计划（草案）》等议案。2020 年 12 月 10 日，公司召开 2020 年第 4 次临时股东大会，审议通过《GLB（江苏）股份有限公司股票期权激励计划（草案）》。其报告期是 2018 年、2019 年、2020 年及 2021 年 1 月至 6 月，故期权授予是在报告期第 3 年完成
2	SWWD（科创板）	2022 年 4 月 22 日	授予日在激励计划经公司股东（大）会审议通过后由董事会确定。公司需在股东（大）会审议通过后 60 日内按照相关规定召开董事会授予激励对象激励期权并完成相关程序	2021 年 6 月 2 日，发行人召开第一届董事会第五次会议，审议通过了《关于调整公司 2020 年度期权激励计划行权价格的议案》《关于向激励对象授予预留激励期权的议案》等议案，根据有限公司整体变更为股份有限公司后股本的增加相应调整了行权价格。2021 年 6 月 2 日，发行人召开第一届监事会第五次会议。其报告期为 2018 年度、2019 年度及 2020 年度，故期权授予是在报告期后，上市基准日前

续表

序号	公司	披露时间	授予时间	确定授权日程序
3	YJKJ（科创板）	2022年12月21日	确定授予日为2021年7月27日	2021年7月27日，发行人召开董事会、监事会，审议通过了《关于调整〈SXYJ半导体科技股份有限公司2021年股票期权激励计划激励对象名单〉的议案》《关于公司2021年股票期权激励计划所涉股票期权授予相关事项的议案》。其报告期为2018年、2019年、2020年和2021年1月至6月，故期权授予是在报告期第3年完成

从上市企业的审核案例来看，大部分是在报告期第3年授权完成。"获得批准"的日期一般是指激励计划获得股东（大）会审议批准之日，部分企业将授予日交由董事会和监事会进行确认也是基于激励计划已获得公司股东（大）会的审议通过。

（二）股权转让协议签订之日

以股权转让协议签订之日为授予时间的案例见表11-6。

表11-6　股权转让协议签订之日为授予时间相关案例

公司	披露时间	授予时间	授权日的确定
TRW（创业板在审）	2023年3月31日	2021年5月25日	公司于2021年3月1日与研发团队签署《合作协议》，对双方拟合作成立广州TE以及合作事项的具体安排进行了约定；2021年3月5日，公司设立广州TE，注册资本1000万元；2021年5月25日，公司出具股东决定，同意将广州TE34%的股权转让给少数股东成立的持股平台广州XYCX企业管理合伙企业（有限合伙），同日双方签订股权转让协议。因此，根据企业

续表

公司	披露时间	授予时间	授权日的确定
			会计准则的相关规定，**上述股份支付的授予日为 2021 年 5 月 25 日**。 其报告期为 2019 年度、2020 年度、2021 年度和 2022 年 1 月至 6 月，故期权授予是在报告期第 3 年完成
DEM （创业板）	2022 年 5 月 12 日	2020 年 10 月 30 日	2020 年 10 月 15 日，公司董事会审议通过期权激励相关议案。2020 年 10 月 30 日，公司股东大会审议通过期权激励相关议案；同日，上海 SHD 董事会与香港 SHD 董事会分别审议通过期权激励相关议案。2020 年 10 月 30 日，上海 SHD 及香港 SHD 分别向激励对象 AR、YF、LJW 发出授权通知；同日，激励对象签署授权回函。因此，股份支付的授予日为 2020 年 10 月 30 日。 其报告期为 2018 年、2019 年、2020 年，故期权授予是在报告期第 3 年完成

实践中，按照签订交易协议之日确定授权日的案例相对较少，几乎也是在报告期第 3 年完成的期权授予。

三、小结

实践中大部分案例都是在报告期最后一年完成的期权授予。在分批集中对股权激励对象进行授权的前提下，授权日的确定应考虑以下因素：授权日最好选择工作日，避免引起麻烦；授权日与企业考核日期相适应，最好在考核日期之后或者之前；授权日与企业战略目标的起始日一致，这样会使企业的战略目标与股权激励计划在时间的安排上相对应。

综上所述，拟上市公司股票期权激励计划授予日的确定首先应当满足公司章程等内控制度对股权激励等重大事项审议流程的规定，其次建议以激励方案获得股东大会审议批准之日为标准确定授予日较为常见。

第89问：上市后实施的期权激励计划，行权价格如何确定？

答：一般来说，在IPO申报前制定、上市后实施的期权激励计划的行权价格都高于最近一年经审计的每股净资产或评估值，部分企业为了更好地激励员工，其行权价格会远低于最近一轮入股价格。

关于IPO申报前制定、上市后实施的期权激励计划相关行权价格确定问题，以下主要从三个方面探讨：（1）监管规则对于行权价格的限制；（2）公司在遵守前述限制的基础上实质上所采用的行权价格确定标准；（3）确定行权价格的程序。

一、监管规则对于行权价格的限制

相关规则见表11-7。

表11-7 相关规则

序号	法规名称	规定内容
1	《注册管理办法》	第44条：发行人存在申报前制定、上市后实施的期权激励计划的，应当符合中国证监会和交易所的规定，并充分披露有关信息
2	《证券期货法律适用意见第17号》	五、（一）1.（3）：期权的行权价格由股东自行商定确定，但原则上不应低于最近一年经审计的净资产或者评估值
3	《关于试点创新企业实施员工持股计划和期权激励的指引》（已失效）	二、（二）：期权的行权价格由股东自行商定确定，但原则上不应低于最近一年经审计的净资产或评估值

根据上述规定，我们理解，上市前制订上市后实施的期权激励计划，其行权价格主要由股东自行协商确定，但一般存在"底线"，即原则上不应低于

二、未采用一般标准确定行权价格的案例研究

笔者主要研究了申报前制订期权激励计划确定行权价格的案例，经研究发现，对于申报前制订期权激励计划，上市后实施的公司，其行权价格的设置都高于最近一年经审计的净资产或评估值，部分公司为了起到更好的激励效果，价格可能会低于最近一轮的入股价格。

具体参考案例见表 11-8。

表 11-8 具体参考案例

序号	公司名称	披露时间	行权价格	行权价格设置理由
1	BLG（创业板）	2023年1月31日	行权价格高于最近一年经审计的每股净资产	行权价格综合考虑公司经营财务情况、发挥激励作用、**增强公司凝聚力、维护公司长期稳定发展**等因素，由董事会、股东大会审议确定，行权价格高于最近1年经审计的每股净资产
2	TDY（科创板）	2022年9月22日	行权价格高于最近一年经审计的每股净资产，低于最近一轮投资的入股价	根据经BMWHZ会计师事务所（特殊普通合伙）审计（审计报告号：BMWHZ审字第2104494号）的公司合并财务报表，截至2020年12月31日，公司每股净资产约为1.50元/股。公司最近一轮投资者出资入股价为6.10元/股（考虑2020年11月公司资本公积转股本后上述投资者所占注册资本的金额，则其入股价为人民币4.11元/股）。考虑到期权的行权价格不应低于最近1年经审计的净资产或评估值，及公司股权期间增值等因素，激励计划授予的股票期权的行权价格确定为5元/股

续表

序号	公司名称	披露时间	行权价格	行权价格设置理由
3	DML（上交所主板）	2022年6月20日	行权价格高于最近一年经审计的每股净资产且高于股票票面价格	综合考虑公司经营财务情况、拟发挥的激励作用等因素，股票期权的行权价格为每股10元，不低于公司股票票面金额，且不低于公司2019年末经审计的每股净资产值

三、结论

综上所述，在IPO申报前制定、上市后实施的期权激励计划的行权价格都高于最近1年经审计的每股净资产或评估值，部分企业为了更好地激励员工，其行权价格会低于最近一轮入股价格。

第90问：上市后实施的期权激励计划，在IPO申报过程中有什么披露要求？

答：我们理解，申报前制订上市后实施的期权激励计划在IPO申报过程中需要披露期权相关安排。根据相关监管规则和IPO实操案例情况，我们总结了相关监管规则的强制性披露要求和IPO实操案例披露的相关内容如下。

一、监管规则对于披露信息的要求

股票发行注册制新规出台后，《注册管理办法》中统一规定了科创板、创业板、主板拟上市公司可以在申报前制定、上市后实施期权激励计划，并需要在招股说明书中相应披露；《证券期货法律适用意见第17号》细化了首发申报前制定、上市后实施的期权激励计划的信息披露要求见表11-9。

表 11-9 监管规则对于披露信息的要求

序号	法规名称	规定内容
1	《注册管理办法》	第 44 条：发行人存在申报前制定、上市后实施的期权激励计划的，应当符合中国证监会和交易所的规定，并充分披露有关信息
2	《证券期货法律适用意见第 17 号》	五、（一）2.：发行人信息披露要求 发行人应当在招股说明书中充分披露期权激励计划的有关信息： （1）期权激励计划的基本内容、制订计划履行的决策程序、目前的执行情况； （2）期权行权价格的确定原则，以及和最近一年经审计的净资产或者评估值的差异与原因； （3）期权激励计划对公司经营状况、财务状况、控制权变化等方面的影响； （4）涉及股份支付费用的会计处理等

二、案例层面

根据近期 IPO 案例，拟上市公司在招股说明书中披露的期权激励计划主要按照《证券期货法律适用意见第 17 号》披露了以下四个方面内容：

1.公司关于期权激励计划的程序：该部分主要说明期权激励计划已经履行的董事会、股东大会程序。

2.期权激励计划的基本内容：该部分主要包括具体的授予数量、激励对象、考核指标、行权价格、禁售期、行权日、有效期等方案的细节内容。

3.期权激励计划对公司经营状况、财务状况、控制权变化等方面的影响：经营状况方面，主要论证期权激励计划会激发激励对象的积极性，提高经营效率，有利于实现公司目标和员工目标的一致性，有利于公司的良性经营与发展；财务状况方面，主要论证期权激励计划的支付金额对净利润的影响较小；控制权变化方面，主要论证期权股份占据公司总股份比例较少，不会影响实际控制人的控制权。

4.期权激励计划的会计处理情况：主要论证股份支付金额的测算情况。

具体参考案例见表11-10。

表11-10 具体参考案例

序号	公司名称	披露时间	公司披露内容	监管问询
1	JSSW（科创板）	2020年4月29日	（1）期权激励计划的决策程序。 （2）期权激励计划的基本内容： ①授予数量、授予对象； ②授予日、等待期及行权日； ③考核指标； ④禁售期； ⑤行权价格。 （3）期权激励计划对公司经营状况的影响。 （4）期权计划的会计处理情况	发行人存在本次发行上市前制定，并准备在本次发行上市后实施的期权激励计划。 请发行人结合《科创板审核问答》问题12的相关要求，逐条说明发行人期权激励计划是否符合相关要求，是否已在招股说明书中充分披露期权激励计划的有关信息。请保荐机构、律师及会计师说明履行的核查程序并发表核查意见
2	KGW（科创板）	2020年12月31日	（1）期权激励计划的决策程序。 （2）期权激励对象、行权价格、授予股票期权总量、等待期、减持规定。 （3）激励工具。 （4）权利限制。 （5）行权安排。 （6）回购或终止行权规定。 （7）期权计划的会计处理情况	期权激励计划是否符合《科创板审核问答》第12条的要求

续表

序号	公司名称	披露时间	公司披露内容	监管问询
3	GLB（创业板）	2023年1月31日	发行人期权激励计划基本内容、制订计划履行的决策程序及目前的执行情况： （1）公司关于期权激励计划的决策程序。 （2）期权激励计划的基本内容： ①授予数量、授予对象； ②授予日、等待期及行权日； ③考核指标； ④禁售期； ⑤行权价格。 （3）期权激励计划对公司经营状况、财务状况、控制权变化等方面的影响。 （4）期权计划的会计处理情况。	—
4	TDY（科创板）	2022年9月22日	（1）制定激励计划的程序及目前的执行情况。 （2）激励计划的基本内容： ①激励对象； ②标的股票的来源、数量和分配； ③行权价格； ④有效期、授权日、等待期、可行权日和禁售期； ⑤行权条件。	—

续表

序号	公司名称	披露时间	公司披露内容	监管问询
			（3）发行人部分员工离职期权失效的情况。 （4）该激励计划对公司经营状况、财务状况、控制权变化等方面的影响。 （5）涉及股份支付费用的会计处理	
5	DML （上交所主板）	2022年6月20日	（1）制定激励计划的程序。 （2）激励计划的基本内容： ①激励对象； ②激励计划的相关条款； ③行权价格； ④授予股票期权总量； ⑤等待期； ⑥不会导致实际控制人变化的说明； ⑦禁售期。 （3）期权激励计划对公司的影响。 （4）期权激励计划的人员名单及可行权条件。 （5）关于申报前期权激励方案的变更情况。 （6）期权激励计划对发行人财务报表科目的影响	—

三、结论

从监管规则上来看，《证券期货法律适用意见第17号》规定了上市后实施的期权激励计划必须披露的内容，从案例上来看，拟上市公司在申报时披露的内容也基本和前述规定保持了一致,基本上包括以下四个方面:(1)公司关于制定期权激励计划的程序;(2)期权激励计划的基本内容,包括授予数量、激励对象、考核指标、行权价格、禁售期、行权日、有效期等内容;(3)期权激励计划对公司经营状况、财务状况、控制权变化等方面的影响;(4)期权激励计划的会计处理情况。

第 *91* 问:上市后实施的期权激励计划,IPO 审核过程中一般关注哪些问题?

答:结合我们的实践经验,在 IPO 审核过程中,对于上市后实施的期权激励计划,审核部门主要关注的问题主要是上市后实施的期权激励计划方案内容是否符合《证券期货法律适用意见第 17 号》之规定,除此之外,审核部门也可能关注股权激励决策程序、目前的执行情况。

一、关于上市后实施的期权激励计划方案内容的关注问题

经检索、总结相关案例,我们理解,关于上市后实施的期权激励计划方案内容,IPO 审核部门通常关注的问题见表 11–11。

表 11–11　IPO 审核部门关注问题

关注要点	主要内容	备注
激励对象	激励对象应当符合相关上市板块的规定	参考《上市公司股权激励管理办法》,监事不得作为激励对象
激励计划必备内容	激励计划的必备内容与基本要求,激励工具的定义与权利限制,行权安排,回购或者终止行权,实施程序等内容,应当参考《上市公司股权激励管理办法》的相关规定执行	参考《上市公司股权激励管理办法》制定

续表

关注要点	主要内容	备注
行权价格	期权的行权价格由股东自行商定确定，但原则上不应低于最近1年经审计的净资产或者评估值	行权价格确定的流程
股权比例	发行人全部在有效期内的期权激励计划所对应股票数量占上市前总股本的比例原则上不得超过15%，且不得设置预留权益	不得设置预留权益
行权	在审期间，发行人不应新增期权激励计划，相关激励对象不得行权；最近一期末资产负债表日后行权的，申报前须增加一期审计	在审期间不得新增
对实际控制人影响	在制定期权激励计划时应当充分考虑实际控制人稳定，避免上市后期权行权导致实际控制人发生变化	注意是否影响实际控制人控制地位
锁定期	激励对象在发行人上市后行权认购的股票，应当承诺自行权日起36个月内不减持，同时承诺上述期限届满后比照董事、监事及高级管理人员的相关减持规定执行	需要比照董监高减持+36个月限制

二、审核部门可能关注的其他问题

结合近期IPO案例，我们注意到，除激励计划方案内容相关问题外，监管部门可能会关注到其他问题，具体案例见表11-12。

表11-12 审核部门可能关注的问题

序号	公司名称	披露时间	关注问题
1	SRD（创业板在审）	2022年12月29日	请发行人对照《创业板审核问答》问题23的要求，披露期权激励计划的基本内容、制订计划履行的决策程序、目前的执行情况等
2	FCNT（科创板在审）	2023年3月23日	请保荐机构、发行人律师依据《证券期货法律适用意见第17号》之五对公司首发申报前制定的期权激励计划进行逐条核查并发表明确意见

续表

序号	公司名称	披露时间	关注问题
3	GKW（创业板）	2020年9月15日	请发行人说明：（1）CG Ltd. 不持股但以普通合伙人身份负责管理且不参与财产分配的情形，是否符合注册地的法律法规、是否能实现对合伙企业的控制，以及注册地律师的意见；（2）区分董事、高级管理人员、核心技术人员、其他员工等，说明 CG Ltd. 中的人员名单、授予的股票数量及占比、职务；（3）结合历次修订条款、行权时间、履行程序，说明历次已行权人员、行权条件和行权价格差异情况；（4）区分授予对象离职自动失效、公司回购取消、授予对象未满足期权释放要求等各类失效原因，说明失效期权的具体情况，包括对应人员、职位、失效份额；（5）未行权与已行权期权在人员、行权价格、安排、条件、锁定期方面的差异；（6）历次行权是否符合相应期权激励计划的规定、是否存在员工未达行权条件而行权或满足行权条件但公司未办理行权、失效期权人员主张期权、未行权期权人员因期权激励计划修订导致不能行权的情形，以及发行人与已行权、失效期权、未行权期权人员之间是否存在其他期权方面的纠纷或潜在纠纷、期权激励计划是否符合《创业板审核问答》第12条的要求

根据上述案例，我们理解，除激励计划方案内容相关问题外，监管部门还会关注披露期权激励计划的基本内容、决策程序、目前的执行情况、结合历次修订条款、行权时间、履行程序，说明历次已行权人员、行权条件和行权价格差异情况等相关问题。

第十二章

非上市国有企业股权激励的特殊问题

第92问：非上市国有企业实施股权激励的主要路径有哪些？

答：相较于民营企业，非上市国有企业实施股权激励计划往往会具有更严格的限制，现行有关非上市国有企业股权激励计划的规定散见于财政部、科技部、国务院国资委等颁布的《员工持股试点意见》《激励暂行办法》等规定中。2019年6月国务院国有企业改革领导小组办公室印发了302号文，对符合条件的"双百企业"可以结合自身情况实施不同方式的中长期激励，不受试点名额限制。但实操过程中也有部分非上市国有企业不属于混改试点企业或科技创新企业，也未纳入"双百企业"名录，其实施股权激励可能并无明确政策规定指引，在向国有资产主管部门报批股权激励方案时可能较难获得认可，这也是目前部分非上市国有企业股权激励实施的难点所在。

此外，针对中央企业员工股权及分红激励，则主要在国务院国资委《关于做好中央科技型企业股权和分红激励工作的通知》、国务院国资委《关于印发中央科技型企业实施分红激励工作指引》等文件中做出了具体规定。

结合上述，目前实操过程中国有企业股权激励实施主要有如下路径：

1. 按照《员工持股试点意见》，作为混改试点企业对员工进行股权激励，持股员工可以个人名义直接持股，也可通过公司制企业、合伙制企业、资产管理计划等持股平台持有股权。

2. 按照《激励暂行办法》开展股权激励，《激励暂行办法》中列举的激励方式更为多样，既包括了股权出售、股权奖励、股权期权等方式的股权激励，也包括了项目分红、岗位分红模式下的分红激励。

3. 按照国资改办〔2019〕302号文，国务院国资委公布的"双百企业"可以采取灵活的股权激励方式，综合运用国有控股上市公司股权激励、国有科技型企业股权和分红激励、国有控股混合所有制企业员工持股等中长期激励政策，不受试点名额限制。

4. 在当前政策未明确的情况下，实操过程中部分企业在取得国有资产主管部门许可的前提下，正在试点探索员工跟投等激励方式。但该等激励模式目前可能尚未出台明确指导实施政策，需要和国有资产主管部门提前沟通。

第93问：哪些非上市国有企业可以实施股权激励计划？

答：根据《激励暂行办法》和《员工持股试点意见》的规定，目前可以实施股权激励计划的非上市国有企业包括：（1）《激励暂行办法》规定的国有科技型企业；（2）《员工持股试点意见》规定的符合要求的混改试点企业。前述政策文件均对计划实施股权激励的非上市国有企业存在一定主体要求。虽然目前国资改办〔2019〕302号文对"双百企业"并未公布明确主体要求，但企业需要在国务院国资委公布的"双百企业"名录中，具体企业名单见国务院国资委官网（sasac.gov.cn）——"双百企业"名单。

其中，根据《激励暂行办法》第1条、财政部、科技部、国务院国资委《关于扩大国有科技型企业股权和分红激励暂行办法实施范围等有关事项的通知》（财资〔2018〕54号）第1条、《员工持股试点意见》第2条的规定，可以实施股权激励计划的非上市国有企业需要满足的条件见表12-1。

表 12-1　可以实施股权激励计划的非上市国有企业需满足的条件

企业类型	国有企业范围	依据规定
混改试点企业	二、试点企业条件： （一）主业处于充分竞争行业和领域的商业类企业。 （二）股权结构合理，非公有资本股东所持股份应达到一定比例，公司董事会中有非公有资本股东推荐的董事。 （三）公司治理结构健全，建立市场化的劳动人事分配制度和业绩考核评价体系，形成管理人员能上能下、员工能进能出、收入能增能减的市场化机制。 （四）营业收入和利润 90% 以上来源于所在企业集团外部市场。 优先支持人才资本和技术要素贡献占比较高的**转制科研院所、高新技术企业、科技服务型企业**（以下统称科技型企业）开展员工持股试点。**中央企业二级（含）以上企业**以及各省、自治区、直辖市及计划单列市和新疆生产建设兵团所属**一级企业**原则上暂不开展员工持股试点。违反国有企业职工持股有关规定且未按要求完成整改的企业，不开展员工持股试点。	《员工持股试点意见》
国有科技型企业	……中国境内具有公司法人资格的国有及国有控股未上市科技企业（含全国中小企业股份转让系统挂牌的国有企业、国有控股上市公司所出资的各级未上市科技子企业），具体包括： （一）国家认定的高新技术企业。 （二）转制院所企业及所投资的科技企业。 （三）高等院校和科研院所投资的科技企业。 （四）纳入科技部"全国科技型中小企业信息库"的企业。 （五）国家和省级认定的科技服务机构	《激励暂行办法》《关于扩大国有科技型企业股权和分红激励暂行办法实施范围等有关事项的通知》

注：针对中央企业股权激励的实施，在《关于做好中央科技型企业股权和分红激励工作的通知》《关于印发中央科技型企业实施分红激励工作指引》等文件中存在细化规定。

第94问：国有科技型企业实施股权激励计划需要履行哪些审批程序？

答： 根据《激励暂行办法》的规定，国有科技型企业在制定股权激励方案阶段，应当通过职工代表大会或者其他形式充分听取职工的意见和建议，并将相关激励方案及听取职工意见情况，报履行出资人职责的国有资产监管职责的部门、机构、企业批准。此外，国有科技型企业在实施股权激励计划时，可能会涉及增资新股、转让老股的国有资产交易情形，需要根据《企业国有资产交易监督管理办法》（国务院国有资产监督管理委员会、中华人民共和国财政部令第32号）的规定履行国有资产交易事项的审批程序，主要流程见表12-2。

表12-2 国有科技企业实施股权激励计划需履行的审批程序

序号	事项	具体内容
1	形成方案总体意向	在正式申报方案前，就实施股权激励的目的及可行性、涉及股权比例、激励对象范围形成总体意向
2	听取职工意见*	通过职工代表大会或者其他形式充分听取职工的意见和建议，并根据建议相应完善员工持股方案
3	领导班子内部讨论决策	在拟订股权激励方案初稿及确认基本无实质障碍后，由党委、总经理办公会等决策机构讨论决策，并提出后续需要关注及解决的重点问题，部署下一步工作计划
4	董事会审议	在党委、总经理办公会等公司内部决策机构讨论通过并取得主要股东认可意见后，向公司各位董事发出董事会通知，召开董事会
5	审计及评估报告报批	在具有相关资质的会计师事务所审计和资产评估机构评估报告出具后，提请上级股东进行审核
6	取得上级主管单位对评估报告的备案	取得上级主管部门认可审计及评估结果，并完成相应备案

续表

序号	事项	具体内容
7	国有资产主管单位批准**	（1）股权激励方案及职工意见情况报履行出资人职责或国有资产监管职责的单位批准。 （2）中央企业集团公司所属子企业，相关材料报中央企业集团公司批准。 （3）审核单位自受理企业股权和分红激励方案之日起20个工作日内，提出书面审定意见
8	股东（大）会审议	国有资产主管单位批准股权激励后，应将批准的激励方案提请股东（大）会审议
9	国有资产主管单位备案	在股东（大）会审议通过激励方案后5个工作日内，将激励方案、相关批准文件及决议报送审核单位备案
10	缴纳出资，准备工商资料	着手准备员工持股出资缴纳、工商变更登记备案等
11	完成股权登记	完成工商变更、出资缴纳及股权登记
12	后续监管	企业应于每年月底前向审核单位报告上一年度激励方案实施情况，接受审核单位及财政、科技部门监督

注：2019年4月，国务院发布了《改革国有资本授权经营体制方案的通知》（国发〔2019〕9号），该规定系对《激励暂行办法》审批权限规定的进一步完善，也初步解决了出资人职责的企业内部决策权限划分不明的问题。根据《激励暂行办法》并结合《改革国有资本授权经营体制方案的通知》第3条第1项第3目"选人用人和股权激励。授权国有资本投资、运营公司董事会负责经理层选聘、业绩考核和薪酬管理（不含中管企业），积极探索董事会通过差额方式选聘经理层成员，推行职业经理人制度，对市场化选聘的职业经理人实行市场化薪酬分配制度，完善中长期激励机制。**授权国有资本投资、运营公司董事会审批子企业股权激励方案**，支持所出资企业依法合规采用股票期权、股票增值权、限制性股票、分红权、员工持股以及其他方式开展股权激励，股权激励预期收益作为投资性收入，不与其薪酬总水平挂钩……"的规定，符合条件的国有企业实施股权激励计划，需要报履行出资人职责或国有资产监督职责的相关企业批准的，则试点国有资本投资、运营公司相应的审批主体应为其董事会。

* 《激励暂行办法》第33条规定："企业内部决策机构拟订激励方案时，应当通过职工代表大会或者其他形式充分听取职工的意见和建议。"

** 《激励暂行办法》第34条规定:"企业内部决策机构应当将激励方案及听取职工意见情况,先行报履行出资人职责或国有资产监管职责的部门、机构、企业(以下简称审核单位)批准……"

此外,国有科技型企业在实施股权激励计划过程中,向激励对象授予激励股权的,可能涉及向激励对象转让老股,或向激励对象增发新股等国有资产交易情形。《企业国有资产交易监督管理办法》第7条、第34条规定若国有企业实施股权激励涉及"增发新股"或"老股转让"事项,可能涉及国有资产交易情况,那么股权激励的授予环节亦可能需要履行有关企业国有资产交易事项的审批程序。

根据《激励暂行办法》及《改革国有资本授权经营体制方案的通知》的规定,出资人企业董事会在审核国有企业的股权激励方案时,相关股权激励方案中亦包含了激励股权来源、激励股权授予的内容。换言之,出资人企业董事会在审批股权激励计划事项时,也一并审核了相关"增发"或"老股转让"事项。因此,《激励暂行办法》《改革国有资本授权经营体制方案的通知》和《企业国有资产交易监督管理办法》的规定,存在规则竞合的情形。那么,在出资人企业审核国有企业股权激励事项的情景下,股权激励涉及的"增发"或"老股转让"事项,具体是由股权激励方案审批主体进行统一审批,还是国有资产交易审批主体进行审批,抑或由两个主体分别进行审批,该问题可能不甚明确,需要检索相关案例进一步判断。

在IPO审核中,审核部门可能会要求国有企业分别披露股权激励方案的审批程序、国有资产交易审批程序,例如XYGK(创业板)在IPO审核中,被证券监管部门问询到:"2016年8月JXGSC将部分股份转给XYKX、XYGH作为股权激励,请说明该股权激励是否符合法律、法规及规范性文件的规定,将JXGSC的股份协议转让给XYKX、XYGH是否符合国有股权转让的相关规定。"XYGK分别对股权激励方案审批程序、国有资产交易审批程序进行披露,同时由于该两个审批程序均由其所在的集团公司进行审批,因此集团公司在审批XYGK股权激励方案时,也一并审批了其国有资产交易事项。

综上，我们理解，股权激励计划实施过程中涉及国有资产交易程序的，同样需要履行相关审批程序。实践中，如果股权激励方案审批程序、国有资产交易审批程序是同一个审批主体负责审批的，相关审批主体可能在股权激励方案审批过程一并审批国有资产交易事项。

第95问：混改试点企业实施员工持股计划需要履行哪些审批程序？

答：根据《员工持股试点意见》《混改操作指引》等相关法律法规的规定，混改试点企业实施股权激励计划的，试点企业应通过职工代表大会等形式充分听取本企业职工对员工持股方案的意见，并由董事会提交股东（大）会进行审议。同时，混改试点企业的国有股东在股东（大）会上做出表决之前，同样需要进行相应的内部决策审批。具体论证如下。

《员工持股试点意见》第5条第4项规定："员工持股方案审批及备案。试点企业应通过职工代表大会等形式充分听取本企业职工对员工持股方案的意见，并由董事会提交股东（大）会进行审议。地方试点企业的员工持股方案经股东（大）会审议通过后，报履行出资人职责的机构备案，同时抄报省级人民政府国有资产监督管理机构；中央试点企业的员工持股方案经股东（大）会审议通过后，报履行出资人职责的机构备案。"该规定与《混改操作指引》规定的决策审批程序是一以贯之的，即试点企业按照"三重一大"决策机制，履行企业内部决策程序。

需要特别说明的是，试点企业的员工持股方案需提交股东（大）会进行审议，由相关国有股东在股东（大）会上进行投票表决，因此相关国有股东同样可能涉及相应的内部决策审批程序，其是否需要进一步上报其作为承担出资人职责的主体进行决策审批，《员工持股试点意见》未作出明确规定，需要结合相关案例情况进一步判断。

根据检索的案例情况，我们注意到，试点企业的国有股东在审批试点企业的员工持股方案时，会涉及其内部审批程序，甚至需要对进一步上报其承担出资人职责的主体进行审批。例如，ZGDY（科创板）案例，具体情况见表12-3。

表12-3　ZGDY具体情况

日期	审批程序
2016年8月8日	ZDY有限公司董事会作出决议，同意ZDY有限公司开展员工持股试点；同意《ZDY员工持股初步方案》
2016年9月13日	GJJT董事会作出决议，同意《关于ZDY员工持股初步方案的议案》，并于同年9月18日向国务院国资委报送《GJJT关于ZDY有限公司开展员工持股试点的请示》（国机资〔2016〕345号）
2016年11月28日	国务院国资委发出《关于中央企业所属10户子企业开展员工持股试点的通知》（国资发改革〔2016〕293号），同意GJJT所属子企业ZDY有限公司开展员工持股试点。国务院国资委于通知中未对具体入股价格作出批复，仅要求GJJT对员工持股方案进行完善并履行内部决策程序，将员工持股方案报国务院国资委备案
2017年5月17日	GJJT作出《关于同意ZDY有限公司混合所有制员工持股改革实施方案的批复》

上述案例中，ZGDY历史上实施员工持股计划时，进行了多层次的内部决策审批程序，并最终由国务院国资委进行审批。

时至今日，我们注意到，混改试点企业的国有股东进行内部审批程序已经有所简化。《改革国有资本授权经营体制方案的通知》第3条第1项第3目规定："选人用人和股权激励。授权国有资本投资、运营公司董事会负责经理层选聘、业绩考核和薪酬管理（不含中管企业），积极探索董事会通过差额方式选聘经理层成员，推行职业经理人制度，对市场化选聘的职业经理人实行市场化薪酬分配制度，完善中长期激励机制。授权国有资本投资、运营公司董事会审批子企业股权激励方案，支持所出资企业依法合规采用股票期权、股票增值权、限制性股票、分红权、员工持股以及其他方式开展股权激励,股权激励预期收益作为投资性收入,不与其薪酬总水平挂钩……"根据该等规定,若混改试点企业的国有股东为国有资本投资、运营公司,则由其董事会负责审批混改试点企业的员工持股方案。

根据上述规定及案例,我们理解,混改试点企业实施股权激励计划应履行的内部决策审批程序包括:试点企业应通过职工代表大会等形式充分听取本企业职工对员工持股方案的意见,并由董事会提交股东(大)会进行审议。同时,混改试点企业的国有股东在股东(大)会上做出表决之前,同样需要进行相应的内部决策审批。

第96问:非上市国有企业实施股权激励,对激励对象有哪些要求?

答:根据《激励暂行办法》《员工持股试点意见》等相关规定,混改试点企业、国有科技型企业在实施股权激励计划时,对于激励对象的特殊性要求及比较情况见表12-4。

表12-4 对激励对象的特殊性要求

企业类型	依据规定	激励对象范围	限制成为激励对象的人员
混改试点企业	《员工持股试点意见》第3条第1款	参与持股人员应为在关键岗位工作并对公司经营业绩和持续发展有直接或较大影响的科研人员、经营管理人员和业务骨干,且与本公司签订了劳动合同	党中央、国务院和地方党委、政府及其部门、机构任命的国有企业领导人员不得持股
			外部董事、监事(含职工代表监事)不参与员工持股
			直系亲属多人在同一企业时,只能一人持股

续表

企业类型	依据规定	激励对象范围	限制成为激励对象的人员
国有科技型企业	《激励暂行办法》第7条	激励对象为与本企业签订劳动合同的重要技术人员和经营管理人员，具体包括： （一）关键职务科技成果的主要完成人，重大开发项目的负责人，对主导产品或者核心技术、工艺流程做出重大创新或者改进的主要技术人员。 （二）主持企业全面生产经营工作的高级管理人员，负责企业主要产品（服务）生产经营的中、高级经营管理人员。 （三）通过省、部级及以上人才计划引进的重要技术人才和经营管理人才	企业不得面向全体员工实施股权或者分红激励。**企业监事、独立董事**不得参与企业股权或者分红激励

除前述规定之外，对于激励对象的要求，亦散见于其他相关部门规章之中，相关规定情况见表12-5。

表12-5 对于激励对象的要求

相关规定	激励对象范围限制
《关于规范国有企业职工持股、投资的意见》（国资发改革〔2008〕139号）等	国有企业集团公司及其各级子企业改制，经国资监管机构或集团公司批准，职工可投资参与本企业改制，确有必要的，也可持有上一级改制企业股权，但不得直接或间接持有本企业所出资各级子企业、参股企业及本集团公司所出资其他企业股权。 国有企业中已持有上述不得持有的企业股权的中层以上管理人员［**国有企业的董事会成员、监事会成员、高级经营管理人员、党委（党组）领导班子成员以及企业职能部门正副职人员等**］，自本意见印发后1年内应转让所持股份，或者辞去所任职务。在股权转让完成或辞去所任职务之前，不得向其持股企业增加投资。已持有上述不得持有的企业股权的其他职工晋升为中层以上管理人员的，须在晋升后6个月内转让所持股份

续表

相关规定	激励对象范围限制
中共中央纪委、教育部、监察部《关于加强高等学校反腐倡廉建设的意见》（教监〔2008〕15号）	除作为技术完成人，不得通过奖励性渠道持有高校企业的股份
《关于规范电力系统职工投资发电企业的意见》（国资发改革〔2008〕28号）	地（市）级电网企业的领导班子成员和省级以上电网企业的电力调度人员、财务人员、中层以上管理人员，不得直接或间接持有本省（区、市）电网覆盖范围内发电企业的股权，已持有本省（区、市）电网覆盖范围内发电企业股权的，应自本意见印发之日起1年内全部予以清退或转让

第97问：非上市国有企业实施股权激励，对授予价格有什么要求？

答：非上市国有企业实施股权激励计划，其激励股权价格可以区分为授予价格以及流转价格。根据《激励暂行办法》《员工持股试点意见》等相关规定，混改试点企业、国有科技型企业在实施股权激励计划时，对于激励股权价格的特殊性要求及比较情况见表12-6。

表12-6 对于激励股权价格的特殊要求

企业类型	依据规定	授予价格	流转价格
混改试点企业	《员工持股试点意见》第3条、第4条	在员工入股前，应按照有关规定对试点企业进行财务审计和资产评估。员工入股价格不得低于经核准或备案的每股净资产评估值	（1）转让给持股平台、符合条件的员工或非公有资本股东的，转让价格由双方协商确定。（2）转让给国有股东的，转让价格不得高于上一年度经审计的每股净资产值

续表

企业类型	依据规定	授予价格	流转价格
国有科技型企业	《激励暂行办法》第11条、第13条、第16条、第22条	(1)企业实施股权出售，应按不低于资产评估结果的价格。 (2)企业用于股权奖励的激励额……单个获得股权奖励的激励对象，必须以不低于1:1的比例购买企业股权，且获得的股权奖励按激励实施时的评估价值折算，累计不超过300万元。 (3)小、微型企业采取股权期权方式实施激励……确定行权价格时，应当综合考虑科技成果成熟程度及其转化情况、企业未来至少5年的盈利能力、企业拟授予全部股权数量等因素，且不低于制定股权期权激励方案时经核准或者备案的每股评估价值	(1)因本人提出离职或者个人原因被解聘、解除劳动合同，取得的股权应当在半年内全部退回企业，其个人出资部分由企业按上一年度审计后净资产计算退还本人。 (2)因公调离本企业的，取得的股权应当在半年内全部退回企业，其个人出资部分由企业按照上一年度审计后净资产计算与实际出资成本孰高的原则返还本人

如上表所示，混改试点企业实施员工持股计划、国有科技型企业实施股权激励计划时，对于激励股权价格的要求存在一定的区别。

其一，混改试点企业实施员工持股计划时，其授予价格不得低于每股评估值。国有科技型企业实施股权激励计划时，其可能因为激励方式的不同，

· 343 ·

导致授予价格可以在评估价格基础上进行调整。

其二，混改试点企业实施员工持股计划时，相关激励股权流转价格因为受让方的不同而存在差异，若激励股权转让给非公有主体，相关流转价格可以协商确定；若激励股权转让给国有股东，相关流转价格按照上一年度经审计的每股净资产值计算。国有科技型企业实施股权激励计划时，相关流转价格以上一年度经审计的每股净资产值为基准进行确定。

第98问：非上市国有企业实施股权激励，对授予数量有什么要求？

答：根据《激励暂行办法》《员工持股试点意见》等相关规定，混改试点企业、国有科技型企业在实施股权激励计划时，对于激励股权授予数量的特殊性要求及比较情况见表12-7。

表12-7 对于激励股权授予数量的特殊性要求

企业类型	依据规定	总量要求	个体要求	国有股东控股要求
混改试点企业	《员工持股试点意见》第3条	员工持股总量原则上不高于公司总股本的30%	单一员工持股比例原则上不高于公司总股本的1%	实施员工持股后，应保证国有股东控股地位，且其持股比例不得低于公司总股本的34%
国有科技型企业	《激励暂行办法》第10条	大型企业的股权激励总额不超过企业总股本的5%；中型企业的股权激励总额不超过企业总股本的10%；小、微型企业的股权激励总额不超过企业总股本的30%	小、微型企业的单个激励对象获得的激励股权不得超过企业总股本的3%	企业不能因实施股权激励而改变国有控股地位

如上表所示，混改试点企业实施员工持股计划、国有科技型企业实施股权激励计划时，对于激励股权授予数量的要求存在一定的区别。

其一，激励份额授予数量总量限制上存在区别。混改试点企业实施员工持股计划时，员工持股总量原则上不高于公司总股本的30%。国有科技型企业实施股权激励计划时，则根据大型、中型和小、微型企业三种不同的情况对激励股权总量作出不同要求，即不得超过企业总股本的5%、10%、30%。

其二，单个激励对象授予数量限制上存在区别。混改试点企业实施员工持股计划时，单一员工持股比例原则上不高于公司总股本的1%。国有科技型企业实施股权激励计划时，仅对小、微型企业单一激励对象激励股权授予数量作出限制，即不得超过企业总股本的3%。

其三，保障国有股东控股地位要求不同。《激励暂行办法》要求国有科技型企业不得因实施股权激励计划改变国有股东控股地位。《员工持股试点意见》不仅要求混改试点企业不得因为实施员工持股计划而改变国有控股地位，还进一步规定了国有股东持股比例不得低于公司总股本的34%。

第99问：非上市国有企业实施股权激励，对锁定期有什么要求？

答：根据《激励暂行办法》《员工持股试点意见》等相关规定，混改试点企业、国有科技型企业在实施股权激励计划时，对于激励股权锁定期的特殊性要求及比较情况见表12-8。

表 12-8　对于激励股权锁定期的特殊要求

企业类型	依据规定	锁定期要求	特殊情况
混改试点企业	《员工持股试点意见》第 4 条	实施员工持股，应设定不少于 36 个月的锁定期。在公司公开发行股份前已持股的员工，不得在公司首次公开发行时转让股份，并应承诺自上市之日起不少于 36 个月的锁定期	持股员工因辞职、调离、退休、死亡或被解雇等原因离开本公司的，应在 **12 个月**内将所持股份进行**内部转让**
国有科技型企业	《激励暂行办法》第 22 条	自取得股权之日起，5 年内不得转让、捐赠	特殊情形按以下规定处理： （一）因本人提出离职或者个人原因被解聘、解除劳动合同，取得的股权应当在半年内全部退回企业，其个人出资部分由企业按上一年度审计后净资产计算退还本人。 （二）因公调离本企业的，取得的股权应当在半年内全部退回企业，其个人出资部分由企业按照上一年度审计后净资产计算与实际出资成本孰高的原则返还本人

除上述锁定期要求之外，激励股权锁定期还需要满足《公司法》第 160 条等相关规定的要求，包括但不限于：

1.若激励对象在国有非上市企业 IPO 前取得激励股权，则其持有的激励股权自该国有企业上市之日起锁定 1 年。

2.若激励对象系国有非上市公司的董事、监事、高级管理人员，在其任职期间每年转让的激励股权不得超过其所持有激励股权总数的 25% 且离职后半年内不得转让其所持有的激励股权。需要说明的是，前述"百分之二十五"

已明确为"在就任时确定的任职期间每年转让的股份不得超过其所持有本公司股份总数的百分之二十五",后续上市公司减持相关规则亦可能根据最新《公司法》的要求进行调整。

需要特别说明的是,无论是《激励暂行办法》还是《员工持股试点意见》,对于激励对象锁定期内的交易行为的限制规定较为简单,《激励暂行办法》规定锁定期内不得转让、捐赠激励股权,《员工持股试点意见》规定锁定期不得转让激励股权,二者均未明确规定激励对象是否可以在锁定期内出质激励股权。

考虑到激励对象往往可以通过出质激励股权等方式,变相转让激励股权,如果不对出质激励股权行为进行明确约束,则相关锁定期的规定难以得到严格执行。因此,相关国有非上市公司在设置激励股权锁定期安排时,亦应当考虑到激励股权出质的情形,例如,可在相关协议中明确约定,或要求激励对象承诺其在锁定期内不得对激励股权进行出质。

第100问:国有参股企业以低价增资方式实施股权激励是否构成国有资产流失?

答: 与一般民营企业故意低价对其他股东进行定向增资而造成国有权益减损情形不同,民营企业以低价增资方式实施股权激励属于比较常见且符合市场逻辑的公司股权分配行为,但由于股权激励实施完毕后,国有资产背景股东所持民营企业股权价值面临摊薄风险,由此是否造成国有资产流失等问题,也是一个实操中有所争议的问题。对于该问题,笔者从国有公司制企业和国有出资有限合伙企业参股的民营企业角度,结合相关实操情况进行简要梳理和分析。

一、规则层面尚未明确规定

规则层面,国有性质股东参股的民营企业实施股权激励,尚无非常明确的规范指引,2023年出台的《国有企业参股管理暂行办法》(国资发改革规

〔2023〕41号）亦无明确规定。但从结果角度，此类民营企业以低价增资方式实施股权激励，确实可能会造成国有资产权益被摊薄的风险，而这种权益被摊薄问题是否构成或涉嫌国有资产流失，则需进一步分析。

其中的关键在于对"国有资产流失"的概念界定问题，然而，现有规则对此并未明确。值得一提的是，2015年11月，国务院办公厅印发《关于加强和改进企业国有资产监督防止国有资产流失的意见》（国办发〔2015〕79号），虽然该文件未对国有资产流失进行界定，但其中提到"制定出台防止企业国有资产流失条例"，不过，该条例至今尚未出台。

尽管规则并未明确，但经公开检索（包括司法案例[①]），通常认为国有资产流失是指"国有资产的出资者、管理者以及经营者，因主观故意或过失违反法律、行政法规和规章，造成国有资产损失的行为"。

根据前述认识，国有资产流失的前提可能是需要违反相关法律法规或规范性文件。但毕竟没有明确规定，具体实操案例（尤其是上市案例）如何理解和看待该问题，后文对此进行简要分析。

二、国有公司参股的民营企业股权激励

（一）关于资产评估的问题

国有公司参股企业以低价增资实施股权激励的行为涉及国有股权变动的问题，该事项是否需要资产评估在实操层面有所争议（具体不再展开），2023年出台的《国有企业参股管理暂行办法》对该问题也没有明确规定。

不过，考虑到《企业国有资产评估管理暂行办法》（国务院国有资产监督管理委员会令第12号）第6条规定了"非上市公司国有股东股权比例变动"的，

[①] 例如，广州天河体育中心、广州中侨天河体育会有限公司租赁合同纠纷民事二审民事判决书〔（2021）粤01民终15709号〕提到，"所谓国有资产流失是指国有资产的投资者、经营者和管理者由于过错，违反有关国资管理的法律法规，造成国有资产损失，或者致使国有资产处于流失状态的行为"。类似地，还包括天津市中环精模注塑有限公司、天津科技投资集团有限公司股权转让纠纷二审民事判决书〔（2019）津民终5号〕、南昌市通海房地产开发有限公司诉南昌市红谷滩新区管理委员会行政补偿一审行政判决书〔（2020）赣7101行初326号〕等判决文书。

应当对相关资产进行评估。实操中，谨慎起见，往往还是需要进行资产评估。

而进行资产评估则涉及另一个问题，资产评估价格往往高于股权激励所涉增资价格，这涉及国有股东如何处理和应对该等问题。

（二）关于股东（大）会上国有股东意见的情况

国有公司制企业参股的民营企业以低价实施股权激励时，由于涉及增资，按照《公司法》的规定，需要经过公司股东（大）会审议通过。从IPO案例披露情况来看，对于国有企业参股企业以增加注册资本的形式实施股权激励计划，部分案例由全体股东同意，如JRJS，也有案例只需要通过股东会决议即可，至于国有股东对此是否同意，尚不能从已披露案例中判断，如XDRJ、HESW。

尽管从案例披露情况来看，暂未检索到国有股东作出反对意见的情况，但也不能排除，实操中，尽管部分公司股东（大）会审议通过了低价增资实施股权激励方案，但其实国有股东表达了反对意见。

（三）是否造成国有资产流失的分析

从案例检索结果看，通常认定国有企业参股企业以增加注册资本的形式实施股权激励未导致国有资产流失，我们理解主要有两种思路：

第一种：直接明确不涉及国有资产流失。有部分案例以"发行人不属于国有企业、金融企业的范畴，因此上述员工持股的规定不适用于发行人的股权激励计划"为理由，直接排除适用国有控股上市公司的股权激励相关规定，如HESW；还有案例可能并未全面展开对该等问题进行分析，如YST。

第二种：谨慎处理，补足差额或主管机构确认。例如，相关方已经全额补足增资价格与净资产评估值之间的差额中归属于国有资产的部分，如XDRJ；尽管存在股权激励价格低于评估或外部融资公允价格的情况，但相关主管机构或部门确认对股权激励增资而导致国有股东股权变更的事宜，增资及股权激励合法有效，未导致国有资产流失，如JRJS。

部分具体案例见表12-9。

表 12-9 是否造成国有资产流失的案例

公司名称	公告名称	披露时间	国有企业参股企业相关基本情况	披露内容	是否涉及国有资产流失
JRJS（创业板）	《首次公开发行股票并在创业板上市招股说明书》《北京市君合律师事务所关于厦门JRJS股份有限公司首次公开发行股票并在深圳证券交易所创业板上市的法律意见书及补充法律意见书》	2022年4月18日、2022年3月31日	截至招股说明书签署日，厦门GXKC（SS）持有公司1,186,920股股份，持股比例为1.36%，属于需要标注标识"SS"（State-Owned Shareholder）的国有股东	2018年度、2019年度，公司通过持股平台JR施了三次股权激励。2019年7月15日，公司召开2019年第二次临时股东大会，全体股东同意公司注册资本由2995.56万元增加至3065.86万元，新增注册资本70.30万元由股东JRSM合伙以货币进行出资。2019年6月公司引入外部投资者，注册资本由2826.00万元增加至2995.56万元，JRSM合伙持有公司股份稀释至0.87%。股权激励后，JRSM合伙持有公司股份增加至3.14%，增加2.27%。2019年8月22日，公司召开2019年第三次临时股东大会，全体股东同意公司进行资本公积转增股本，以现有总股本3065.86万股为基数，以资本公积向全体	厦门GXKC增资入股发行人以及后续2019年7月、2019年12月发行人两次实施股权激励导致厦门GXKC持股比例变化时，均未履行评估及备案程序。但鉴于：（1）厦门市人民政府国有资产监督管理委员会出具了《厦门市人民政府国有资产监督管理委员会关于厦门市火炬高新区管委会商请办理厦门GXKC天使创业投资有限公司国有股权管理有关事项的函》（厦国资函[2020]5号），确认了厦门GXKC持有发行人的股份为国有法人股，以及其持股数量、比例。（2）厦门市某评估公司对发行人全部权益进行了追溯评估，并出具了《厦门JRJS股份有限公司拟增资扩股涉及的股东全部权益资产评估报告》（大学评估评

续表

公司名称	公告名称	披露时间	国有企业参股企业相关基本情况	披露内容	是否涉及国有资产流失
				股东每10股转增18股,共计转增5518.55万股,本次资本公积金转增股本方案实施后,公司总股本由3065.86万股变更为8584.41万股,故每股股价相应调整。2019年11月24日,公司召开2019年第六次临时股东大会,全体股东同意公司注册资本由8584.41万元增加至8736.71万元,新增注册资本由JRSY、厦门JX分别以货币出资107.90万元、44.40万元。增资后,JRSY和厦门JX持有公司股权比例分别为1.24%和0.51%。2019年度公司业务规模、经营业绩与2018年度相比有较大幅提升,为保证公允,公司聘请评估公司对公司股权的公允价值估值,	厦门火炬高技术产业开发区管理委员会已出具了《关于GXKC股权投资报字[2020]840028号》。(3)厦门JRJS股份有限公司出具的确认函,确认已收到某评估公司出具的《厦门JRJS股份有限公司拟增资扩股涉及的股东全部权益资产评估报告》并完成国有资产备案,就厦门GXKC对发行人增资事项及GXKC对发行人增资事宜,于2019年7月、2019年12月发行人股权激励增资而导致厦门GXKC股权变更事宜,增资及两次股权激励合法有效,未发现导致国有资产流失的情形。此外,厦门GXKC增资人股及后续两次股权激励导致的增资均履行了发行人内部决策程序,且经工商管理部门登记备案。因此,发行人上述增资入股及股权变动真实有效,不存在纠纷或潜在纠纷,上述情况不会构成该

续表

公司名称	公告名称	披露时间	国有企业参股企业相关基本情况	披露内容	是否涉及国有资产流失
XDRJ（科创板）	《XDRJ首次公开发行股票并在科创板上市招股意向书附录（一）》	2021年10月29日		并以估值价值作为第三次股份支付公允价值的计算基础。厦门市大学资产评估有限责任公司出具《厦门JRJS股份有限公司因实施股份支付涉及的股东全部权益市场价值估值报告》（大学评估估字[2020]840008号）。截至2019年10月31日，发行人股东全部权益评估值为138,200.00万元	次发行及上市的实质性法律障碍。除此之外，发行人历次股权/股份变动合法、合规、真实、有效。根据厦门市工商局出具的《证明》，自2017年1月1日至今，在厦门市工商局案管系统内未发现发行人存在违反市场监督管理法律、法规而受到处罚的情形
			XDRJ 2004年至2012年期间无实际控制人	2010年7月24日，XD有限股东合作出决议，同意XD有限注册资本从1000万元增加到1258万元，新增注册资本由员工及员工持股平台认购。GTGM委托HX评估对XD有限以2010年6月30日为基准日的净资产进行追溯评估并出具评估咨询报告，相关方已经全额补足增资价格与净	GTGM委托HX评估对XD有限以2010年6月30日的净资产进行追溯评估并出具评估咨询报告。XD有限截至2010年6月30日的净资产评估值为3053.16万元，注册资本为1000万元，每1元注册资本对应的净资产评估值为3.05元。增资价格追溯评估与评估值之间的差额共计270.9万元，其中归

续表

公司名称	公告名称	披露时间	国有企业参股企业相关基本情况	披露内容	是否涉及国有资产流失
				资产评估值之间的差额中归属于国有股东的部分。GTGM、GTHS已经出具确认函，载明，该次增资的主要系对员工进行股权激励，出于稳定XD有限局面的考虑且当时XD有限未来经营带有极大不确定性，GTHS主动放弃参与该次增资，公司历次的内部决策权变动，履行了相关的人民政府以及苏州市人民政府办公室出具合规性确认意见	属于国有股东的部分为86.1462万元，按照每一年度同期贷款利率加计利息共计48.6161万元，合计134.7623万元，已经由相关方向GTGM全额补足。该次增资系出于稳定XD有限局面的考虑且当时XD有限未来经营带有极大不确定性，GTHS主动放弃参与该次增资，当时主要自然人股东亦未参与增资。对于该次增资价格与净资产评估值之间的差额，相关方亦加计利息全额补偿，因此，该次增资不造成国有资产流失的情形。根据GT集团、GTHS的确认，结合该次增资的背景，且相关方已经全额补足增资价格与净资产评估值之间的差额中归属于国有资产部分，该次增资不存在国有资产流失

续表

公司名称	公告名称	披露时间	国有企业参股企业相关基本情况	披露内容	是否涉及国有资产流失
HESW（科创板）	《首次公开发行股票并在科创板上市招股意向书附录（二）》	2019年10月8日	发行人的实际控制人HE集团为集体所有制企业，股东GYTZ为国有企业，GYTZ持股3.78%。GYTZ的股东为ZGYY集团有限公司，ZGYY集团的股东为国务院，国家KFTZ集团有限公司（国务院国资委全资子公司）和中国GXKG有限责任公司（国务院国资委全资子公司），股东人数计算为1人	经所律师核查，对于非上市公司员工持股，目前我国相关法律法规主要针对国有企业、金融企业有具体的规定，例如，《关于规范国有企业职工持股、投资的意见》（国资发改革［2008］139号）、《关于实施〈关于规范国有企业职工持股、投资的意见〉有关问题的通知》（国资发改革［2009］49号）、《关于印发〈关于国有控股混合所有制企业开展员工持股试点的意见〉的通知》（国资发改革［2016］133号）以及《关于规范金融企业内部职工持股的通知》（财金［2010］97号）等。发行人的实际控制人HE集团为集体所有制企业，发行人不属于国有企业、金融企业的范畴，因此上述员工持股的规定不适用于发行人的股权激励计划。发行人的股权激励情况：2017年6月30日，HETD股东会通过了关于股权激励有关事宜的决议，审议同意公司在不超过公司总股本	就股权激励价格低于评估价格事宜，监管未问询，同时，从招股说明书等披露文件中，亦未明确是否已经经过全体股东一致同意通过

续表

公司名称	公告名称	披露时间	国有企业参股企业相关基本情况	披露内容	是否涉及国有资产流失
				10%的范围内向公司核心人员实施股权激励计划，行权价格按照2017年6月30日经审计的每股净资产值确定，并批准股权激励方案。2018年6月8日，青岛THZC评估有限责任公司出具股票期权价值评估报告（青天评咨字[2018]第QDU1037号），以2017年6月30日作为评估基准日，对HETD拟授予的股票期权公允价值进行了评估，每份股票期权价值为5.45元。2018年6月11日，员工激励平台HYK和HCYK设立。2018年6月27日，HETD作出股东会决议，同意公司注册资本由21,402.439万元增加至23,780.3818万元，增加的2377.9428万元分别由公司员工激励平台HYK及HCYK认缴。2018年6月28日，HYK和HCYK以货币出资、实缴到位。（招股说明书披露：股权激励价格2.44元/注册资本，并涉及股份支付）	

续表

公司名称	公告名称	披露时间	国有企业参股企业相关基本情况	披露内容	是否涉及国有资产流失
YST（科创板）	《补充法律意见书（五）》	2021年4月29日	公司股东ZSTZ系ZSZQ全资子公司，ZSTZ作为金融类国有企业，以交易为目的持有发行人股权	ZSTZ成为公司股东后，于2019年8月、2019年10月、2019年11月、2019年12月分别进行了增资，且未进行资产评估	ZSZQ作为ZSTZ唯一股东出具了确认函，确认："ZSTZ于2019年7月（工商备案登记完成日期）对安徽YST材料科技股份有限公司（以下简称'该公司'或'YST'）的投资及之后历次股权变动均已经依据ZSTZ及本单位内部管理制度履行相应的决策审批程序，不存在造成ZSTZ作为国有股东利益受损的情形。"律所承办律师认为，ZSTZ虽未就相关融资行为履行资产评估及融资备案手续，但发行人其他相关融资行为融资价格均不低于ZSTZ入股发行人价格（2019年10月实施的员工股权激励除外），且ZSTZ主管单位ZSZQ亦对相关事项进行了确认，不会导致ZSTZ作为国有股东利益受损的情形，亦不存在造成国有资产流失的情形

三、国有出资合伙企业参股企业的股权激励

（一）国有出资有限合伙企业一般不做国有股东认定

与一般的国有公司制企业不同，《上市公司国有股权监督管理办法》第78条规定，"国有出资的有限合伙企业不作国有股东认定，其所持上市公司股份的监督管理另行规定"。基于该规定，在日常业务实践中也倾向于不将国有出资的有限合伙企业认定为国有股东。那么，以增资方式实施股权激励的，尽管导致国有出资的有限合伙企业持股比例发生稀释，但通常也无须进行资产评估等。

但在日常业务实践中，尽管国有出资的有限合伙企业并不认定为国有股东，但其出资人中由于国有出资占主要成分，以低价增资实施股权激励的方式实质上仍有存在导致国有资产流失的风险，进而有部分国有出资有限合伙企业并不同意公司以低价增资方式实施股权激励。

（二）国有出资合伙企业参股企业是否涉及国有资产流失的问题

基于通常理解，国有资产流失往往需要以违反相关规则为前提。然而，对于国有出资合伙企业参股的企业而言，目前在规则实践层面，通常并不认定其为国有股东并履行相关评估等程序。也就是说，对于该类参股企业，如果公司以低价增资方式实施股权激励，可能在国有资产监管法律法规层面，并不必须履行严格的国有资产评估等程序，由此来看，可能更不涉及国有资产流失的问题。

从司法案例检索情况来看，暂时也未检索到涉及类似争议的裁判案例。从上市案例来看，对于国有企业参股企业以增加注册资本的形式实施股权激励计划，从公告的披露情况看，相关内容披露较为简单，与一般非国有企业通过增加注册资本的方式实施股权激励相比，未发现明显的特殊性，且在披露的公告中不会强调国有资产背景企业参股的情况，一方面，监管机构少有问询；另一方面，法律意见书等信息披露文件中也未主动对是否涉及国有资产流失的情况进行解释说明。

这也从另一个维度说明了，国有出资合伙企业参股的企业在低价增资实施股权激励时，通常市场上还是认为此种做法具有合理性，也符合市场化的原则，通常不认定为构成国有资产流失。

部分具体案例见表12-10。

表12-10 具体案例

公司名称	公告名称	披露时间	国资背景企业参股企业判断	披露内容	是否涉及国有资产流失
XCY（创业板）	《首次公开发行股票并在创业板上市招股说明书》	2020年4月27日	2020年5月12日，JDGZ集团下属子公司JDCT（国有参股企业）参股基金（国有资产背景企业）所投企业——XCYSW于创业板挂牌上市	2015年6月4日，公司职工代表大会通过决议，同意《深圳市XCY生物医学工程股份有限公司第一期员工持股计划（草案）》中关于参与人员资格设定及参与人和认购数额等基本内容，同意将该员工持股计划提交公司董事会、监事会和股东大会审议。2015年6月5日，公司召开第一届董事会第八次临时会议，审议通过了《关于审议〈深圳市XCY生物医学工程股份有限公司第一期员工持股计划（草案）〉的议案》《关于审议〈公司股票发行方案〉的议案》等议案，同意公司向JF 1号定向资管计划定向增发股票事宜。公司独立董事亦对公司实施的员工持股计划发表了独立意见，同意公司实施员工持股计划。2015年6月5日，公司召开第一届监事会第七次会议，审议通过了《关于审议〈深圳市XCY生物医学工程股份有限公司第一期员工持股计划（草案）〉的议案》《关于审议〈公司股票发行方案〉的议案》等相关议案。2015年6月23日，公司召开2015年第一次临时股东大会，决议批准了此次向JF 1号定向资管计划定向增发股票等相关事宜。此次公司向JF 1号定向资管计划定向增	—

续表

公司名称	公告名称	披露时间	国资背景企业参股企业判断	披露内容	是否涉及国有资产流失
SDDW（科创板）	《首次公开发行股票并在科创板上市招股说明书》	2020年7月10日	2020年7月17日，YTCJ集团参股HC基金、SDCJ创投基金共同投资企业——SDDW	发1000万股人民币普通股，增发价格为10元/股，募集资金10,000万元。2015年7月29日，DH会计师出具《验资报告》（大华验字［2015］000697号）对上述出资进行了审验。2015年8月17日，全国股份转让系统公司出具《关于深圳市XCY生物医学工程股份有限公司股票发行股份登记的函》（股转系统函［2015］5358号），对公司此次股票发行备案申请予以确认。该次定向发行的股票于2015年8月31日起在全国股份转让系统挂牌并公开转让。该次定向发行完成后，发行人股本总数增至37,040万股。2015年9月2日，公司完成工商事宜变更登记手续，公司注册资本变更为37,040万元。2012年，为保留核心人才、建立公司长效发展的机制，公司拟订了员工持股计划的方案，鼓励符合条件的员工（含重要顾问等）通过有限合伙企业间接认购公司股份。2012年7月26日，SDCY集团通过董事会决议，同意DW有限公司增加注册资本500.00万元，即从1000.00万元增加到1500.00万元。新设员工持股机构，认购150.00万元新增注册资本。	—

续表

公司名称	公告名称	披露时间	国资背景企业参股企业判断	披露内容	是否涉及国有资产流失
			软件股份有限公司成功在上交所科创板上市	2012年9月18日，ZMGJ资产评估（北京）有限责任公司出具ZM评报字[2012]第10023号资产评估报告：评估基准日（2012年7月31日）DW有限公司的净资产评估值为5560.79万元，每元净资产评估值为5.56元（按照评估基准日DW有限公司股本总量计算）。2012年9月28日该次评估经教育部备案，取得了《国有资产评估项目备案表》。2012年9月21日，山东大学出具山大资字[2012]18号文件《关于同意山东DW计算机软件有限公司增资的决定》，同意了该次增资方案。2012年11月1日，ZHMB、ZYMB、ZXMB三家专门为实施员工持股计划的三家合伙企业成立。同日，北京市工商行政管理局海淀分局为三家合伙企业颁发了《合伙企业营业执照》。2012年11月5日，员工持股平台ZHMB、ZYMB、ZXMB参与认购了DW有限公司的增资，认购价格为每股出资额5.57元。三家合伙企业合计认购150.00万元出资额，占当次增资总额的30%，占增资后DW有限公司注册资本的10%	

续表

公司名称	公告名称	披露时间	国资背景企业参股企业判断	披露内容	是否涉及国有资产流失
HYHB（科创板）	《首次公开发行股票并在科创板上市招股说明书》	2020年7月9日	2020年7月14日，YTCJ集团参股YC基金投资企业——济南HYHB科技股份有限公司在上交所科创板正式挂牌交易	2019年8月，经公司2019年第二次临时股东大会审议通过《关于公司实施股权激励计划的议案》，股东YSTZ分别与37名HYHB员工签署认购协议。该次股权激励授予后，37名股权激励对象间接持有HYHB 1,238,000股股份，占总股本2.06%。37名股权激励对象认购成本5.29万元与权益工具的公允价值1684.34万元的差额1679.05万元确认为股份支付费用。根据《企业会计准则第11号——股份支付》，该次股权激励授予受3年服务期限及其他条件限制，故公司在确认股份支付费用时按3年服务期限进行分摊，并计入经常性损益	—

四、小结

国有公司制企业参股的民营企业以低价增资方式实施股权激励的，通常需要对标的公司进行资产评估，尽管资产评估价格往往高于增资价格，但该等股权激励行为原则上只需要通过股东（大）会决议即可。对于是否导致国有资产流失问题，从上市案例来看，部分案例披露确认进行了股份支付处理，但同时也明确不涉及国有资产流失，或者对是否涉及国有资产流失问题未披露明确意见，但也有案例基于特定案例背景采取了按照评估价值补足出资或主管部门予以确认的方式以明确不存在国有资产流失。

相对而言，对于类似国有出资的合伙企业（如国资合伙型基金）参股的企业，目前通常也不需要对标的公司进行评估。此时，以低价增资方式实施股权激励是否涉及国有资产流失问题，从已公开的司法案例或上市案例角度，通常也没有相关的针对性分析或受到相关问询，从另一个维度来看，这也在一定程度上间接说明，类似企业通常以低价增资方式实施股权激励是合理并符合市场化原则，原则上也不涉及国有资产流失问题。

后 记

过去多年，我们团队在日常股权激励实务工作中，为客户就股权激励相关问题答疑解惑，客户提出的形形色色的问题，在我们看来都非常具有价值，因为它们均是来自真实运用场景、企业真正关心的实际问题。2020年，我们团队首次萌生了将这些问题进行提炼、总结的想法，并且付诸实践，形成了首版《拟上市公司股权激励实务问答》。该版问答总共收录了50个问答，以实务问答的形式对我们既有的工作成果进行了归纳整理。该书籍一经出版，获得了许多热心读者的热烈反馈，团队收获成就感的同时，也更坚定了继续完善该书的决心。

疫情之下，两年时间匆匆而过。在这两年的时间里，资本市场注册制的改革如火如荼，"双百企业"等国企股权激励政策进一步推进，各项新规也是层出不穷。与时俱进之下，我们在2022年对该书进行更新，形成了《拟上市公司股权激励实务问答》（2.0）——用于馈赠客户、热心读者的内部读物。随着该书影响力越来越大，2023年我们荣获法律出版社林蕊编辑的约稿，在资本市场全面推行注册制、新《公司法》修订的大背景下，我们开启了《拟上市公司股权激励实务问答》（3.0）的修订工作。一方面，我们一如既往地将实务中积累的新问题、新思路进行提炼、总结，加入本书体系之中；另一方面，我们也根据最新的法律法规、最新的监管要求、实践中的最新案例对原有的问答去粗取精、查缺补漏、革故鼎新。相较于第一版股权激励实务问答50个问答、6万余字正文，本版合计100个问答、31万余字，无论从深度和广度都较1.0版本、2.0版本有了很大的提升。

本书继续聚焦于拟上市公司的股权激励实务问题。相较于市面上其他的股权激励类产品，拟上市公司在股权激励方案的选择、实施时间、实施路径等各方面有更多特别注意和规范的事项，考虑到上市背景下的合规要求，拟上市公司股权激励的方式更多时候是只能成功不许失败的抉择，否则将直接影响企业上市安排。本书延续实务问答的行文方式，将上市公司股权激励实践过程中涉及的问题进行提纲挈领式的解答，一方面从整体上理清股权激励的筹划思路，另一方面从细节上探究股权激励的实操问题，为读者探索拟上市公司股权激励这一庞大命题引航领路。

虽然我们自认为已经非常努力、细致、专业、深入，但较之市场需求的五花八门、股权激励这一命题相关知识体系的博大精深、实践操作中的纷繁复杂，我们的经验和能力依然是有限的，这本书依然具有巨大的进步空间，我们仍需要笔耕不辍，不断结合实务需求、资本市场变化进行更新。

最后，感谢团队伙伴在繁忙的工作之余，仍抱着满腔热忱、付出大量的时间精力，投身于本书的编撰、更新工作之中。除熊川、周德芳、张豪东外，参与本书编撰的团队伙伴包括王振、马梦雅、张锐斌、雷梓霆、吴绣书、王子君、林燕等，另外，部分参与1.0版本、2.0版本书籍编撰的小伙伴虽然已经离开团队，但也对本书作出不可磨灭的贡献，包括王以璇、岑柯靖、叶云婷、沈丹薇、刘志磊、钱明月、轩翼德、魏雨南、于志依、寇子雨、李珊、周鑫娣、马珑恩、刘名、钱凝萱、吴美璇等成员，在此一并由衷感谢！

熊川、周德芳　等

2024年2月7日